全国革命老区县发展史丛书·广东卷

台山市革命老区发展史

台山市革命老区发展史编委会 编

SPM 南方出版传媒·广东人民出版社
·广州·

图书在版编目（CIP）数据

台山市革命老区发展史 / 台山市革命老区发展史编委会编. —广州：
广东人民出版社，2020.1
（全国革命老区县发展史丛书·广东卷）
ISBN 978 - 7 - 218 - 13957 - 9

Ⅰ. ①台… Ⅱ. ①台… Ⅲ. ①台山—地方史 Ⅳ. ①K296.54

中国版本图书馆 CIP 数据核字（2019）第 248543 号

TAISHANSHI GEMING LAOQU FAZHANSHI

台山市革命老区发展史

台山市革命老区发展史编委会 编　　　　版权所有　翻印必究

出 版 人：肖风华

责任编辑：李　敏　温玲玲
装帧设计：张力平
责任技编：周　杰　吴彦斌

出版发行：广东人民出版社
地　　址：广州市海珠区新港西路 204 号 2 号楼（邮政编码：510300）
电　　话：(020) 85716809（总编室）
传　　真：(020) 85716872
网　　址：http://www.gdpph.com
印　　刷：广州市浩诚印刷有限公司
开　　本：715mm×995mm　1/16
印　　张：20.375　插　页：14　字　数：350 千
版　　次：2020 年 1 月第 1 版
印　　次：2020 年 1 月第 1 次印刷
定　　价：78.00 元

如发现印装质量问题，影响阅读，请与出版社（020 - 85716849）联系调换。
售书热线：(020) 85716826

广东省编纂《革命老区县发展史》丛书
指导小组

组　　长：陈开枝（广东省老区建设促进会会长）

副组长：林华景（广东省老区建设促进会常务副会长）

　　　　宋宗约（广东省农业农村厅副巡视员、广东省老区
　　　　　　　　建设促进会副会长）

　　　　刘文炎（广东省老区建设促进会副会长）

　　　　郑木胜（广东省老区建设促进会副会长）

　　　　姚泽源（广东省老区建设促进会副会长兼秘书长）

　　　　谭世勋（广东省老区建设促进会副会长）

办公室

主　　任：姚泽源（兼）

副主任：廖纪坤（广东省农业农村厅扶贫协作与老区建设处
　　　　　　　　处长）

　　　　柯绍华（广东省老区建设促进会副秘书长）

　　　　伍依丽（广东省老区建设促进会副秘书长）

《台山市革命老区发展史》编委会

（一）编委会成员

顾　　问：方庭旺（江门市政协原主席）

名誉主任：李惠文（台山市委书记）

　　　　　谢少谋（台山市市长）

主　　任：方健康（台山市副市长）

副 主 任：黄新伟（台山市老促会会长）

　　　　　朱　衡（台山市重大工程项目协调办主任）

委　　员：黄康年（台山市委组织部副部长）

　　　　　傅文锐（台山市委宣传部副部长）

　　　　　郑品辉（台山市农业局局长）

　　　　　余焕权（台山市档案馆馆长，原任档案局局长）

　　　　　谭广平（台山市老促会常务副会长）

　　　　　秦景雅（台山市老促会副会长）

　　　　　李健扬（台山市农业局副局长）

　　　　　马岭南（原任台山市档案局副局长）

　　　　　黄春珊（台山市扶贫办主任）

（二）编委会办公室

主　　任：陈麟育（台山市老促会秘书长）

副 主 任：容光卫（台山市党史研究室主任）

（三）编辑部成员

顾　　问：邝锦镛　李栋雄　谭仕庄　李国传

名誉主编：方健康

主　　编：黄新伟

副 主 编：谭广平　秦景雅

执行主编：方炳龙　陈麟育

编　　辑：伍国胜　魏台平　吴小惠　黄广荣

审　　定：亓光勇　伍捍世　余焕权　周坚校

　　　　　李健扬　马岭南　容光卫　黄春珊

　　　　　邝锦镛　李国传

在举国欢庆新中国成立 70 周年前夕，中国老区建设促进会王健会长请我为《全国革命老区县发展史》丛书作序，作为一名在老区战斗过并得到老区人民生死相助的老兵，回首往事，心潮澎湃，感慨万千，深感义不容辞，欣然应允。

中国革命老区，是以毛泽东为代表的中国共产党人在领导人民推翻帝国主义、封建主义和官僚资本主义三座大山，争取民族独立和人民解放伟大斗争中建立的革命根据地，在这片红色的土地上，诞生了无数可歌可泣的革命英雄儿女，为后人树起了一座不朽的丰碑，她是新中国的摇篮，是党和军队的根。

在艰苦卓绝的战争年代，老区人民把自己的命运与中华民族的命运紧紧地联系在一起，与中国共产党和人民军队的命运紧紧地联系在一起，他们生死相依，患难与共。我曾亲历过战争年代，并得到过老区红哥红嫂的救助，切身感受到发生在身边的一幕幕撼天动地的革命故事，在那极其艰难的条件下，老区人民倾其所有、破家支前，不怕艰难困苦，不怕流血牺牲。"最后一碗米送去做军粮，最后一尺布送去做军装，最后一件老棉袄盖在担架上，最后一个亲骨肉送去上战场"，这是当时伟大的老区人民为建立新中国做出巨大牺牲的真实写照，它将永远镌刻在中国共产党、中国人民解放军、中华人民共和国的历史丰碑上。他们的光辉业绩永载史册，他们的革命精神必将影响一代又一代的革命新人，造就一代又一代的民族脊梁。

在社会主义革命和建设时期，革命老区和老区人民响应党的号召，面对落后的面貌、脆弱的经济、恶劣的生态环境，他们本色不变，精神不丢，自力更生，艰苦奋斗，干一行爱一行。始终坚持"革命理想高于天"，自觉做共产主义远大理想的坚定信仰者和忠实实践者，勇于向恶劣的自然环境和贫穷落后宣战，他们在各条战线上为国建功立业，用平凡的双手创造了一个又一个不平凡的奇迹，彰显了老区人的崇高精神和人格力量。

在改革开放的伟大进程中，老区人民解放思想，勇于创新，发奋图强，攻坚克难，老区的经济社会建设取得了辉煌成就。特别是在改变中国的面貌、中华民族的面貌、中国人民的面貌、中国共产党的面貌的伟大实践中发挥了至关重要的作用。老区人民既是改革开放的参与者，也是改革开放的推动者。

艰苦练意志，危难见精神。老区人民在近百年的革命战争、社会主义建设和改革开放的伟大实践中，孕育形成了伟大的老区精神：爱党信党、坚定不移的理想信念；舍生忘死、无私奉献的博大胸怀；不屈不挠、敢于胜利的英雄气概；自强不息、艰苦奋斗的顽强斗志；求真务实、开拓创新的科学态度；鱼水情深、生死相依的光荣传统。这是党和人民宝贵的精神财富、丰厚的政治资源，是凝心聚力、振奋民族精神的重要法宝，也是社会主义核心价值观的重要内容。

中国老区建设促进会怀着强烈的政治责任感和历史使命感，组织全国各地老促会人员克服困难，尽心竭力编纂《全国革命老区县发展史》丛书，记录老区的光辉历史和辉煌成就，传承红色基因，弘扬老区精神，是功在当代、利及千秋的一件大事。手捧这部丛书的部分书稿，读着书中的故事，倍感亲切，深感这部丛书具有资政、育人、存史的社会功能，有着重要的时代和历史价值。它是不忘初心、牢记使命的源头活水，是赞颂共产党、讴歌老区人民的一部精品力作，是弘扬老区精神、传承红色记忆的丰厚载体，是一项继承优秀传统文化、弘扬革命文化、发展社会主义先进文化，坚定"四个自信"的宏大文化工程。它必将成为一种文化品牌，为各界人士了解老区宣传老区支持老区提供一部有价值的研究史料。希望读者朋友们能从中了解并牢记这些为党和民族的利益不断奉献的老区人民，从中得到教益，汲取人生奋斗的精神动力。

新时代赋予新使命，新起点开启新征程。让我们更加紧密地团结在以习近平同志为核心的党中央周围，坚持以习近平新时代中国特色社会主义思想为指导，增强"四个意识"，坚定"四个自信"，做到"两个维护"，弘扬老区精神，铭记苦难辉煌。为实现"两个一百年"奋斗目标，实现中华民族伟大复兴的中国梦做出新的更大的贡献！

遇涛田

2019 年 4 月 11 日

　　2017 年 6 月，中国老区建设促进会组织全国各地老促会启动编纂《全国革命老区县发展史》丛书，按照"建立中国共产党、成立中华人民共和国、推进改革开放和中国特色社会主义事业"三大里程碑的历史脉络，系统书写革命老区百年历史，深入挖掘革命老区红色文化资源，这对于充实丰富中国革命史籍宝库、在新时代传承红色基因、弘扬革命精神、强固根本，对于激励人们在新的历史条件下夺取中国特色社会主义伟大胜利，实现中华民族伟大复兴的中国梦具有重要意义。

　　丛书编纂以习近平新时代中国特色社会主义思想为指导，以《中国共产党历史》《中国共产党的九十年》等重要文献为基本依据，以党的领导为核心，以老区人民为主体，以老区发展为主线，体现历史进程特征，突出时代发展特色，坚持辩证唯物主义和历史唯物主义相统一、历史真实性与内容可读性相统一的原则，书写革命老区从站起来、富起来到强起来的光辉革命史、不懈奋斗史、辉煌成就史，把老区人民的伟大贡献、伟大创造、伟大成就、伟大精神充分展示出来，形成一部具有厚重历史特征和鲜明时代特色的精品力作。这是一部培根铸魂、守正创新，既为历史立言，又为时代服务，字里行间流淌着红色血脉、催生着革命激情的传世之作。丛书的编纂出版将成为讴歌党讴歌人民讴歌时代、传播红色文化、为革命老区和老区人民树碑立传的重要载体。

　　丛书按照编年体与纪事本末体相结合、以编年体为主的编写体例确定框架结构；运用时经事纬、点面结合的方式记述史实；坚持人事结合、以事带人的原则处理人与事的关系；采取夹叙夹议、叙论结合、以叙为主的方法展开内容。做到了史料与史论、历史与现实、政治与学术统一，文献性、学术性、知识性相兼容。

　　为编纂好《全国革命老区县发展史》丛书，打造红色文化品牌，中国老区建设促进会认真组织积极协调，提出政治立场鲜明、史料真实准确、思想论述深刻、历史维度厚重、时代特色突出、编写体例规范、篇目布局合理、审读把关严格、出版制作精良的编纂出版总要求，力求达到革命史籍精品的精神高度、思想深度、知识广度、语言力度，增强丛书的权威性和社会影响力。各省（区、市）、市（州、盟）、县（市、区、旗）老促会的同志，以强烈的使命感、责任感和紧迫感，勇于担当，积极作为，认真实施，组织由老促会成员、专家学者等参加的十余万人编纂队伍。编纂工作主体责任在县，省、市组织协调、有力指导、审读把关。各方面人员以高度负责的精神和科学严谨的态度，满腔热情地投入工作，为丛书编纂出版做出了重要贡献。丛书编纂工作还得到了党和国家有关部委、地方各级党委政府及有关部门的大力支持和积极参与，社会各界也给予了热情帮助。中共中央政治局原委员、中央军委原副主席、原国务委员兼国防部长迟浩田上将，对老区人民怀有深厚感情，对革命老区建设发展十分关注，欣然为《全国革命老区县发展史》丛书作总序。

　　丛书由总册和 1 599 部分册（每个革命老区县编纂 1 部分册）组成，共 1 600 册。鉴于丛书所记述的史实内容多、时间跨度长和编纂时间紧，不妥之处，敬请批评指正。

中国老区建设促进会

广东省台山市人民政府

● 红色印记 ●

台山革命烈士陵园

台山革命烈士纪念碑

林基路纪念公园　　陈锦章　摄

黄美英烈士故居（白沙西村）

林基路故居

陈铁军故居（三合黎洞汇洞里）

李万苍故居（都斛大宁村）

飞虎队纪念亭

广东青年先锋队台山县部旧址（台城环城西路9号）

人民解放军粤中纵队滨海总队纪念馆
（隆文滨海松苑）

台山县委机关办公地旧址（海宴
横岗圣栋楼）

广海山背交通站旧址

抗日战争中战斗的碉楼
——四九上南村向贤楼

隆文田心村交通站旧址（田心村文化楼）

中共台山县委办公地旧址（台城平岗圩）

台山游击队训练遗址（台山一中）

抗日游击队第四大队三战联安旧址（三合联安圩）

白沙西村烈士纪念公园

台山人民解放军成立地（深井泗门村）

江会日军签降处（越华中学）

台山县人民政府成立碑记（深井圩）

深井革命烈士纪念碑

中共台山县委机关办公地旧址（台城鹿坑村）

中共海宴特别支部成立地旧址（海宴英甲学校）

台南地下交
通总站旧址（沙
栏梧洞村）

武装部队第三
区抗日联防队成立
地（斗山浮石村）

深井大洞村保卫战旧址

斗山三夹海口战斗地

广海岔路口战斗地

下川茫洲岛战斗地　江志庆 摄

1944 年 10 月 11 日，升起胜利的
红旗的地方（台山师范珠峰山校友亭）

汶村九岗大迳口战斗地

那扶粮仓旧址

都斛莘村青年社旧址

广海那章村

许鸿藻烈士纪念亭（水步圩）

李德光烈士纪念馆（密冲小学）

苏排长纪念碑
（斗山圩）

● 美丽台山 ●

台城新貌一角

台山火车站一角　吕秀华　摄

广东国华粤电台山发电有限公司　赖伟顺　摄

台山工业新城一角　陈锦章　摄

上川岛飞沙滩旅游度假区

下川岛王府洲旅游度假区

上川沙堤渔港

镇海湾大桥

三合颐和温泉　陈锦章　摄

端芬大隆洞水库（千岛湖）

北陡海洋地质公园（那琴半岛）

台山中国农业公园（都斛）　陈锦章　摄

台山端芬海口埠　陈麟育　摄

台城母亲河畔的变迁　陈锦章　摄

台山第一中学

斗山浮月洋楼

陈锦章 摄

端芬梅家大院

台城石花文化广场

● 老区新貌 ●

都斛莘村　邱真全 摄

下川白沙村　刘瑞阐 摄

斗山浮石村　邱真全 摄

都斛沙岗村

赤溪磅磡村

海宴石阁村　邱真全 摄

汶村冲源村

深井圩

斗山莲洲村　邱真全 摄

广海山背村

上川三洲村

海宴吉浦村

汶村上头村

端芬隆文寻皇村

端芬隆文蛇坑村　邱真全　摄

下川南澳湾渔村　方美倩　摄

海宴海通村

北陡大步头村

大革命时期，台山已有中共党组织在活动。据档案资料记载，1927 年台山就有中共县委。

从 1924 年至 1927 年夏，中共广东区委曾先后派遣共产党员李冠南、广东省印务总工会特派员王强亚和中共广东区委干部李安来台山，领导开展工农运动，建立了台山职工联合会、台山印务总工会等工人组织及七个农民协会。

在中共党组织的领导下，农民运动蓬勃兴起。1926 年 5 月，广州农民运动讲习所第五期毕业生温梦熊和李万苍回乡，帮助农民组织起来。从此，共产党在台山农村播下了革命种子。

1928 年冬，在地下党组织的指导下，台山一些进步学生和知识分子，以学校和报刊为阵地，公开或秘密地传播马克思主义，为劳动者呐喊。

1930 年，留日学生何干之（又名谭秀峰，台山筋坑乡塘口村人）、朱伯濂（台山附城淡村人）等，利用暑假回国探亲，在台山县立中学（现台山市第一中学，简称"台中"）举办青年暑假学术研究班。1930 年秋，任远中学学生林基路串联黄克舟等进步同学，在老师的支持下办起了一所平民夜校。他们针砭时弊，联系实际自编教材，向学生宣传革命真理，帮助学生提高思想觉悟，鼓励学生坚定革命信念。

自"七七抗战"的序幕初启，日寇即于 1937 年 10 月 15 日轰炸台城，继而台山各圩市接二连三地惨遭敌机摧残，许多根据地村庄遭受敌人的烧杀抢掠。同年 12 月 28 日，县境内上川岛首次陷入日寇的铁蹄之下。台山人民一片恐慌，从此过着逃难的生活，居无定所，不可终日。

为反抗日本帝国主义的野蛮侵略，台山人民展开了英勇的、可歌可泣的斗争。各种抗日组织纷纷成立，海外侨胞积极援助抗日。中国共产党领导的抗日游击队成立后，到处打击日伪军，剪除汉奸，摧毁伪政权，极大地鼓舞了台山人民的抗日斗志。许多台山籍人士奔赴延安和全国各地，投身抗日的洪流。

在中国抗日民族解放战争中，台山华侨倾力援助抗战，为数不少的台山籍华裔飞行员或回国加入中国空军，或参加美国援华飞虎队，在祖国上空，同日寇飞贼血战，取得了一个又一个辉煌的胜利。台山华侨是这支赫赫有名的飞虎队的重要成员，在全国具有代表性、典型性，故台山又被称为"华侨航空之乡""抗日之乡"。

1946 年 6 月，内战全面爆发。同年 12 月，中共广东区委根据中共中央的指示，做出了恢复公开武装斗争的决定。1947 年 3 月，中共台（山）开（平）赤（溪）中心县委成立，直接领导台开赤地区的人民武装斗争。1948 年 5 月，中共台（山）新（会）赤（溪）区委成立，并建立武装部队开展武装斗争。

滨海地区的武装斗争，是解放战争时期粤中地区和全省乃至全国武装斗争的一个组成部分。中国人民解放军粤中纵队滨海总队及其辖下各独立大队的全体指战员，在战斗中英勇顽强，前仆后继，为滨海地区人民的翻身解放，立下了功劳。

据 1997 年《广东省革命老区村庄名册》记载：台山市有革命老区村庄 1 152 个（其中抗日老区村 18 个），分布在 24 个镇、218 个管理区；人口达 366 923 人，占全市人口的 36.4%；山地面积为 59 831 公顷，占全市山地的 37.2%；耕地面积为 23 520 公顷，占全市耕地的 43.5%。

在战争年代，老区人民抛头颅、洒热血，前仆后继，英勇奋斗，为革命做出了巨大牺牲和贡献。老区人民的光荣革命传统和革命精神，是中国共产党历史不可分割的一个组成部分，是我们进行社会主义革命建设和改革开放事业的力量来源和宝贵财富，是我们永远要传承的先进文化。

为了贯彻落实习近平总书记关于"发扬红色资源优势，深入进行党史、军史和优良传统教育，把红色基因一代代传下去"的指示，和中办发〔2015〕64 号文件中提出的"积极支持老区精神挖掘整理工作，扶持创作一批反映老区优良传统、展现老区精神风貌的优秀文艺作品和文化产品"的要求，经中国老区建设促进会研究决定，组织全国 1 599 个革命老区县（市、区、旗）编纂《全国革命老区县发展史》丛书。

我们高度重视编纂出版《台山市革命老区发展史》这项工作，为此成立了《台山市革命老区发展史》编纂委员会，设立编辑部。组织编辑部工作人员认真学习中国老区建设促进会及省市老区建设促进会有关编纂出版丛书的指示精神，深入老区调研，搜集重要历史事件、英模英烈事迹等资料，挖掘整理当地革命历史遗址、文物、纪念场馆等红色文化资源，以及中华人民共和国成立以来，特别是中共十八大以来，老区人民在以习近平同志为核心的党中央领导下，发扬自力更生、艰苦奋斗的光荣传统，致力于脱贫攻坚、改变贫困落后面貌而发生的巨大变化及涌现出来的先进典型。

老区是中华人民共和国的摇篮，是中国人民前进的精神家园。习近平总书记指出："我们永远不要忘记老区，永远不要忘记老区人民，要一如既往支持老区建设。"

　　《台山市革命老区发展史》的编纂出版，功在当代，利在千秋。让我们牢记历史，不忘过去，珍爱和平，开创未来，为加快建设富裕、和谐、幸福新台山而努力奋斗。

《台山市革命老区发展史》编委会

2019 年 10 月

1

第一章

历史沿革　老区评划

区域基本情况

一、政区

台山建县,始于明弘治十二年(1499年)。析新会县地60里以置县,并将海宴二盐场及望高巡检司统一归属,定名为新宁县。八月,县治于上坑蒌建成。第一任知县是福建瓯宁人任铖。

1914年,因湖南、广西、四川等省都有新宁县,为避免通信联络上的混淆,遂以县城北面的"三台山"为名,改新宁县为台山县。

二、位置、面积

台山市位于广东省珠江三角洲西南部,地处东经112°18′~113°03′、北纬21°34′~22°27′之间。南濒南海,北靠潭江,东北与新会区接壤,西北与开平市相接,西南与阳江市、恩平市毗邻,东南面的大襟岛与珠海市隔海相望。市区(台城)距省会广州市146千米。总面积3 286平方千米,其中海岛面积251.12平方千米,耕地面积76.93万亩(1亩=0.0667公顷),其中水田63.57万亩,旱地13.36万亩。

台山市南部沿海有岛屿95个,其中上川岛最大,总面积为157平方千米。其次是下川岛、大襟岛、漭洲岛和乌猪洲。其他小岛星罗棋布,统称"川山群岛"。

上川岛、下川岛是对姐妹岛,并列于南海中。上川岛居东,下川岛居西，黄麖门海峡与两岛相隔 4 千米。上川岛东北角距赤溪半岛 9 千米，下川岛北端距海宴半岛 6 千米。

三、隶属沿革

春秋战国时期，今台山境域属瓯越地。

秦统一六国后，征服瓯越，置南海郡，今台山境域在其中。

秦末大乱，越佗占据岭南，归汉后，封南越王。其统治范围，包括今台山境域。

东汉时期，今台山境域归属南海郡四会县。

三国吴太平年间，今台山境域属广州南海郡。

东晋恭帝二年（420 年），分南海立广州新会郡，今台山境域附属新会郡盆允县。

南朝时，今台山境域隶属不变。

隋朝废新会郡、平陈郡，并入南海郡，今台山境域属南海郡新会县。

唐武德四年（621 年），以新会、义宁二县而置冈州，今台山境域附属冈州。贞观十三年（639 年），废冈州，复归广州新会县。

宋代属广南东路广州新会县。

元代隶属江西行中书省广州路新会县。

明代弘治十二年（1499 年）台山建县，隶属广东布政司广州府。

清代隶属不变。同治六年（1867 年）四月，土客分治，成立赤溪厅，直属广东布政司。

1912 年，赤溪厅改为赤溪县，隶属粤海道。

1920 年，废道制，实行省辖县，台山县、赤溪县隶属广东省政府管辖。1932 年 6 月，实行县政督察制，台山县先后属第一区、第十区行政督察区（行政督察专员公署驻广州）。

中华人民共和国成立后至 1952 年 5 月，台山、赤溪两县隶属中共粤中专区。

1952 年 5 月至 1956 年 2 月，隶属中共粤西专区（1953 年赤溪撤县为区，并入台山县）。

1956 年 3 月至 1959 年 1 月，隶属佛山专区。

1959 年 2 月至 1961 年 4 月，隶属江门专区。

1961 年 4 月至 1963 年 6 月，隶属肇庆专区。

1963 年 6 月 15 日至 1983 年 5 月 4 日，划归佛山专区。

1983 年 5 月 5 日，改制市辖县，由江门市管辖。

1992 年 4 月，经国务院批准，台山撤县设市，由广东省直辖，以原台山县行政区域为台山市行政区域。同时，广东省政府决定，委托江门市政府代管。

四、县境变迁

台山建县以来，县境经历四次变迁。

清同治六年（1867 年）四月，土客分治，把潮居都（除白石村）从本县划出，成立赤溪厅。

1952 年 6 月，把台山县的新昌、荻海两埠及其郊区划归开平县。

1953 年，赤溪撤县为区，并入台山县。

1955 年，第十五区（沙咀）西南端的允泊乡划归阳江县。

五、文化积淀

台山是蜚声海内外的中国第一侨乡。截至 2017 年，旅居海外华侨、华人及港澳台同胞共有 160 多万人，分布在 110 个国家和地区，而台山本地户籍人口不足 100 万人，所以台山被称为中国第一侨乡，也有内外两个台山之称。在这块充满"侨味"的地方，于 1909 年诞生了中国第一本侨刊《新宁杂志》。台山也是目前全国侨刊乡讯最多的县级市，现全市有侨刊乡讯 35 家，全年发行量近 20 万册，发行至 110 多个国家和地区。

依靠深厚的文化底蕴和侨乡人民对民族文化的发扬光大，台山先后被评为"全国文化先进地区"，台山的"广东音乐"被国务院批准为国家级非物质文化遗产。台山还被评为"中国曲艺之乡""广东省文化先进市"，被命名为"广东省曲艺之乡"，其中斗山镇浮石村被命名为"中国民族民间艺术（飘色）之乡"和"广东省民间飘色艺术传承基地"，台城镇被命名为"广东民族民间艺术——广东音乐之乡"，海宴华侨农场被命名为"广东省民间艺术歌舞之乡"。台山民间艺术团曾先后赴美国、加拿大和中国澳门地区演出，斗山镇浮石村飘色队曾三度应邀赴中国澳门地区演出。始于 1989 年由旅港乡亲李陈维湘女士赞助举办的台山艺术节，两年一届，成为台山有史以来规模最大、影响最广的群众性文化专项活动。台山的文艺创作硕果累累，每年都有 8～10 部文艺著作在国家级出版社出版，有 300 多件作品在国内发表、展览或演出，有一大批作品获奖。文艺人才层出不穷，至 2017 年底，加入中国作家协会的有 5 人，加入广东省级作家、戏剧家、音乐家、美术家等协会的有 85 人，在广东省各县（市）中名列前茅。

台山是文化之乡，台山籍文化名人众多，有新中国音乐奠基人之一李凌，音乐家丘鹤俦、刘天一、李鹰航、李灿祥，演唱家陈玲玉、曹秀琴，著名画家黄新波、陈洞庭、黄志坚，文学家雷石榆等。

体育事业上台山以"排球之乡"而名扬天下。排球运动自 1914 年从美洲传入台山后，成为遍及城乡的群众性体育运动，长久不衰。自中华人民共和国成立以来，台山已获得排球世界级比赛亚军 1 次、全国赛冠军 42 次、省级赛冠军近 80 次。台山获

"中华人民共和国运动健将"称号的运动员有72人，有排球专家7人，输送26名运动员到国家队，输送545名优秀运动员到各省市专业队和大专院校。早在1972年，周恩来总理赞誉"全国排球半台山"。

台山市大江镇2014年荣获"中国传统家具专业镇"的称号。其古典家具被广东省列为非物质文化遗产重点保护项目。为了产业升级与品牌战略发展而建成的中国台山红木艺术展览城项目，得到了省市与当地政府的大力支持，以及红木界的一致推许。该展览城坐落于大江镇，同时也是全国传统家具生产的核心基地。

北陡镇是台山玉的主产地，有玉石馆100多间，被誉为"台山玉石之乡"。台山玉以色彩丰富、质地圆润柔滑、光泽如脂似蜡而著称。台山玉得到了社会各界人士的认可，其作品在全国各地展览评奖中获奖无数。2017年，《石英质玉分类与定名》国家标准正式发布，台山玉名列其中。这标志着全国质检机构可出具《台山玉证书》，台山玉有了国家标准，成为"地域性"文化精神产品。

六、区位及资源优势

台山市位于珠三角的西南部，濒临南海。全市陆地面积3 286.3平方千米，占江门总面积的三分之一；海域面积2 717平方千米，占江门总海域的91%；常住人口94.8万人，旅居海外及港澳台等110个国家或地区的台山籍乡亲达163万人。台山市是广东省面积大市、人口大市和旅游资源大市，被评为"中国卫生城市""全国首批全域旅游示范区创建单位"之一、"中国文化先进地区""排球之乡""广东省县域经济十大创新范例县""广东省旅游综合竞争力十强县（市）"等。

（一）资源禀赋得天独厚

台山市旅游资源点多面广、丰富多样。目前，国家将旅游资源分为 8 大主类、31 种亚类，该市拥有 7 大主类、22 种亚类，主类、亚类拥有率分别高达 87.5% 和 70.9%。

目前全市共有旅游资源 177 处，包括海、侨、泉、田、山、木、石、史等。

海：台山的海洋面积为 2 717 平方千米，海（岛）岸线共长 697.4 千米，其中海岸线长 306.1 千米，岛屿岸线长 391.3 千米。全市大小岛屿（礁）共 557 个，其中大于 500 平方米的岛屿有 126 个，川山群岛中的上川岛约 157 平方千米、下川岛约 98 平方千米，分别位列全省第二、第六大岛。国家公布的第一批可开发利用的无人岛中，台山占 7 个（坪洲、墨斗洲、王府洲、黄麖洲、独崖岛、二崖岛、神灶岛）。可供旅游开发利用的优质沙滩达 63.9 千米。可供水产养殖的浅海达 21 万公顷，沿海滩涂有 1.3 万公顷，较大渔港有 3 个。

侨：旅居海外及港澳台等 110 个国家和地区的台山籍乡亲达 163 万人，具有侨乡特色的洋楼、碉楼、骑楼等古建筑遍布全市各地。现存侨圩 96 座、碉楼近 2 000 座，其中，台城老城区拥有 32 条近百年历史的骑楼街道、300 多栋近代骑楼建筑，是我国市（县）中最完美的历史文化街区之一。

泉：目前已勘测到 4 处温泉出露带，温泉日均总流量可达 1.5 万吨。已建成颐和、康桥、喜运来、富丽湾、神灶、星泉等 6 大温泉景区，其中，康桥温泉是国家 4A 级景区，颐和温泉被携程旅行网评为 2016 年最佳温泉酒店，神灶温泉是世界罕见的天然海上温泉及海藻矿物泥温泉。

田：台山是广东省粮食主产区，耕地面积 4.84 万公顷，是中国优质丝苗米之乡。台山大米、台山鳗鱼、台山青蟹等已被列入国家地理标志产品名录。2018 年建成的台山中国农业公园总面积达 800 平方千米，其核心区"禾海稻浪"水稻田生态文化主题园，集中展现了田园山地生态文化和侨乡的历史文化。

山：台山的森林山地面积为 16.45 万公顷，拥有森林观赏养生、峡谷漂流探险等项目。景点开发有北峰山国家森林公园、紫罗山森林公园、入选"南粤百景"的石花山公园。台山湿地面积为 17 453 公顷，拥有江门市最大的镇海湾红树林湿地公园和大隆洞湿地公园。

木：大江镇是中国家具协会认定的"中国传统家具专业镇"，目前共有 200 多家传统家具企业。建成有伍炳亮黄花梨博物馆、大江红木家具艺术展览城（国际文旅展览城）。

石：北陡镇出产的台山玉石（黄蜡石）色彩多样、质地圆润、韧性十足，相继列入"广东省台山玉地方标准"、《石英质玉分类与定名》国家标准。

史：台山史上遗留古迹众多。南北朝梁武帝天监元年（502年），印度和尚智药三藏从台山广海湾登岸进入中国大陆，登岸时在广海湾种下的菩提树，成为广东现存最古老的菩提树。明太祖朱元璋命汤和于濒海筑城御倭寇，洪武二十年（1387 年）设置卫所，名为广海卫，现仍保存有卫城墙、烽火台和"海永无波"摩崖石刻。

（二）区位优势明显

台山紧邻珠三角核心圈，是连接港澳—粤西—大西南的黄金通道和中心枢纽。市内交通网络完善，2 条高速（新台高速、西部沿海高速）和 2 条规划国道（G240、G228）贯穿全境，便捷连通珠三角五大国际机场，还有 3 条铁路（深茂铁路、江恩城轨、新兴—广海货运铁路）、3 条高速（中开高速、台恩高速、鹤台高速）及通用机场、广海湾港区等重大基础设施正在加紧谋划，其中深茂铁路、中开高速、台开快速路等重点线路现正加速推进，全市"1 小时"交通圈正逐步形成。2018 年深茂铁路江茂段和港珠澳大桥建成通车后，台山与珠三角核心城市构成"1.5 小时黄金投资圈"，成为粤西乃至大西南连接港澳经济圈的"桥头堡"。

（三）旅游发展势头良好

近年来，台山着力打造旅游强市，全力推进全域旅游。广东省首个国家农业公园、省级农产品加工示范区落户台山。2016年初，台山市顺利成为"国家全域旅游示范区"创建单位。旅游市场也由珠三角地区逐步拓展至泛珠三角、长三角、东南亚以及欧美发达地区。2016年，台山市接待游客超过1 000万人次，比2015年增长16%，旅游总收入达72.4亿元，比2015年增长22.7%，呈现大幅增长的良好发展势头。台山连续五年（2011—2016年）被评为"广东省旅游综合竞争力十强县（市）"。

（四）特色品牌

滨海风情、生态度假、侨乡文化、温泉养生、特色美食是台山旅游的五大特色，旅游产品丰富多样，春夏秋冬四季皆可游。

春季踏青，山野寻芳。北峰山国家森林公园被专家誉为"珠三角最南端不可多得的珍稀绿洲，北回归线南侧的动物基因库"，内有一百多种受国家保护的珍稀动植物。石花山景区以怪石嵯峨、湖光山色，以及飞虎队纪念园、西岩寺、摩崖石刻等众多的人文景点而闻名，入选"南粤百景"。"岭南小九寨"和千岛湖畔寻皇草原在春风微漾里百花盛开，演绎春之乐章。

夏日浪漫，海韵椰风。上川岛、下川岛是国家4A级景区，是海上丝路的重要驿站。岛上有"广东第一步行径"——潮人径，附近海域是"海上熊猫"——中华白海豚保护区，与赤溪半岛黑沙湾、那琴半岛地质海洋公园、浪琴湾形成岛岸联动。阳光、沙滩、海浪、椰林，形成一道美丽的风景线。夏天在台山尽情玩海，还有刺激的森林探险，一路青山绿水，笑语满程。

秋风送爽，田园悠游。台山素有"中国第一侨乡"的美誉，城乡各地遍布众多的碉楼、洋楼和侨圩，梅家大院、冈宁圩（鹅城）等成为《让子弹飞》《一代宗师》的主要拍摄地。金秋时分，穿行在汀江华侨文化走廊和海丝文化走廊寻访侨乡古迹和故事，寻找黄鳝饭、五味鹅、冬蓉糕和生猛海鲜等令人垂涎的侨乡特色美食，这种时光叫惬意。2018 年，全国规模最大的具有岭南、华侨、水稻等文化特色的台山中国农业公园建成，集聚农业生产、观光休闲、生态保护、教育科普等功能。

冬泡温泉，休闲养生。台山境内温泉众多，水质优良，含多种珍稀的矿物质和微量元素，非常适合理疗养生。台山曾建立第三工人疗养院和海军疗养院，董必武副主席曾入住，并欣然题词。目前开发了 4 个各具特色的温泉度假区。其中康桥温泉为国家 4A 级旅游景区，颐和温泉被评为"广东省养老地产示范项目"。

来到被周恩来总理赞为"全国排球半台山"的地方，可以随时找人打一场排球，草根百姓的球技不亚于专业球员的水平。傍晚时分，多个公园的粤曲私伙局一板一眼韵味悠扬，"中国曲艺之乡"名不虚传。农历三月三来到"中国民间艺术（飘色）之乡"斗山镇，还可以领略到国家非物质文化遗产"台山浮石飘色"的风采……

当前台山已成为国家全域旅游示范区之一，通过旅游线路建设（潮人径、绿道、驿站等），把全域旅游景物景观串联起来，组成山海联动的大景区。

七、基础设施

2016 年底，台山市公路通车里程 2 823.907 千米，公路密度 85.9 千米/百平方千米。按千米等级分，其中，高速公路 138.417 千米，一级公路 74.35 千米，二级公路 403.68 千米，三级公路 85.3 千米，四级公路 2 097.6 千米，等外路 24.56 千米。全市有桥梁 342 座、8 082.890 延米；全市有公益、广海湾 2 个港区，码头泊位（不含简易码头装卸点）34 个。2016 年，全市交通基础设施建设共完成投资 13.8 亿元。完成县道改造 5.87 千米，乡道改造 7.58 千米，农村公路硬底化 47.33 千米，危桥改造 5 座；深茂铁路台山段已建成通车,台山至开平快速路及龙山支线工程等在建中。

在邮电通信方面,2016年全市设邮政局(所)16处,普邮投递道段91条,快包专投投递道段4条,投递道段总里程9 608千米,邮运邮路9条,邮车每日行驶里程796千米。2016年台山市信息化发展指数为98.5,互联网用户21.7万户,互联网普及率75.5%,其中光纤接入用户新增15.2万户,光纤入户率60%,全市光纤接入用户达50万户;平均每百人有62人通过互联网上网购物;固定电话用户22万户,比上年减少2.2%;移动电话用户92.48万户,比上年增长0.5%。

供水方面,2016年全市供水管道长2 092.1千米,供水综合生产能力23.5万立方米/日,全年供水总量6 820.97万立方米,售水总量5 574.1万立方米,平均日供水量17.46万立方米,最高日供水量23.03万立方米。

供电方面,至2016年末,台山境内有220千伏变电站4座,110千伏变电站21座,110千伏及以上主变容量268.85万千伏安。2016年共有供电客户48万户,最高负荷54.49万千瓦。实现供电量30.11亿千瓦时,比上年增长8.4%;售电量29.58亿千瓦时,增长9.7%。

旅游方面,2016年全市有旅游景区(点)29个,其中4A旅游景区2个;旅游饭店134家,其中五星级1家,三星级3家;旅行社13家,营业部2家,全市旅游从业人员2.92万人。全年接待游客突破1 000万人次,比上年增长16%,旅游收入72.4亿元,增长22.7%。

革命老区概况

一、台山县成立评划老区领导小组，开展评划革命老区工作

1992 年 1 月，在台山县委、县政府的领导下，老干部大力支持，紧密配合，根据广东省民政厅《关于开展评划解放战争游击根据地和确定老区乡镇、老区县工作方案》的精神，台山县开展了评划老区的工作。首先，成立台山县评划老区领导小组，组长由台山县委负责党群工作的副书记林鹏飞担任，黄健舟、骆镇邦、李师仁任副组长，组员有刘沃林、何仲儒、陈志远、李志民、叶长、袁国相、黄仕丘、钟荣光、赵常、朱兆光、陈厚德、叶建国。随后各镇也成立相应的工作机构。

1992 年 2 月，台山召开全县评划老区工作会议，抓好典型，以点带面，迅速整理和编写了三个典型材料：一是从 1938 年就建立了中共党组织，一直坚持斗争十一年多的都斛莘村管理区；二是在游击队、武工队和中共党组织的领导下，从 1947 年底到台山解放，持续坚持斗争一年十个月的海宴镇安和管理区；三是抗战初期建立抗日先锋队，不久建立中共党组织，一直战斗在敌人的心脏地带，坚持斗争十年的附城镇大亨管理区（现属台城镇）。1992 年 3 月中旬，全县分三个片召开会议，收到良好的效果，培训出一支评划老区工作骨干队伍（专职干部 90 多人），使全县（市）评划老区工作的步伐大大加快。1992 年 11 月中旬，台山市

评划老区工作基本完成。经深入调查取证和反复审查核实，革命老区分布在 18 个镇和 1 个农场，其中被定为老区镇的有 10 个，老区村委会有 218 个，含自然村 1 152 条。抗日老区点有 18 个。具体见后面的表格。

台山市革命老区分布情况表（1992 年）

镇别	村委会
台城镇	石花、城西、泡步、大亨、南坑、罗洞、白水、长岭、岭背
水步镇	青龙、乔庆
三合镇	三冈、东联、联安
三八镇	密冲、公义、密南
白沙镇	西村
冲蒌镇	朝阳、福安、竹洛、前锋、官司窦
赤溪镇	磅礴、冲金
端芬镇	墩寨、那潮、清湖、东陵、田坑、石朗、隐洞、隆胜、三洞、隆美、寻皇
海宴镇华侨农场	新河、护亨
斗山镇（老区镇）	西乔、福场、秀墩、莲洲、浮石、西栅、田稠、曹厚、塘美、六福、横江、安南
都斛镇（老区镇）	坦塘、莘村、园美、古逻、下莘村、风冈、银塘、都阳、竞丰、大纲、沙岗、白石、西墩、龙和、南村、东坑、丰江、金星
广海镇（老区镇）	甫草、山背、东山、那章、团村、大洋、广海城
海宴镇（老区镇）	肖美、六庆、岐海、东泰、西康、什和、海通、洞安、大海、山咀、沙栏圩、横岗、吉浦、三安、三沙、仑定、石美、那陵、澳村、海宴街、河南、东场、新村、佑村、鼠山、春场、望头、安和、和北、东溪、石阁、凌冲、北头、南头、沙边、五村、桂南、沙头

（续上表）

镇别	村委会
汶村镇（老区镇）	凤村、上头、太平、高朗、五联、天光、红花、白沙、升康、九岗、五乡、小担、大担、陂头、沙奇、汶村、横山、渔业
深井镇（老区镇）	田洞、岭背、金坑、牛围、大东坑、井东、康华、下斗、山蕉坑、高洞、獬山、马头、江东、东头、湾肚、湖山、官冲、新江、丹竹、新坡
那扶镇（老区镇）	蓝田、那北、一联、马山围、横墩、沙潮、那中、汶水、龙岗、东星、那南、洪坎、大洞、长江、沙溪、虾尾、泗门、那扶圩、将军山
北陡镇（老区镇）	法坑、陡门、那琴、沙咀、打铃、那域、石蕉、那潭、石井、沙堤、小洞、沙湾塘、大步头、平山朗、沙头冲
上川镇（老区镇）	沙堤、石笋、高冠、琴冲、茶湾、西牛、沙塘、北窦、浪湾、禾宁、三洲圩、东西村、西坑、飞东、鲇沙
下川镇（老区镇）	塔边、芙湾、竹湾、独湾、荔枝湾、槟榔湾、浐湾、茅湾、东湾、川东、平埠、家寮、水洋、牛塘、南澳、略尾、北步

上表为 2003 年台山市并镇后的排列，端芬镇含原隆文镇，海宴镇含原沙栏镇。

抗日老区点分布情况表

镇别	村委会	村名（自然村）
都斛镇	莘村	仁厚里村、绿水里村
	坦塘	后门村
广海镇	山背	山背村
	那章	那章村、洋田村
斗山镇	浮石	隆平里村、上南平里村、下南平里村

（续上表）

镇别	村委会	村名（自然村）
白沙镇	西村	坑里村、井塘村、莲塘村、塘口村、坑美村、塘湾村
台城镇	白水	鹿坑村
端芬镇	东陵	南安村
三合镇	三冈	山潮

台山市革命老区分布情况表（村委会撤并后情况）（2006 年 8 月）

　　台山市经调整部分镇行政区划以后有 17 个镇、1 个农场。其中革命老区分布于 15 个镇、1 个农场。被定为老区镇的有 8 个，附属老区镇（场）有 8 个，全市老区村委会有 139 个，老区自然村有 1 152 条。其中解放战争老区村委会有 131 个，老区自然村有 1 134 条；抗日老区点有 9 个（8 个村委会和 1 个点），老区自然村有 18 条。

老区镇：8 个　　111 个村委会　　870 条自然村

镇别	老区村委会（自然村数）	
	解放战争点	抗日、解放战争点
斗山（12 个村委会、88 条自然村）	西乔（7 条）、福场（7 条）、秀墩（9 条）、莲洲（7 条）、西棚（13 条）、田稠（5 条）、曹厚（5 条）、唐美（8 条）、六福（5 条）、横江（3 条）、安南（9 条）	浮石（10 条）
都斛（17 个村委会、94 条自然村）	园美（3 条）、古逻（6 条）、下莘村（4 条）、银塘（1 条）、都阳（7 条）、竞丰（7 条）、大纲（3 条）、沙岗（5 条）、白石（3 条）、西墩（9 条）、龙和（6 条）、南村（13 条）、东坑（2 条）、丰江（6 条）、金星（2 条）	坦塘（8 条）、莘村（9 条）

（续上表）

镇别	老区村委会（自然村数）	
	解放战争点	抗日、解放战争点
广海（4 个村委会、37 条自然村）	团村（10 条）、中兴（6 条）、广海城（4 条）	城北（17 条）
海宴（20 个村委会、130 条自然村）	肖美（4 条）、海通（6 条）、洞安（4 条）、仑定（1 条）、石美（6 条）、那陵（4 条）、澳村（9 条）、廊峰（6 条）、春场（2 条）、望头（7 条）、东联（21 条）、沙栏（5 条）、升平（7 条）、三兴（7 条）、河东（6 条）、联南（6 条）、永和（8 条）、和阁（5 条）、联和（4 条）、丹堂（12 条）	
汶村（12 个村委会、94 条自然村）	汶村（13 条）、高朗（8 条）、白沙（3 条）、小担（8 条）、凤村（9 条）、上头（8 条）、五乡（10 条）、大担（8 条）、沙奇（8 条）、横山（4 条）、渔业（1 条）、九岗（14 条）	
深井（17 个村委会、266 条自然村）	井东（23 条）、井西（22 条）、河西（7 条）、河东（16 条）、康华（16 条）、獭山（15 条）、江东（10 条）、小江（13 条）	
	蓝田（7 条）、那北（21 条）、沙潮（11 条）、那中（18 条）、龙岗（24 条）、那南（22 条）、大洞（27 条）、联和（9 条）、那扶圩（5 条）	

（续上表）

镇别	老区村委会（自然村数）	
	解放战争点	抗日、解放战争点
北陡（11个村委会、66条自然村）	平山朗（3条）、沙头冲（1条）、陡门（1条）、那琴（13条）、石蕉（18条）、下洞（9条）、沙湾塘（3条）、大步头（1条）、小洞（10条）、沙咀（4条）、寨门（3条）	
川岛（18个村委会、95条自然村）	甫草（5条）、山咀（5条）、沙堤（3条）、高笋（7条）、三洲圩（2条）、塔边（5条）、芙湾（2条）、独湾（5条）、茅湾（2条）、川东（5条）、飞东（5条）、略尾圩（2条）、马山（12条）、大洲（11条）、川西（8条）、家槟（3条）、联南（7条）、水平（6条）	

附属老区镇（场）：8个　　28个村委会　　282条自然村

镇别	老区村委会（自然村数）		
	解放战争点	抗日、解放战争点	抗日点
台城（9个村委会、75条自然村）	石花（7条）、合新（1条）、泡步（13条）、大亨（12条）、南坑（19条）、罗洞（3条）、长岭（1条）、岭背（18条）		白水（1条）
端芬（6个村委会、107条自然村）	墩寨（37条）、莲湖（5条）、三洞（14条）、隆文（37条）、寻皇（13条）		海阳（1条）

（续上表）

镇别	老区村委会（自然村数）		
	解放战争点	抗日、解放战争点	抗日点
水步（2个村委会、27条自然村）	乔庆（2条）、密冲（25条）		
三合（2个村委会、23条自然村）	东联（1条）	联安（22条）	
白沙（1个村委会、13条自然村）		西村（13条）	
冲蒌（4个村委会、17条自然村）	朝中（3条）、竹洛（5条）、前锋（1条）、官窦（8条）		
赤溪（2个村委会、17条自然村）	磅礴（11条）、冲金（6条）		
海侨（2个村委会、3条自然村）	新河（1条）、五丰（2条）		

抗日老区点：9个（8个村委会、1个点）　18条自然村

镇别	村委会	自然村
都斛	莘村	仁厚里村、绿水里村
	坦塘	后门村
广海	城北	山背村、那章村、洋田村

（续上表）

镇别	村委会	自然村
斗山	浮石	隆平里村、上南平里村、下南平里村
白沙	西村	坑里村、井塘村、莲塘村、塘口村、坑美村、塘湾村
台城	白水	鹿坑村
三合	联安	山潮村
端芬	海阳	南安村
	原隆文镇（镇政府所在地，滨海松苑老区教育基地）	

二、关于都斛镇莘村管理区在抗日战争和解放战争时期革命斗争史实[①]

根据广东省民政厅《关于开展评划解放战争游击根据地和确定老区乡镇、老区县工作方案》文件的精神，我们召开了当年中共台新赤县工委、中共都斛区委成员、武工队（组）长、老游击队员、老民兵队长、农会会长座谈会，走访了当年在这一地区开展革命斗争的老同志。经我们调查取证，莘村管理区具备评划为解放战争游击根据地的标准，现将材料上报，请予审定。

莘村管理区，在都斛圩东北 2 千米处，是全县最大的村庄之一。村内有吉树塘、里仁巷、绿水里、仁厚里、大楼边、楼前里、南华里、吉庆里和东凡里等九个里，自成一条自然村，向来自成一乡。广东解放前夕，全管区有 1 020 户、4 100 多人，现有 1 470 户、5 490 人，耕地面积 10 006 亩。在抗日战争时期和解放战争时期，莘村管理区人民在莘村党支部领导下，从 1938 年 11 月至 1949 年 9 月，持续坚持十多年

---

① 下述内容摘自《台山市评划解放战争根据地调查报告及证明材料》。

的艰苦斗争，为中国人民的解放事业做出了贡献。

（一）莘村党组织的建立

早在1938年11月初，中共台山县区工委直接在莘村发展李贯之（已故）、李安明、李宜振、李宜安（李史明）、李振元等五人加入共产党，成立党小组，李宜安任组长。1939年2月，建立莘村支部，李贯之任支部书记，属中共东南区总支领导；同年5月，属中共东南区委领导；1940年9月，由李振元接任支部书记；1942年初由李安明接任支部书记；1943年5月至抗日战争胜利，由李师仁接任支部书记（负责人）；1943年春至1945年8月，莘村党支部属中共台南区党组织负责人余经伟领导；1946年9月至1948年8月，仍由李师仁任支部书记；1948年8月至1949年9月，由李健华任支部书记。在解放战争中，莘村党支部属中共台南区工委——中共东南区委（书记为余经伟，委员有陈志远、何仲儒、赵元章）和台开赤中心县委委员李俊洁领导。1947年5月至1948年5月莘村支部划归台山人民解放军组织管辖。部队派丘子平（先）、陈志远（后）领导这个支部。1948年5月后属中共台新赤区委——中共台新赤县工委（书记为李生明，委员有陈侠彬、周键明、陈志远、何仲儒）领导。在抗日战争和解放战争中，莘村党支部不断发展壮大。在十年中，共发展共产党员30人，遍及全管区九个里。莘村党支部领导当地人民进行长期的、艰苦的斗争，为中国人民的解放事业做出了贡献。

（二）建立民兵组织和农会组织

在党组织的领导下，1938年底莘村成立了半军事性的"抗先队"（全称广东青年抗日先锋队台山县第一支队第三大队）和莘村青年社，带领莘村的爱国青年和人民群众开展抗日救亡活动。1939年10月，党支部根据县委指示，建立莘村壮丁常备队第二小队，由共产党员李振元任队长，队员30

多人，大部分是共产党员和进步青年。该小队掌握重机枪 1
挺、长短枪 20 多支。这个早期民兵组织建立后，曾为抗击日
寇的侵犯、保卫家乡、维护社会治安出过不少力。与此同时，
党支部还根据中共省临委和省军政委员会的指示，有计划、
有步骤地在常备队第二小队抽调叶长、邓东春等几位骨干，
到新会三角沙我党领导的赵彬部队、泰山大队进行军事训练，
为后来党在台山（滨海）地区开展武装斗争培养了干部。
1947 年 7、8 月间，党支部根据中共广东区党委"恢复公开
武装斗争"的指示，着手串联、发动进步青年农民，组织莘
村乡常备队，实质上是党支部领导的民兵组织。1948 年 5
月，在中共台新赤区委领导下，莘村党支部建立了公开的民
兵组织。同年 8 月，又建立了都斛武工组，李师仁任组长
（1949 年 2 月成立都斛武工队，李强任队长，李师仁任副队
长）。在武工组（队）领导下，莘村民兵组织发展很快，李
健华（共产党员）任队长，队员近 100 人，1949 年更是发展
到 200 多人。共有机枪 6 挺、长短枪近 200 支。这支民兵队
伍除了维持治安，清匪反特，带领群众实行减租减息外，还
多次配合东海队袭击国民党地方团队，截击国民党军队对我
游击队的进犯，粉碎敌人的"围剿"。1949 年 6、7 月间，从
莘村抽调了 80 多名精干民兵到滨海总队，配合总队的战斗。
莘村民兵在抗日战争和解放战争中，为革命立下了汗马功劳。

莘村党支部为把农民组织起来，于 1939 年 8 月组建了莘
村牛会（农会），李振元任会长，会员有 100 多人。牛会曾
领导农民开展"减禾更谷"等斗争，实行每斗田减禾更谷 6
斤（1 斤 = 0.5 千克），减轻了农民负担，维护了农民利益。
该牛会一直坚持到解放战争时期的 1948 年 5、6 月间，才改
为莘村农会，夏三秀（共产党员）任会长，会员有 300 多
人。农会领导农民开展了轰轰烈烈的"减租减息"运动，

1948 年至 1949 年共减租谷 6 400 担。

（三）建立"两面"政权

1948 年 5 月，中共台开赤中心县委决定在台新赤地区成立中共台新赤区委和台新赤独立大队（简称东海队，陈侠彬任大队长，李安明任政委）。东海队领导成员与骨干不少是莘村人。东海队常以莘村为根据地之一，因此，东海队对莘村国民党乡政府震慑很大。尤其是在 1948 年 8 月初，东海队在莘村支部和民兵的配合下袭击莘村，镇压了反动头子李殷普后，反动势力惶惶不可终日，人民拍手称快。莘村党支部就抓住这个时机，建立了一个"两面"政权的莘村乡公所。表面上是挂国民党的招牌，实际上是由莘村党支部控制。乡长李仁壮是个老华侨，对共产党和游击队抱同情和支持态度，常为我东海队搜集情报，购买药品、衣服、鞋袜等物品，还为东海队提供粮食等。凡是东海队和武工队及莘村党支部提出要办的事，乡政府都照办，而对国民党只是应付。这个"两面"政权，在一年多的斗争中，为革命立下了功劳。

（四）从抗日战争到解放战争的十多年来，莘村人民为革命做出不少贡献

第一，培养革命骨干。莘村为中国人民的解放事业，输送不少人才。1938 年 11 月莘村成立了党小组，发展了几十个党员。在党的教育下，不少党员成为革命骨干，如李安明、李贯之、李法、李维霖（已故）、李师仁等。

第二，积极、踊跃参加共产党领导的人民武装。从 1944 年初至抗日战争胜利，莘村党支部根据上级党组织的指示，动员党员和进步青年参加中共领导的武装部队，先后有 19 人参加，其中 3 人（邓东春、白坚武、董启就）光荣牺牲。1948 年 5 月东海队成立后，莘村党支部就动员更多青年参加游击队，先后有 100 多人加入，不少人成为游击队的干部和

骨干，英勇作战立了功，其中2人（叶锦牛、李鸿就）为中国人民的解放事业牺牲了。

第三，莘村向中共领导的武装部队输送枪支弹药，对滨海地区（台山）人民武装的发展壮大起了积极作用。早在1944年，莘村乡就输送给台山人民抗日游击队第四大队（即广东人民抗日解放军第四团）重机枪1挺、长短枪20多支、子弹几千发。解放战争期间，又向东海队输送轻机枪6挺、长短枪30多支，至于少量的输送则没有统计在内。

第四，莘村向中共领导的人民武装部队支援不少钱、粮。如1948年向东海队支援稻谷7 000斤、港币6 000多元。另向东海队提供内科、外科医生，中西药品，掩护和救护伤员等。党员和进步人士个人向革命贡献财物的就更多了。

第五，莘村民兵积极配合东海队或都斛武工队的战斗。参加大小战斗30多次，如夜袭莘村、黑石山战斗、古兜冲口阻击战等，粉碎了敌人的"扫荡""围剿"，歼灭了敌人的有生力量。

上述莘村人民从抗日战争到中华人民共和国诞生，长达十年多的革命事迹，在《中共台山县组织史资料》《滨海总队史》和《滨海总队六个独立大队史汇编》及县委史办公室均有大量资料可供证明。这些革命斗争的活动，从时间来说持续十多年，从革命斗争的范围来看，遍及全乡各里，人员亦遍布全乡各里。因此，我县解放初期，上级只批准莘村的绿水里和仁厚里为老区，是不够全面的。按现在通知的新标准，应把整个莘村管理区定为老区。

以上报告当否，请审定。

台山县评划老区工作领导小组办公室
1992年5月3日

三、关于斗山镇浮石管理区在抗日战争和解放战争时期革命斗争史实①

根据广东省民政厅《关于开展评划解放战争游击根据地和确定老区乡镇、老区县工作方案》文件精神，我们召开了当年中共台新赤县工委、中共斗山区工委成员（武工队长、组长、民兵队长）座谈会，走访了在这一地区领导革命斗争的老同志，经调查取证，浮石管理区具备解放战争游击根据地的标准。

浮石管理区位于斗山圩东面3千米处，是全县最大的村庄之一。村内有西头、村心、民表、东头、隆平里、上南平旦、下南平里、大墩、灶背、诸护等十条自然村。广东解放前属台山县第三区浮石乡管辖。1964年，浮石大队分为浮东、浮西两个大队。1984年1月，浮东、浮西大队合并为浮石乡，随着体制改革，后为浮石村民委员会、浮石管理区。广东省民政厅早已确定浮石隆平里、上南平里、下南平里为抗日战争时期游击根据地。广东解放前夕，全管理区有1 130户、4 300人，现有1 637户、6 534人，耕地面积6 340亩。虽然处在日本侵略者、国民党军和封建势力的压迫下，但是革命力量成长较早，发展较快，影响也较深远。从1938年11月至1949年9月，浮石管理区人民在中共东南区委、中共台新赤区委——台新赤县工委、浮石党支部和武工组的领导下，持续进行十一年多的革命斗争，为中国人民的解放事业做出了贡献。

---

① 下述内容摘自《台山市评划解放战争根据地调查报告及证明材料》。

（一）浮石党组织的建立和发展

1938 年 11 月，中共台山县区工委派共产党员赵彬、赵向明到浮石开展革命活动，先后发展了赵殿均、赵镇良、赵惠煜、赵元璋（出国）、赵仕枋（已故）、赵炯榆、赵式健等 13 人加入中国共产党，并成立了党小组，组长为赵向明（已故）。1939 年 2 月建立浮石党支部，第一任支部书记为赵向明，第二任为赵育欣（已故），第三任为赵元璋，第四任为赵式健。1946 年 2 月，由赵仕枋接任支部书记直至解放。1948 年 7 月，为适应革命斗争形势，台新赤区委把浮石党支部分为两个党小组，红线党小组组长为赵超平（赵平），灰线党小组组长为赵仕枋，直接领导武装斗争和"两面"政权斗争。在抗日战争和解放战争中，浮石党支部在革命斗争中不断发展壮大，发展了共产党员 30 多人，人员遍及全管理区各条村。浮石党支部在十一年多的革命斗争中，领导当地人民及其他地区人民进行长期的、艰苦的斗争，为抗日战争和解放战争的胜利做出了很大的贡献。

（二）建立民兵和农会

在浮石党支部领导下，1939 年春，广东省青年抗日先锋队台山县队部（简称"抗先队"）、浮石中队成立，中队长为赵坤三，副队长为共产党员赵向明。抗先队开始开展抗日救亡运动。接着成立浮石基干自卫队，队长由共产党员赵镇良担任，赵航修（已故）任总务。共产党员打进自卫队的有赵彬、赵育欣、赵向明、赵元璋等。这个自卫队名义上是当时国民党乡政府领导，实际为共产党所控制。1946 年夏，党支部发动进步青年建立了浮石武工组，组长为赵陶津（已故），组员有 20 多人。1947 年 8 月，成立了民兵队，共产党员袁来胜（已故）任队长，共产党员赵启良、赵集权（已定居美国）为指导，队员有赵维钦、赵思潮、赵德旺、赵锡富、赵仕岩、赵介稳等40多人。1949年3月，该民兵队已发展到250人，有轻机枪2挺、冲锋枪2挺、长短枪100多支。在党组织、武工队（组）的领导下，当时东海队以浮石为武装斗争立足点，以浮石罗道夫（已故）的家为游击队据点。罗道夫的家成为武工队员转移、隐蔽的安全可靠的中转站，上级党领导也经常到这里来开会或研究工作。广东解放后，台山县人民政府将罗道夫的家确定为抗日战争时期的堡垒户。浮石民兵配合东海队参加大小战斗20多次，如攻打赤溪县城战斗、夜袭冲蒌国民党警察所战斗、交贝石战斗，截击了国民党李德、李和部队对我游击队的进犯，粉碎了敌人的"围剿"等，还为部队送粮、送饭、救护伤病员、破坏桥梁、堵塞交通、剪电线、破坏敌人通信等。浮石民兵在解放战争中为党和人民立下了汗马功劳。

1939年底，组建了浮石乡牛会，会长为赵雅栋（已故），当时共产党员赵惠煜等人加入了牛会。1948年5月，牛会改为农会，共产党员赵仕枋任会长（任职至广东解放），赵津庭（已故）任副会长，会员有赵绥帮、赵炎、赵新良、赵亮勤等50多人。1949年3月，会员发展到400多人。会址设在以佩祖祠，会旗为黑色犁头旗。浮石乡农会团结教育农民，维护农民利益，领导农民进行反"三征"（征兵、征粮、征税）"减租减息"运动。全管理区共减田租谷12 000多斤，减息港币25 000多元，还发动群众抗交租税，反对放咸水入围田伤害禾苗。在党的领导下，浮石农会在革命斗争中做出了应有的贡献。

（三）建立"两面"政权

在浮石党支部的领导下，浮石的革命力量不断发展壮大。

1945 年夏至 1949 年 9 月，先后派共产党员赵式健、赵兆聪、赵仕枋等人担任保长。1948 年 8 月 4 日，游击队、武工队夜袭都斛莘村，枪毙了国民党参议李殷普，武工队张贴了《告各界人士书》后，国民党在斗山、冲蒌地区的乡、保政权受到沉重的打击，有些乡长、保长逃到外地躲起来，有的躲在家里不敢露面，国民党的乡、保政权受到很大震慑。浮石党支部抓住这个机会，把乡长赵淡樵（已出国）争取过来支持革命斗争。为配合赵淡樵完全控制这个乡"两面"政权，党支部于 1948 年 12 月又派共产党员赵启良担任乡府文教股长、乡政议员、族务委员等职务。从 1948 年 8 月初起，国民党在浮石乡、保政权完全由浮石党支部控制。这个政权掩护了党支部、武工队的活动，为游击队筹粮筹款，还把公枪交给武工队、民兵使用。浮石乡绅赵健庵，参加过北伐，抗日战争期间曾任台山警察局局长。他看出国民党的腐败，日渐倾向支持共产党。1944 年 9 月，他出面到新会请赵彬带领中共领导的泰山大队主力部队入台山抗日。部队入台山后，他弃官回乡，积极为部队筹款，在解放战争中为党提供了不少重要情报，还开医疗门诊为我游击队医治伤病员。在党支部的领导下，这个"两面"政权在几年的革命斗争中，为党为人民立下了功劳。

（四）浮石管理区人民在抗日战争和解放战争中为革命做出了不少贡献

第一，浮石管理区人民踊跃参加共产党领导的人民武装部队。1944 年至解放战争胜利，先后有 60 多人参加东海队，其中有 3 人（赵景培、赵长胜、赵锡炽）在解放战争中光荣牺牲。

第二，培养革命骨干，为中国的解放事业输送不少人才。1938 年 11 月建立党组织后至解放前夕，共发展了 30 多个共产党员。在党的教育下成为革命骨干的，有赵彬、赵超平、赵仕枋、赵经存、赵元璋、赵育欣、赵兆聪、赵辉等。

第三，向东海队输送了不少枪支弹药、钱、粮等，共计有长短枪80多支、粮食12 000多斤、港币40 000多元，药品、衣物一大批，并掩护武工组转移和救护伤病员，长期为游击队、武工组提供食宿和活动经费，为滨海地区人民武装的发展和壮大做出了贡献。

第四，浮石民兵配合东海队、武工队参加过大小战斗20多次，如攻打赤溪县城、夜袭冲蒌国民党警所，粉碎敌人的"扫荡""围剿"，有力地歼灭敌人的有生力量，为解放战争的胜利做出了贡献。

上述浮石人民从抗日战争到解放战争十一年多的革命斗争史实，在《中共台山县组织史资料》《滨海总队史》《滨海总队六个独立大队史汇编》《台山革命回忆录》以及台山市委党史办公室里均有大量资料可供证明，浮石人民的革命斗争持续十多年，革命斗争的范围、人员遍及全管理区各个坊、自然村，因此，根据广东省民政厅（粤民办字［1991］18号）文件的精神，浮石管理区符合评划为解放战争游击根据地的条件和标准。

台山市评划老区工作领导小组办公室
1992年5月8日

四、关于白沙镇西村管理区在抗日战争和解放战争时期革命斗争史实①

根据广东省民政厅《关于开展评划解放战争游击根据

---

① 下述内容摘自《台山市评划解放战争根据地调查报告及证明材料》。

和确定老区乡镇、老区县工作方案》文件精神，我们召开了老党员、老游击队队员、民兵、农会会员等人座谈会，走访了当年在这一地区领导人民进行革命斗争的老同志，经调查取证，西村管理区具备评划为解放战争游击根据地的标准。

西村管理区位于白沙镇白沙圩西面2千米处，有井塘里、塘湾里、坑美里、塘口里、莲塘里、坑里、脑园头、江步头、大岭村、高龙村、南洋里、朝阳里、朝安里等13条自然村。广东解放前属台山第六区西村乡（包括现牛角龙管理区）管辖。西村管理区有两个保，人民公社化时成立了西村大队。随着体制改革，先后改为西村乡、西村村委会、西村管理区。广东解放前西村管理区共有354户、1 274人，现有596户、2 309人，耕地面积2 282亩。西村人民从1939年6月至1949年9月持续坚持斗争十年多，在党支部领导下，建立了抗日自卫队西村第四中队，在抗日战争中立下不少战功。广东解放后，人民政府把西村6条自然村评划为抗日战争时期革命根据地。根据我们的调查，西村管理区其他7条自然村在战争年代，也为中国人民解放事业做出了贡献，应该将整个西村管理区评划为解放战争时期革命根据地。

（一）西村党组织的建立

1939年5、6月，在中共开平县区工委（县委）的直接领导下，建立了西村党支部，先后任支部书记的有黄拔山（1939年6月—1941年初）、黄英（1941年4月—1943年春）、黄洪（1943年春—1944年）。后因革命处于低潮，西村抗日自卫队奉命调往新高鹤地区，西村党组织转为单线联系，党组织联系人为汤炎成（1944年3月—1946年6月）。1946年7月，成立西村党小组，先后任组长的有黄耀（1946年7月—1949年2月）、黄伟（1949年3月—1949年10

月）。西村人民在西村党组织的领导下进行革命武装斗争直至解放。西村党组织先后发展党员 30 多人。

1939 年 6 月至 1943 年上半年，西村党支部属中共开平县委领导。1943 年下半年至 1949 年 9 月，属中共台山县委、台开赤中心县委、台山县工委领导。

（二）建立民兵组织和农会组织

1939 年 6 月西村党支部成立后，便迅速建立人民武装，把原禾更队改编为西村乡抗日自卫队后备队，后来又改编为西村抗日自卫队第四中队（简称"四中"）。1939 年 6 月至 1943 年上半年，自卫队政委为黄拔山，队长（总指挥）为黄伯衡，副队长为黄瑞球。1941 年 6 月，黄伯衡队长被国民党暗杀后，由共产党员黄瑞球任队长。该队有队员 173 人，大部分是进步青年，分布在西村各条自然村；有机枪 2 挺、长短枪 100 多支和一批弹药。1943 年下半年，西村"四中"奉上级党组织命令撤离西村，参加高鹤、新会等地游击队。1947 年 5 月，在西村党组织的领导下，重建西村民兵组织，队长为黄韶（中共党员），副队长为黄根邦（中共党员，已故）。黄韶牺牲后，1949 年 8 月由黄根邦任队长直至解放，当时队员共 35 人，装备有长短枪 30 多支及一批弹药。

1939 年 12 月，在西村党支部的领导下，西村乡农民协会成立，选举黄英为会长，会员共 43 人。会址设在月窗祖祠。农会门口挂着对联"合力齐心，共求幸福；贪生怕死，莫进斯门"。

农会成立后，很快组织互耕队，开荒办农场，自力更生。农场收获的产品，部分贮备度荒，部分出卖得款购买枪支弹药。由于大家齐心合力，又有群众大力支持，连续取得了三个丰收年，对解决地下党和西村"四中"的活动经费起了很大作用。同时展开了大规模的禁烟禁赌运动。1940年夏天，又成立了西村妇女会，会长为黄美英（1944年牺牲）。

1948年2月，在西村党组织的领导下，重建西村农会，会长为黄根邦，副会长为黄肯章，会员300多人，分布在西村各自然村。西村农会配合民兵在西村开展了轰轰烈烈的抗租减息运动。1948年至1949年9月，共减租谷87担，破坏国民党征粮，向当地公偿借粮。在十年中，西村人民为人民游击队筹集黄金3斤多、双毫银币600多元，给西村"四中"购买枪支弹药和生活必需品。此外，为游击队输送粮食800多担。

（三）建立"两面"政权

1939年6月，西村党支部建立抗日自卫队第四中队，这支抗日队伍完全是由西村党支部领导的。因此，党支部也完全控制了西村乡政权，直至1943年下半年，西村"四中"根据上级党组织指示，撤往高鹤、新会等地参加党领导的游击队为止。

1947年春，经党小组研究，决定派滨海大队队员黄玲的父亲黄元普和原抗日自卫队第四中队队员黄肯章分别出任西村高龙保和石颈、井塘保的保长。两位保长出任后，为党做了大量工作。国民党广阳守备区指挥部联合白沙联防队几次"围剿"西村武工队，但由于保长黄元普和黄肯章及时向我武工组提供情报，而安全撤退，免受损失。这两位保长还协助农会向西村公偿借粮支援游击队，此外，还掩护游击队活动。这个"两面"政权完全由中共组织控制，为解放事业立下不少功劳。

（四）西村管理区人民在抗日战争和解放战争中为革命做出了不少贡献

第一，在抗日战争和解放战争中，发展了党员30多人，为党培养和输送了一批优秀干部，他们在各条战线担任领导岗位，如黄拔山、黄伟、黄耀、汤炎成、黄思庆、黄根邦、黄桓邦、黄校邦等同志。

第二，先后发动49人参加新高鹤和台山游击队，在革命斗争中，有17名西村英雄儿女为中国人民的解放事业光荣牺牲。参加人员分布在西村各条自然村。

第三，为西村"四中"筹集黄金3斤多、双毫银币600多元，购买枪支弹药，还为游击队输送粮食800多担。

上述西村管理区人民的革命斗争事迹，在《滨海总队史》和《滨海总队六个独立大队史汇编》及台山市委党史办公室均有大量资料可供证明。西村管理区人民在抗日战争和解放战争时期，坚持革命斗争十多年，革命斗争遍及各自然村，人员遍布各自然村。因此，根据广东省民政厅（粤民办字〔1991〕18号）文件精神，西村管理区完全符合评划为解放战争游击根据地的条件和标准。

台山市评划老区工作领导小组办公室

1993年7月28日

五、老区工作会议

1980年2月26日，台山县老区工作领导小组组长赵仕枋参加了广东省老区建设委员会在广州举行的全体会议，讨论1980年老区建设工作计划。同年3月15日，台山县在台城召开老区工作领导小组会议，传达广东省省长刘田夫、省委书记尹林平在会上的讲话。会议一致认为：老区建设的中心环节是发展经济。老区的生产方针是，宜农则农，宜渔则渔，做到一业为主，多种经营，农、林、牧、副、渔业全面发展。

1983 年 3 月 6 日，赵仕枋抵达海丰县参加全省老区工作会议。3 月 24 日，在台山县府礼堂召开台山老区工作会议，传达全省老区会议着重研究开创老区建设新局面的问题和副省长范希贤的重要讲话。会议强调，老区建设要解放思想，认真贯彻农村各项经济政策，走农、林、牧、副、渔业全面发展，农工商综合经营的道路。对支援老区发展生产的资金，要专款专用。

1985 年 4 月，台山县老区建设委员会主任陈杰参加在梅县召开的全省老区工作会议。5 月，在台山县政府礼堂召开台山县老区工作会议，传达省老区工作会议精神和学习国务院《关于帮助贫困地区尽快改变面貌的通知》和省委《关于加速发展山区经济若干政策问题的规定》。会议强调，台山要有重点地分批帮助贫困老区发展经济。

1989 年 2 月，台山县老区建设委员会主任、副县长陈日明主持召开一次各老区村领导干部会议。会议内容是交流老区生产建设、发展经济的经验。

1994 年 5 月，台山市老区建设委员会在市委书记方庭旺的支持下，调整 1990 年成立的台山县老区建设促进会，充实会员，并于 5 月 17 日成立老区建设发展基金会。方庭旺还主持召开老区建设委员会、老区建设发展基金会成员会议，会长、基金会成员向老区发展基金会认捐 214 万元；会后，老区建设委员会主任李伟良还发动港澳同胞乐捐基金 50 万港元。这两项基金为台山市老区扶贫工作增强了后劲。

1998 年春，老区建设委员会主任、副市长李伟良主持召开了全市老区工作会议，传达广东省和江门市老区工作会议精神，总结 1997 年台山市老区建设的成绩，表彰老区建设先进单位 30 个和先进个人 20 名，为老区建设进一步增强创新优势提供了动力。

1999 年，台山市委书记黎力行，台山市老区建设委员会主任、副市长邝巧云等领导，深入台山市隆文、深井、那扶等边远山区进行老区工作调查，掌握了老区人民的生活情况。同年 7 月 22 日，黎力行、邝巧云参加台山市老区建设委员会工作会议，对老区的扶贫工作取得的成绩予以肯定并明确了今后扶贫的重点和方向。

六、各级对老区的扶持

根据台山老区的实际情况，台山市（县）委、市（县）政府、市（县）老区工作领导小组（以至后来的老区建设委员会），在经济政策、税收、物资等方面对老区实行特殊照顾，帮助贫困老区发展经济。1979 年至 1991 年，台山县老区工作领导小组和县老区建设委员会对人均年收入 140 元以下的 17 个老区大队，从 1979 年起免征社队工商所得税 5 年；酌情减免粮食征购。根据 1979 年 8 月国务院批转民政部、财政部《关于支援革命老区根据地所需经费、物资问题的请示报告》的精神，台山县各部门在本身业务范围内，于财力、物力上，大力支援老区。从 1979 年起的十三年中，向老区投放无偿资金 278.81 万元、无息有偿资金 10.1 万元、水泥 3 955 吨、钢材 112.3 吨、木材 31 立方米、化肥 994 吨，为老区经济发展创造良好条件。1992 年至 2000 年，共向老区投放资金 10 103.31 万元，为老区经济发展提供了资金的保障。

支援老区建设情况统计表（1979—2000 年）

项目 年度	资金（万元）		水泥 （吨）	钢材 （吨）	木材 （立方米）	化肥 （吨）
	无偿	无息有偿				
1979	25.48					113
1980	26.6	2.5	130	45	13	293
1981	23.5		682	52.8	6	351
1982	23.63		715		6	26
1983	15.65		268			37
1984	15.1	0.9	190			20
1985	4	2.7	220			32
1986	48					
1987	8		400			3
1988	12		400			36
1989	17.85	4	400	4.5		42
1990	17		350	5		25
1991	42		200	5	6	16
1992	62.4	14.5	125			42
1993	551.96	1				
1994	464.02					
1995	1 897.13					
1996	3 476.3					
1997	3 100					
1998	195					
1999	291					
2000	153	50				
合计	1 0451.62	75.6	4 080	112.3	31	1 036

（2001—2018年）

2001年至2007年每年支援老区建设40万元；

2008年至2015年每年支援老区建设100万元；

2016年至2018年每年支援老区建设200万元。

2014年，台山老促会被国务院扶贫开发领导小组评为全国社会扶贫先进集体

第二章

初期建党　迎来曙光

第一节 马克思主义的传播与中共组织的建立

一、马克思主义的传播

1927 年大革命失败后，台山的社会阶级关系和革命形势发生了很大的变化。在白色恐怖下，中共党组织遭到破坏，一些共产党员和工农积极分子先后被捕或遭杀害，革命力量受到极大的摧残，革命形势由高潮逐渐转入低潮，党的活动被迫停止。但是，知识分子追求真理、向往革命的思想并没有停止，共产主义思想仍在知识分子中继续传播。

1928 年冬，在地下党组织的指导下，台山一些进步学生和知识分子，以学校和报刊为阵地，公开或秘密地传播马克思主义，为劳动者呐喊。当时，台山各中学的校刊，乡族的侨刊、报纸、杂志陆续办起来，其中台中（即台山县立中学）的《台中半月刊》、任远中学的《骆驼》、暨南大学台山同学会的《都市与农村》，及《台山日报》《南华日报》《劲风日报》等刊物尤其活跃，揭露时弊，宣传进步思想，传播马列主义。

1930 年，留日学生何干之（又名谭秀峰，台山筋坑乡塘口村人）、朱伯濂（台山附城淡村人）等，利用暑假回国探亲，在台中举办青年暑假学术研究班。参加研究班的主要对象是小学教员和进步中学生，何干之讲授《现代世界观》（辩证唯物论和历史唯物论），朱伯濂介绍无产阶级文学和其他进步文学。1930 年秋，任远中学学生林基路串联黄克舟等进步同学，在老师的支持下办起了一所平民夜校，吸收40多名贫民子女上夜校读书。他们针砭时弊，联系实际自编教材，向学生宣传革命真理。1933年冬，进步教师李云扬、李梓高和在广州参加社联活动的伍乃茵通过台中学生李吉鸿，串联黄道球、黄先、胡炎基等成立台中同学读书会，提供《红色中华》《星光》等进步刊物给他们阅读，帮助他们提高思想觉悟，鼓励他们坚定革命信念。

此外，还有一些知识分子通过文艺演出的方式宣传进步思想和马列主义。1933年暑假，从上海回乡度假的林基路，与因参加抗日救亡运动而被学校当局开除学籍的台中学生黄新波、梅景钿、陈秋焕、伍示月和广州协和师范学校女学生陈茵素等，在台城成立台山剧社，排演了《咖啡店的一夜》《父归》等话剧，在台城、斗山、镇口、潮境等地演出。由于这些话剧反映了进步的思想内容，场场座无虚席，一时轰动了台山城乡。

在土地革命战争处于低潮时期，由于台山的进步学生和知识分子千方百计地向广大群众传播马列主义和革命思想，在社会上产生很大的影响，因此，很多青年学生在马列主义和革命思想的影响下，后来积极参加抗日救亡运动，走上了无产阶级的革命道路。

二、中共台山党组织的建立与发展

大革命时期，台山已有中共党组织的活动。据档案资料记载，1927年台山就有中共县委。

1926年夏，中共广东区委派员到台山开展秘密建党的调查研究工作，在知识分子中发展党员。从1924年至1927年夏，中共广东区委曾先后派遣共产党员李冠南、广东省印务总工会特派员王强亚和中共广东区委干部李安来台山，领导开展工农运动，建立了台山职工联合会、台山印务总工会等工人组织及七个农民协会。广州起义前，建立中共台山县委员会，归中共五邑地区委员会领导。大革命失败后，白色恐怖笼罩全国，共产党的活动被迫转入地下，中共台山县委成员撤离外地，原有党员也纷纷隐蔽，台山党组织一度中断了与五邑地委和中共广东特委的联系。1928年初，中共广东省委（1927年5月由中共广东区委改组而成）把台山党组织交由中共恩平县委书记冯燊联系。冯燊曾先后到过台山的斗山、都斛等地寻找台山党组织，传达上级指示，由于联系不上，两天后他离开了台山。

1928年7月，中共中区视察员天维到台山视察工作，召集铁斧、吴慌、独呼、至刚等人举行会议，分析了形势，做出十三项决议，并帮助建立了中共台山县临时委员会，归中共江门市委领导。会后，中共台山临时县委向中共广东省委做了书面报告。同年11月，省委决定撤销江门市委，成立中共新会县委，台山党组织归新会县委领导。这时，台山共有党员30人。1929年，新会县委机关遭破坏，为避免更大损失，所属各县的党组织先后停止了活动。台山的党员，有的转移到别的地方，有的就地隐蔽继续斗争，有的失去了与党组织的联系。到1929年4月，台山只有3个党员。自此，中共台山党组织停止活动，直至1938年6月才重建党组织，恢复活动。

（一）新文化运动和学生运动

1927年大革命失败后至1937年的十年内战期间，远离革命中心的台山，在国民党的压迫下，中止了工农运动。然而，敌人怎样也封锁不住伟大的共产主义思想，它在知识分子中广泛传播。其间，台山开展了新文化运动。谭秀峰（即何干之）就是其中一个传播者。1927年谭秀峰因思想进步被中山大学开除学籍。1928年回乡，他常在谭族主办的日报发表反帝反封建的言论，不久，即被迫出境去日本留学。1930 年，他从日本留学回来，举办台山青年暑期学术研究班，主讲《现代世界观》，传播革命思想。1931 年，他在台山中学任教时因传播革命真理而遭解聘。1932 年，他创办《台山日报》，不久，也被国民党查封。后来，他出走广州、上海，并在 1937 年"七七事变"之后，进入革命圣地延安，并在那里加入了共产党。

在谭秀峰回乡传播新思想以后的十年间，由于侨汇大增，台山侨乡达到极盛期，商业与文教事业空前繁荣。各地以姓氏宗派为单位，普遍办了小学和族刊，有的还办中学、日报。许多华侨家庭，不惜重资供儿女去大城市读大学，甚至出国留学。因而这段时间台山的新文化运动和学生运动蓬勃开展，台山中学学生会出版《台中半月刊》，任远中学学生会出版月刊《骆驼》。在广州、上海等地的台山大学生和日本台山留学生，也创办刊物，邮寄回乡。这些刊物，十分有利于革命思想的传播。

从 1927 年至 1937 年这十年间，由于台山有许多知识分子参与新文化活动，传播革命思想，从而涌现了一批有为的青年，如任远中学的学生林为梁（即林基路），就是当时学生运动的佼佼者，后来离开故乡去上海深造，很快成为英勇的共产主义战士，为抗日战争期间台山革命力量的发展打下了良好的思想基础。

（二）报刊出版促进了新思想和新文化的传播

自从清末创刊了《新宁杂志》以后，台山的报刊就越来越多。1913 年出现了《新宁日报》（对开报纸一张），1914 年出现了《舆论报》，1921 年出现了《台山旬报》。1921 年以后，各地方、各宗族在海外华侨捐款的支持下，纷纷创办报纸刊物。从 1921 年至 1931 年这十年间，各地创办的刊物有《自治杂志》《东坑月刊》《李族月刊》《康和月刊》《北坑月刊》《莘村族刊》《广海杂志》《胥山月刊》等几十种之多。同时，各中等学校甚至一些小学校，也出版了校报、月刊；甚至在国外留学的台山籍学生，也组织起来出版刊物。如1920年留省同学出版了《新新宁》；1928年留日同学出版了《新台山》。这些报刊的存在时间有短有长，但此停彼起，刊物出版长期保持着繁荣景象。到抗日战争之初，台山各地的杂志有《新宁杂志》《康和月刊》等几十种，日报有《南华日报》《大同日报》等。

台山长期存在这么多的报刊，总的来说，有助于新思想和新文化的传播，对台山社会的进步起着促进作用。特别值得注意的是，为数众多的地方刊和族刊广泛向海外侨胞发行，对联络华侨和激发其爱国爱乡思想与行动等方面，都有着重大的贡献。

乡村农会的建立

一、乡村农会的组织者

在工人运动的带动下，农民运动蓬勃兴起。1926 年 5 月，广州农民运动讲习所第五期毕业生温梦熊和李万苍回乡，帮助农民组织农会。

温梦熊是台山附城沙步村人，华侨子弟。他小学毕业后没钱升学，17 岁到五十圩当药材铺工人，19 岁到广州华盛顿酒楼当工人，25 岁由酒楼茶室工会介绍进入农民运动讲习所学习。李万苍是都斛大宁村人，也是华侨子弟。他 19 岁去广州读中学，22 岁中学毕业，25 岁进入农民运动讲习所学习。他俩同是农讲所第五届学员，从农讲所结业后回到台城，即吸收了一些积极分子组成工作组开展工作。工作组以温梦熊为组长，以台城西普寺（在城西火车站附近）为办公处。在工作组的积极发动下，台山点燃了农民运动的火种，建立了第一批农民协会（简称"农会"）。

二、七大农民协会

这批农民协会的第一个是沙步农民协会，于 1926 年 7 月成立；第二个是龙村农民协会，于 1926 年 8 月初成立；第三个是种积农民协会，于 1926 年 10 月成立；第四个是荔枝塘农民协会，于 1927 年 4 月成立；第五个是凤冈农民协会，于 1927 年 5 月成立；还有龙溪农民协会和大宁农民协会，都于 1927 年 10 月成立。7 个农民协会共有会员 700 多人。

（一）沙步农民协会

沙步村在台城之东 3 千米处，是台山农民运动领袖温梦熊的家乡。温梦熊和李万苍从广州回来后不久，就在沙步村试办农会。他俩首先得到沙步小学一位教师的协助，然后共同深入到贫农中去，宣传组织农会的好处。

1926 年 7 月的一天，瑞璋祖祠热热闹闹。沙步农民协会即将宣告成立。不料封建头子温明理、温学艺带来一班父兄，竟无故把会场捣毁，口口声声说不准"乱搞"。但是，觉悟了的农民没被吓倒，他们 32 人在温梦熊的带领下，转移到西普寺开会，宣布沙步农会成立。会上，给每人发放一枚会员证章（铜质圆形，上端用篆书写着"广东台山县农民协会会员证章"，下端画着一张犁），和一个会员证，推选陈伯基为会长，温庭珍为副会长。虽然这一农民运动的幼苗，后来被本村的封建大石压制住，可是播种者已取得了经验教训，继续前进，把种子撒开了。不久，就有成批的农会出现。

（二）龙村农民协会

龙村在四九地区，是"细仔"（佃农）聚居的一条村。他们既受地主的残酷剥削，又受外村大族的欺凌。一次，农民刘维告的禾被乐平村的牛吃去了一大片，气愤不过，打了这头牛一巴掌，骂了牧童几句，但不敢叫他赔禾。可是，乐平村恶人先告状，硬说刘维告打伤牛，要拉他上乡公所。这事激起了村人的愤怒，都替刘维告抱不平，但想想自己的地位，只好又忍声吞气。正在这时，村人李北海从广州回来，他启发大家："我们农民常吃亏受气，不如组织一个耕田会吧，组织起来，他们就不敢欺侮我们了。"众人问他怎样组织，他说认识一个立志帮助穷人翻身的人，名叫李万苍，可以请他来帮忙。几天后，李万苍果然来了。

经过一段时间的筹备，台山第二个农会便于 1926 年 8 月成立了，入会的有一百多人，入会费每人二毫。他们以村里的书馆中山堂为会址，挂上"广东省台山县第一区龙村农民协会"的招牌，并举行了成立大会，选出李北海为会长，甄森就为副会长。农会给每一个会员发了会员证、会员证章和写着龙村农民协会的铜鼓帽。

开过成立会后，农会就与地主进行说理斗争，取得了给全体会员普遍减租二分的胜利。

（三）种积农民协会

龙村农会成立不过两个月，附近的四九涧头种积农会又成立了。

涧头包括桂林、和安、和平、新安、大庆、百牛坪、乾田厂、岗咀、白虎头和锦安等自然村。这十多条村的人集股于虎坑和除尘坑等山地种松，取名"种积堂"（农会成立时取名"种积联"）。当松林成材的时候，车朗刘光汉等土豪说山地是他们的，煽动村人去砍伐，但被种积堂的人赶跑了。可是他们不死心，又到县府告状。县府派了几个职员乘轿来掩护他们砍松。种积堂的妇女见了官轿，气愤不过，蜂拥而上，又骂又掷泥块，后来连轿杠也被斩断了。这样一来，松树虽没被抢走，却多了一个殴打官差的罪名。怎么办？大家急得没办法。就在这个时候，认识温梦熊和李万苍的村人赵天噶提议学习龙村，请他俩来帮助组织农会。大家听了很兴奋，一致同意。于是，温梦熊和李万苍又应邀来到了涧头。

在温梦熊和李万苍的帮助下，种积农会很快建立起来。在成立大会上，他们贴出了"打倒土豪劣绅！""打倒帝国主义！"等标语，选出黄世彬（新安村人，归国华侨）为会长，林举礽（和安村人）为副会长。农会会址设在新安村敦本书室。会后，200多名会员排成队伍，高举种积农民协会的会旗，到五十圩游行。在游行队伍中，还出现了40多名武装农民。他们穿着草绿色的制服，头戴种积联农民协会的铜鼓帽，佩戴着胸章和臂章，提着长枪、短枪行进，好不威武。旁观的群众啧啧称赞："他们成立了农会，势力真大！"

农会成立后几天，就与封建势力开展了斗争。为了解决松山问题，李万苍带会员们上县府。有人说："人家斯斯文文，我们穿得破破烂烂，怎好意思到那里去呀！"李万苍鼓励大家说："不要怕！我们农民没好衣裳，穿着牛臀裤、打赤脚去就行了。"于是，20多个农民佩戴起种积农民协会的证章，列队进城。见了法官，李万苍严肃地指责他处理松山争端的不公。经过一番理论，法官接受大家的意见，把松山判归种积农会。

斗争胜利了。会员们兴奋地说："如不是农会，松山早没有了，人也被抓啦。我们一定要把农会办好！"附近的群众也说："农会真犀利，连法官也敢骂！"这时，农会的威名传开了，农民听了喜扬眉，地主听了叹晦气。

借着这次胜利的余威，种积农会开展了减租斗争，把会员租种老黄村德之祖等300多亩田的租谷减去一半。地主见农会势大，只得服从。

（四）荔枝塘农民协会

种积农会斗争胜利的消息，从菜贩的口里传到了水步荔枝塘。荔枝塘的农民听了十分兴奋，派人偷偷地跑到种积农会去请人帮助建立农会。温梦熊和李万苍答应了他们的要求，又到他们那里去组织农会。

初到荔枝塘时，李万苍是以买瓜菜种子为由头的。他先发动了林举叠、林泽温等人，并通过他们向大家宣传农会的好处，鼓励大家入会。不久，一个规模更大的荔枝塘农会又成立了。

荔枝塘农会成立典礼非常热闹，除了荔枝塘（包括金紫里、福塘、金坑、上坑、金塘、福安等好几条村）的300多名会员参加外，附近的村也有很多人来看热闹。更引人注目的是，远在20千米外的种积农会和龙村农会，也有两三百名会员前来庆祝，其中有几十个全副武装的会员。

在成立典礼上，李万苍讲了话。他的讲话娓娓动人，加上态度和蔼可亲，众人深受感动。会上，公推林泽温为会长，林典臣为副会长，会址设在金紫里阁希祖祠。

荔枝塘成立农会后的第六天，召开了会员大会，讨论减租问题。他们一致通过了"二五"减租的办法（一元租金减二角五分），已交了的要地主退回。随后，即实行了"二五"减租。

（五）凤冈农民协会

在建立了四个农会之后，李万苍又把农民运动的洪流引向他的家乡——都斛。他带领李定一（讲广州话的外地人）等人回乡五个月，建立了三个农会。

凤冈村在都斛牛尾山圩的南面。这条村岗田很多。1927年4月，国民党台山县政府宣布凤冈村一带的岗田升为沙田，需要纳税。农民愤愤不平，后来见到刘文伟带领30多个县兵进驻牛尾山圩，拉人催税，更是火上浇油。1927年的旧历三月二十四日，凤冈村的农民在刚从北京、广州回来的知识分子黄维楚和黄煦春的带领下，连夜写了"打倒刘文伟"的标语，贴满了牛尾山圩。他们又联合牛腌、西墩等村的乡团共100人左右，围攻牛尾山圩。在击伤了2名县兵后，迫使其余的县兵全部放下武器，并救回了被拉的 2 个乡人。

就在这时候，李万苍来到了凤冈。他得到凤冈村的回乡知识分子黄维楚、黄煦春的积极支持，仿照前面四个农会的组织办法，趁势发动群众组织农会。结果，凤冈农会在当月就宣布成立。入会农民 30 多人，以黄维楚为会长，黄煦春为副会长，以广义堂为会址。

（六）龙溪农民协会

在凤冈农会成立后不久，李万苍又活动于附近的龙溪村。他到龙溪村时，取得了新加坡归国华侨赵仲仁的协助，一起与农民谈心，讲革命真理……

1927 年 10 月，龙溪农会成立，会员有 30 多人，赵仲仁当选为会长，赵联赞当选为副会长。

（七）大宁农民协会

龙溪农会成立后几天，李万苍的家乡——大宁村也成立了农会。原来，大宁村于 1927 年 9 月已准备成立农会。但当会员集中在象尧祖祠，把两面斧头镰刀大红旗挂起，正要举行农会成立仪式时，都斛圩警察所派警士来捣乱，因而中止。

大宁农会选举结果：李万苍当选为会长，会员共 36 人。

上述 7 个农会成立后，首先领导农民向地主开展减租减息运动，与封建势力进行了英勇的斗争，功绩显赫。同时，还替农民办了许多其他方面的好事：如龙村农会组织会员重修一条通往山里的大路，方便群众上山打柴运柴；大宁农会发动会员捐钱出力，建造了水坑湾石桥，改善了交通；荔枝塘农会帮助群众调解家庭纠纷，并处理了吞没侨汇的案件；种积、龙溪和凤冈等农会开办了农民夜校，组织会员和农民学文化、学政治。李万苍还在种积联农会给青壮年农民讲军事知识，进行军事训练。通过一系列的学习，农民的文化水平和阶级觉悟都得到了提高。其次，农会组织农军，维持地方治安。如龙村、种积两个农会成立后，组织了一支近百名的农民自卫军，配备枪械，高举农会的旗帜，前往上锅盖尖、鼠山、山蕉坑等地剿贼匪。从此，这里的贼匪有所收敛。

1927年12月8日，温梦熊去广州参加12月11日举行的广州起义。他离开台山前，对种积农会干部说："我们的友军来了，好好准备迎接罢！"可惜广州起义失败了，他在西关被敌人逮捕。敌人从他身上搜出了短剑、红布条（用来缠臂作记号）和一张名单。他入狱年余，后遭到了敌人的杀害。

李万苍为了配合广州起义，曾准备在都斛地区掀起斗地主当权派的行动。工作组到东坑、白石、丰江等地联络群众，拟定了逮捕地主当权派的名单，准备次天行动。正在这时，传来了广州起义失败和国民党要逮捕李万苍的消息。他们只得罢手，分散隐蔽。后来，李万苍的父亲（归侨）想到李万苍在乡里难以立足，就于1928年2月19日与李万苍一起去到香港，后又让李万苍去暹罗（今泰国）谋生。那时，李万苍才27岁。1937年，他回到本村教学，思想进步。1940年，他与村里六人去贵阳做汽车运输工作，曾设法去陕北。1944年的旧历十一月十六日，他病逝于贵阳。

自广州起义失败后，大革命时期蓬勃开展的台山农民运动也同样遭到国民党右派的破坏而处于低潮。车朗刘光汉为了报复，到国民党台山县府告种积农会是共产党组织。县府派兵前来抓捕农会干部黄玩、蔡津奕两人，并强令解散农会。农会干部听闻后，把

广东省台山县
农民协会会员证章

农会的东西掩藏好，带领会员上山躲避。就这样，这些新生的农会相继被迫解散了。然而，农民的心并没有解散，他们对农会还是充满信心的。当年的农会干部林举叠、黄增忆、林举彩，千方百计地把种积农会和荔枝塘农会的会员证或证章保存下来，等中国革命胜利与土地改革完成之后，才把它献给人民政府，作为历史的见证。

工人运动的发展

一、印务工会与工人罢工

1926 年春，共产党员王强亚以广东省印务总工会特派员身份到台山开展工人运动。他深入到工人中，宣传革命思想，把新宁铁路印务所和台城、新昌、公益等地的九家印务局近百名工人发动起来，成立了台山第一个由共产党领导的工人组织——台山印务工会，选出林竹兴为工会主席，梁赞、颜生等为委员。台山印务工会成立后，党组织不失时机地发动工人，于 1926 年初举行了第一次罢工斗争，要求增加工资，改善工人的生活待遇和工人的劳动条件，与资本家开展面对面的斗争。经过七天的罢工，迫使资本家完全接受工人提出的条件，答应增加工资，并与印刷工会签订了合约，工人取得了罢工斗争的胜利。

随后，新宁铁路职工联合会又发动和团结工人开展缩短工时和增加工资的合理斗争，迫使新宁铁路公司答应了工人的合理要求，给工人增加 25% 的工资，每天工作时间由 10 小时减至 8 小时。另外，公司每月拨款 500 元给工人作为开办夜校的经费。

1927 年 5 月，台山党组织在台山新昌成立"广东省铜铁业总工会台山分会"，举行声势浩大的示威游行。广州起义失败后，工会被迫解散。

二、严惩"六大寇"

1926 年夏，为加强对台山工人运动的领导，中共广东区委派共产党员李安到台山组织了一个团结全县工人阶级的台山县职工联合会。接着，他又到了公益，经过艰苦、深入的调查与发动，团结与争取铁路工人，成立了新宁铁路工人的统一工会组织——新宁铁路职工联合会筹备处。

为反击国民党右派和"六大寇"对新宁铁路工人的猖狂进攻，中共广东区委一方面指示新宁铁路职工联合会领导工人坚持斗争，一方面指示中共新会县委、开平党支部组织力量支援台山。工农武装互为依靠，互相配合。1926 年 10 月 6 日，在台山党组织的领导下，新宁铁路职工联合会组织 1 000 多名工人集中于公益，会同开平、新会两县的工人纠察队和农民自卫队，以及杨殷率领的省工人纠察队 1 000 多人，组织成一支浩浩荡荡的工农联军，向盘踞在公益机器厂的"六大寇"（即：陈和、陈休、陈槐、陈式容、伍时栋、伍栋之）暴徒武装发起进攻，彻底歼灭了由国民党指使地方土豪扶植、包庇烟赌、无恶不作的工贼"六大寇"。工农联军大获全胜，公益地区万众欢腾。随后，工农联合举行盛大的示威游行，庆祝这场斗争的胜利。

工人运动取得这些斗争的胜利，体现了土地革命战争时期中国共产党在工人运动中的领导作用，显示了工农大联合的力量。

1927 年 4 月，蒋介石发动"四一二反革命政变"，台山笼罩在白色恐怖之中。大革命失败后，国民党右派首先在新宁铁路工人中进行"清党"，查封了新宁铁路职工联合会，台山的工农运动被迫中止，台山印务工会也被改组，农会被强令解散，中共台山县委中断了与上级的联系。

三、台开两县工人联合大示威

1927 年，继蒋介石在上海发动"四一二反革命政变"之后，国民党右派在广州发动"四一五反革命政变"，出动大批军警，解除黄埔军校和省港工人罢工纠察队武装，查封了许多革命进步组织，逮捕了 2 000 多名共产党员和工人积极分子，接着，又在全省各中小城市继续疯狂逮捕、屠杀共产党员、国民党左派和革命群众。全省各地陷入白色恐怖之中。

1927 年 5 月，四邑的国民党右派也跟着卷土重来，在三埠成立"台开恩新（四县）铜铁业特别分会"和"新长荻赤（四镇）铜铁业特别区分会"，企图通过这两个"黄色工会"从组织上分化瓦解工人的革命队伍。中共台山党组织针对这个情况，于 1927 年 5 月底在新昌成立"广东省铜铁业总工会台山分会"（负责人为周星三，是共产党员），并于成立那天与开平党组织联合起来，集合在三埠的台开两县各行业的工会会员 1 000 多人，整队先到赤坎游行，接着分乘木船回到新昌。三埠示威游行结束后，会员乘船直奔水口，与水口工人会合进行示威大游行至深夜。翌晨横渡潭江到公益。台开两县六镇的近 2 000 名工人闹得公益埠沸腾起来。这次前所未有的联合大示威，是台开两县工人大团结的壮举。

第四节 青年妇女运动的开展

1925 年，上海"五卅惨案"和广州沙基惨案相继发生后，台中进步学生朱伯濂、曹颂平等领导台中、台师、女师三校的学生到城乡向广大群众进行反帝爱国的宣传活动，教群众高唱"打倒列强除军阀！"等爱国歌曲。宣传队还深入到台城、大江、公益、三八、新昌、荻海等地，用文艺形式进行反帝爱国宣传。接着，台城居正、敬修、育英等私立学校的学生也纷纷行动起来。

1925 年 6 月，学生运动和妇女运动也在萌芽。1925 年 6 月底，全国学生代表会召开不久，便在广州召开广东省学生代表会。台中学生朱伯濂和台师学生谭伯灏代表台山学生参加广东省学生代表大会。他们回来后，即联合台中、台师、女师三校的师生开展爱国革新活动，要求学校彻底革新校风，实行男女同校和普及白话文教学。同年 9 月，台中、台师、女师三校及台城其他私立学校的学生会相继成立。同年 10 月初，台山县学生联合会（简称"台山学联会"）成立，推朱伯濂为主席。台山县学生联合会成立当天，在台城南门朗广场举行大规模的庆祝活动。台山学联会出版了《台山学生》杂志，各校也出版校刊，大力宣传新文化、新思想。

在五四新文化运动的影响和推动下，台山的广大青年妇女也日益觉醒起来。她们渴望男女平等，婚姻自由，并积极参加各项反帝反封建的活动。1927 年初，广州妇女运动讲习所派遣女干部蔡炳洪来台山，指导台山开展妇女解放运动。蔡炳洪到台山后，深入到妇女中，了解妇女的疾苦，宣传妇女解放，动员妇女"剪辫放脚"，燃起了妇女反封建斗争的烈火。在蔡炳洪的深入发动和组织下，加上台山学联会主席朱伯濂的积极支持和帮助，很快召开了台山妇女代表会，成立了台山县妇女解放协会。妇女解放协会成立后，即团结各阶层妇女，开展反帝反封建活动，为争取男女平权、婚姻自由做出了积极的贡献。

1931年，城镇小学和农村各乡、保小学普遍建立了童子军组织，并调集各小学童子军教练员参加县短训班学习。县政府做出"学生入学后一律以童子军服装为校服"的规定。凡三年级以上学生均参加童子军训练，每周2小时。此外，在校园内分设岗位，轮流值日，维持校内秩序，负责校内环境卫生。

第五节 华侨支援老区建设

一、巨大的侨汇收入

清末和民国初年，台山的侨汇收入在全县经济中已占很重要的地位。虽然缺乏当时的侨汇统计数字，但从能够建成新宁铁路这一事中，可见当时华侨资金的雄厚。据 1927 年的《沙浦月刊》刊载的消息："海外邑侨每年汇回款项，常在两三千万以上（没有说明币种）。"另据有关方面统计，1929 年以前，台山每年单是来自美洲的侨汇，已有 1 000 万美元（当时全国侨汇总额为 8 100 万美元）；1930 年更增至 3 000 万美元上下（这年全国侨汇总额 9 500 万美元）。之后，台山侨汇缺乏统计数字，但从全国侨汇总额来看，从 1931 年到 1937 年，绝大多数年份的侨汇都高于 1930年。与全国侨汇总额相比，广东占全国侨汇百分之八十以上，广东又以台山居首位。台山侨乡全盛时期，每年的侨汇收入都比全县的农业总收入还多。

二、建筑楼房碉楼和扩建圩镇

土地革命战争时期，由于台山华侨众多，每年侨汇收入也多，因此，台山各老区乡村有大批楼房兴建起来。渐渐地，楼房成了侨乡与老区新建房屋的主要形式，于是，楼房越盖越多，遍布全县城镇和乡村。如白沙的下屯、西村，斗山的浮月等村落的楼房，其富丽足可与城市中的楼房媲美。还有些归侨相约集中在一个地方盖起整整齐齐的华侨新村，如端芬圩的梅家大院等。单算三合丘陵地区，华侨新村就有南洋塘、禾雀下田、岗背、清华、冲湾、永胜等二三十条村。台山在大量建筑住宅的同时，又建筑碉楼和扩建圩镇。建筑碉楼和扩建圩镇是台山这一时期的重要项目。

大量建筑碉楼，是 1912 年至 1926 年的事。这时期，台山侨乡财多招贼，政府无法保障人们生命财产的安全，人们只得筑碉楼、购枪炮以自卫。如靠近山区、匪患严重的联安地区，20 条自然村中，有碉楼 30 座，平均 26 户或百余人即拥有一座碉楼。有的乡村村民利用碉楼与日军进行战斗，在抗日战争中发挥了重要作用。

1926 年剿平了陈祝三匪帮以后，台山的建筑业有了转变，由筑碉楼转到改建与扩建圩市上。原来，台山圩市的改建工作，在 1924 年已经开始了。几年间，台城拆城墙，修马路，建新楼，设公园，树立了榜样。接着，各圩市相继动工改造。到 1928 年，西宁市、西门圩、斗山、大江、都斛、白沙、公益、端芬、三合等圩市已初步改造完成。在 1928 年前后，其他圩市如水南、平岗、四九、五十、冲蒌、那金、沙坦市、广海城等，也纷纷着手改造。同时，还创立了一批新圩市，如冈宁圩、公和市、环海市等。

三、兴办文化教育事业

清光绪九年（1883 年），台山大江旅美华侨梁丽天捐资建成了大江树德学堂。1905 年，端芬旅美华侨捐资在上泽创办了台山第一间乡村小学——成务小学。1913 年，光大乡旅外华侨捐两万银圆，建设了一座两层的洋楼，作为光大学校的校舍，这是台山较早的新式校舍。

1920 年，旅加拿大多伦多埠的 9 332 位华侨，共捐加币 25 万元兴建台山第一所完全中学——台山县立中学，到 1926 年春完工。1929 年，旅美华侨共同捐助 24 万美元，扩建台山县立中学，使县立中学规模更加宏伟、壮观，成为当时闻名全省的学校。1933 年，又由旅美华侨捐建了图书馆、高中课堂和宿舍，这是台山华侨捐建的第一座中学校舍，也是当时全县最宏伟的建筑物。

1925 年，长塘侨胞廖慨光、廖振光等捐助 1.9 万港元，在台城和广州置校产，兴办培智学校（后并为长塘小学）。1930 年，侨胞张崇畴、张春广倡议，广大侨胞支持，建成一座新型校舍——芦溪小学。1932 年，由侨资兴建的第一所乡村中学——端芬中学落成。

从 1905 年起，台山华侨捐资建成的学校有：台城培育学校、附城光大学校、南坑学校、昌藩学校以及荻海的风采中学、台山女子师范学校、胥山中学、居正中学、敬修中学、溯源中学等。据统计，自 1905 年至中华人民共和国成立，台山华侨、港澳同胞捐资建成的小学共 83 所、中学共 10 所。

四、兴办社会公益事业

台山华侨捐资兴办公益事业由来已久，且遍及城乡，项目繁多，如办医院、铺道路、建桥梁、盖体育馆、修敬老院、成立老人之家和铺设自来水管等。早在清朝末年，旅美华侨陈宜禧倡建了新宁铁路，促进了台山经济的发展。

1926 年，旅美华侨黄载华从哥伦比亚大学毕业后，怀着振兴中华的满腔热情，在台城开办载华职业学校，培养出一大批电讯工人和汽车驾驶员，推动了台山交通、通讯的建设和发展。1927 年，旅美华侨陈卓平、陈孔森等在海外向广大华侨募捐 19 万港元，在斗山沙坦市建成第一家乡村医院——太和医院。1934 年，香港台山商会捐资 1.8 万港元，在台城的三台山下建起了县立医院第一院。接着，旅港乡亲李星衢先生捐资建成了台山医院第二院，旅南洋华侨林英锦先生出资建成台山医院第三院（现"三院"合称台山人民医院）。

第三章

奋起抗日　保护家园

第一节 日军入侵

一、惨遭蹂躏的上下川岛

1937 年 10 月 15 日，日寇飞机开始轰炸台城。继而各圩市接二连三地惨遭敌机摧残，台山人民过着战时逃难生活。这期间，日寇飞机炸掉了中国第一条用中国人的资金和技术、凝聚中国人的心血与智慧的民营铁路——新宁铁路。从 1937 年 10 月至 1943 年 2 月，日寇出动飞机 373 架次，轰炸台山 139 次，投下炸弹 869 枚，炸死 348 人，炸伤 464 人，炸毁房屋店铺 541 间，财产损失无法统计。从 1941 年 3 月至 1945 年 4 月，台山五次沦陷于日寇的铁蹄下，台山人民遭受了空前的大灾难。

上川岛和下川岛，是台山沦陷最早、最久而收复最迟的地方。

1937 年 12 月 28 日，两艘日舰载着 200 多个日寇从海上登陆上川岛的南端沙堤渔港，后来又占据全岛。日寇侵占上川岛后，即在沙堤及稔子坪村纵火焚烧，毁坏房屋、商铺众多。其余各村落，也常有日寇前去骚扰，不少妇女遭受污辱。岛上居民不堪日寇蹂躏，很多人乘渔船偷渡到海宴或广海躲避。1938 年 1 月 26 日，日寇自动撤退后，岛民纷纷归来。同年 6 月 16 日，40 名日寇乘舰艇再次偷袭上川岛，附近海面的网艇及艇仔走避不及，被日寇烧毁 13 艘。当天下午 2 时，日寇又在大浪湾登陆，到处抢劫，村民颜庆惨遭日寇杀害。日寇乘舰艇驶进三洲圩，先以钢炮向岸山轰击，掩护登陆。上川自卫队组织反抗，痛击日寇，但因众寡悬殊，三洲终被日寇攻陷。日寇在三洲大肆抢掠，烧毁商店11间、房屋4间，三洲圩2名壮丁抗敌阵亡。当晚，日寇撤退。

1940年8月15日，日寇多艘舰艇突然进犯下川岛，4架日机向岛山狂炸后，日军200余人分乘多艘汽艇蜂拥登陆，肆意奸淫掳掠。岛上居民冒险于深夜乘船逃到海宴居住。日寇在岛上骚扰了4天，至8月19日才撤走。但之后，敌舰不时开船到上川岛和下川岛附近海面骚扰。1941年5月18日晚，上川自卫队于上川岛海面以土炮及鱼炮将两艘敌艇轰沉，日寇18人全部葬身大海。19日，一艘敌舰驶到三洲渔港报复，焚毁渔船8艘；22日，又将航行于上川与广海间的利源渡船劫走，搭客40人均被驱逐落海，熟水性的泅水逃生，大半溺死海中。

1941年10月23日，日军头子岩木川男率领日伪军占领上川岛和下川岛，设立了"南支海防军挺进队上川基地指挥所"。从此，这两个海岛上的同胞，被折磨了将近四年之久，直到1945年8月23日，即日本宣布投降后的第八天，日寇才全部撤走。在这漫长的时间里，上川岛曾于1942年4月16日至7月14日，因伪军反正而光复过一段时期。日寇占领上川岛和下川岛，海岛上的同胞苦难多得说不清。1943年3月29日，一艘由上川岛满载客货的轮船在开向广海的途中，被一艘敌舰截住，日寇将船上所有财物抢劫一空，把船主梁元东和船工梁绍锡、甘彩玉、颜祥父女以及30余名旅客逼到舱底，然后淋电油放火烧船，最后还开舰把这只船的残体撞沉。几个水性好的人想游水逃走，也被日寇开枪打死。

1941年10月23日，日军第二次入侵下川岛，日军头子岩木川男带着伪军400多人乘坐6只机船和3只帆船先后在芙湾门颈登陆。10月25日，日伪军调集兵力水陆两路围攻下川岛家寮村，强迫略尾圩人方南寿带路，由南澳迳山顶经家寮山蕉塘，在家寮后山水库长岭分三路包围家寮村。由于村民获消息全部逃走，只有方炳权的母亲因病逃避不及被杀害。日伪军进村后，在家寮实行"三光"政策，放火烧了30间房屋。日军在村口又准备烧船时，躲在山上的方良松（当时30多岁）用土炮轰击日军。日军被激怒了，再次在家寮村（包括上角、西边龙）放火，又烧毁房屋90间（家寮共136间房屋，被烧约120间），烧死耕牛20多头，还掠走其他家畜。家寮村被火烧后，村民衣食无着，被迫逃荒客死他乡者众多。

二、台山五次沦陷

抗日战争全面爆发前，台山人民过着自耕自食、自给自足的平淡生活，台城、广海等商埠祥和、繁荣。从1937年至1945年，日军先后五次侵入台城。沦陷期间，台山人民遭受了空前的灾难。

1. 第一次沦陷

1941年3月3日，日军1 000余人乘两艘军舰泊在海面，再改乘汽艇分两路从广海湾及三夹口登陆，进逼斗山圩。驻防该地的台卫中队长陈伟宁率部不予抵抗，敌来即退（后陈伟宁被逮捕惩办）。日寇占据斗山后，留一小股军队盘踞该圩，另一股军队侵犯都斛及莘村等乡，其余大股直扑县城。是日清晨，一架敌机飞抵台城上空侦察。下午1时许，国民党台山县政府突然通知商户、机关、学校紧急疏散。下午3时，敌冲破离城5里的长山阵地，即分兵两路：一路经丰和桥向南郊，一路经西湖桥向东门，进犯县城。台山守城军警以寡敌众殊，县城遂陷入敌手。随后，公益埠和三埠相继沦陷。日军和汉奸连日在台城及附近村庄大肆抢掠，逃避不及的妇女被强奸的甚众。敌两次向长岭洞进扰，被台山地方自卫队英勇截击，未得逞而退。3月9日，敌400余人，分三路向长岭洞乡发动第三次进扰，同时上空有一架飞机侦察指挥，以小钢炮、机枪轰射。自卫队以土炮、排枪还击，陆续得各乡的武装青壮年增援，从晨至午激战半天，最终防线被冲破，日寇窜入白石、温边、松柏等村，烧毁房屋4间、祠堂1间，杀害村民3人。敌前后三次进犯长岭洞乡，共计伤亡30余人，被毙战马1匹。自卫队牺牲3人，伤6人。驻台城的日军于3月10日深夜潜逃，并将掠夺的钨砂、军用五金原料拉运至冲蒌莲花墩及斗山圩用汽艇运走。自卫队在斗山截击敌人，战斗激烈，全歼掩护退却之敌殿后部队30余人。

台山第一次沦陷，历时8天。

2. 第二次沦陷

1941年9月20日晨，日军1000余人又按"三·三之役"的路线，从广海城及三夹口登陆，经斗山、冲蒌向台城推进。台山驻守各险要地区的团队及各乡的武装青年，积极迎击，我团队在群众的热情鼓舞下，愈战愈勇，双方死伤甚重。至22日，日寇在飞机的掩护下，才冲入台城，并派军队占驻三埠和赤坎。9月24日及25日，日军从赤坎两次进犯西村和白沙圩。西村乡抗日自卫队在中共地下党组织的领导下，一面组织群众携带财物、耕牛等疏散到北坑和开平白石塘等安全地方去，一面指挥武装迎击。日寇用迫击炮、掷弹筒一齐向我阵地轰击，企图冲入西村，直取白沙。由于西村自卫队顽强抗击，日军不敢进入西村骚扰，只冲入白沙圩抢掠半天即退。9月27日，驻斗山的一股日军向浮石乡进犯。我浮石乡的武装青年得莘村乡壮丁常备队的支援，英勇地打退了敌人的三次进攻，保卫了浮石和斗山以东几个乡的安全。9月28日深夜，日军分散向江门、广海撤退，我团队沿途截击，予敌重创。

台山第二次沦陷，历时8天。

3. 第三次沦陷

1944 年 6 月 24 日，日伪军数千人从新会、开平分三路入侵台山县境：一路日伪军 130 人越过新（会）、台（山）两县交界的玄潭迳占驻五十塘田村；一路日伪军 1 200 多人，由天亭占驻沙浦乡莲塘一带村庄。当时的国民党驻军避而不战，而各地自卫队武装虽奋勇抵抗，但都因兵力悬殊而抵御不住。6 月 29 日，台城又失陷于敌手。日军侵略的暴行如下：1944 年 6 月 28 日，驻五十圩的日伪军分两股进犯四九圩，台卫中队长朱柏裘率队支援，不幸中炮阵亡。6 月 29 日，广阳指挥队队长李和率领部队及台城城东十三乡自卫队分三路袭击驻在四九顺安村的日伪军。激战 2 小时后，团队和自卫队牺牲 6 人，伤 7 人。7 月 10 日，日伪军 1 200 多人、战马 80 匹，从台城出发，分四路大举进攻四九上南村，据守在各个碉楼的敢死队奋勇迎击。此役，造成团队及自卫队牺牲 25 人，妇孺死伤 15 人。7 月 13 日，日伪军 200 人侵犯三八圩，台山地方团队在浪湾山碉楼迎敌，最后因弹尽被日军活捉 5 人、枪杀 3 人。7 月 15 日，日军 1 000 多人，分三路突袭白沙网地村，抢劫财物达 900 万元。8 月 16 日，日军 900 人、战马 70 多匹，从斗山撤退到冲蒌的蒌南乡、瓦窑岗、石木朗、蛇仔等村及蒌北乡汉堂村奸淫掳掠。9 月 5 日，国民政府军李建唐部开平自卫队及三八乡自卫队向占据在三八圩的日军进行反攻，收复三八圩。班长谢伯旺和 11 名自卫队队员牺牲，4 人受伤。造成财物损失 1 700 万元。9 月 6 日，日军撤出台城。

台山第三次沦陷，历时 68 天。

4. 第四次沦陷

1944 年 9 月 13 日，伪军师长陈子容带领伪军 600 多人取道三八密冲经华安圩向台城进发，在雷公潭分为两股，一股渡河绕道从通济桥偷袭，一股从宁城车站向台西路冲进，光复了 7 天的县城又一次被攻陷。是日，伪军在台城报复式地杀害民众100人。9月20日，伪军分两股向台城城东、城南进扰，放火劫掠。统计各处被焚毁房屋如下：城南31间、圣唐坑村8间、新村仔1间、琴村2间、景福里1间、南昌村24间、五福里2间、上朗2间和松山村3间。村民走避不及被殴伤杀害者共5人。9月25日，伪军进犯三八石龙头圩。伪军除了大肆奸淫劫掠外，竟肆意放火烧村，焚毁锦江里等村房屋共54间、石头圩商店7间，杀害乡民3名。10月10日，伪军分两路进犯台城城西白水乡，其一股约300多人向雷公潭一带村庄进击，破门入屋抢劫，并烧毁南潮村、莲塘、永乐、和安等房屋共20间。自卫队在阻击中，牺牲1人，伤1人。这期间，日军还拉夫6 000人运军需品。1944年10月11日，台山第三区抗日联防大队会同新会赵其休所属的赵仕浓、钟炎如部和台山地方团队攻打台城日伪军，收复台城。

台山第四次沦陷，历时28天。

5. 第五次沦陷

1945年4月21日，日军1 000多人乘小木船百余只由新会牛湾向台山公益方向驶进，登陆后沿新宁铁路进攻。4月22日，驻台城的国民党军队弃城而逃，台山第五次沦陷。日军的侵略暴行如下：5月4日，在台山北门迳构筑防空洞的日军工兵一队对冲蒌的潮中、官窦等村进行骚扰，焚毁官窦村的房屋13间。5月8日，驻台城的日军40多人到城西庇厚村抢劫粮食7担。5月29日，日军派出300多人携钢炮5门进犯四九圩，侵入上南村乡及石坂潭乡，炮轰枪射，杀害村民3人，伤5人。5月30日，日军派200多人向台山地方团队驻地五十圩进犯，在附近的村庄破门入屋抢米10担。7月16日，驻三合圩的日军沿西南支路向白沙推进，与当地抗日团队激战，团队牺牲2人、伤3人。7月30日，台联第五大队在台城与日军开展激战，收复台城。激战中政训员李家政、小队长李剑雄、班长李勤牺牲，5 名士兵受伤。

日军这次攻陷台城后，于 5 月 5 日在台城成立台山县伪政府。1945 年 7 月 30 日，台城才得以光复。台山第五次沦陷，是最长的一次，历时 99 天。

三、三社大屠杀

三社位于台山市北部，面积为 15.7 平方千米，位于台城与三埠（现辖于开平）之间，距台城和三埠均为 6 千米，分为上社（井边一带村庄）、中社（良洞一带村庄）、下社（谢边一带村庄），共有大小村庄 30 多条。抗战时期，在乡的居民和避难于该乡的亲友共有 3 000 多人。从台城乘船经过三社可达三埠，亦可沿陆路越良洞迳经过三社前往三埠，交通方便。日军多次侵扰台山，都以台城和三埠为主要据点，分重兵驻守，互为犄角。

1944 年 6 月 24 日，日军第二十三军司令官、华南派遣军司令田中久一命令驻佛山日军独立步兵第十三团攻占台山，台山第三次沦陷。

7 月 1 日上午，驻台城的 10 多个日伪军宣传员经三社到开平三埠，沿途进行亲日宣传时，被三社守良迳的自卫队阻截，捉住 10 个男子和 3 个穿军服的女子，从他们身上搜缴两支短枪和许多宣传标语。此情景恰被逃难的群众目睹，这帮日伪人员还胆敢向群众宣传"中日亲善"的鬼话，难民们个个怒火中烧，将这 10 余个宣传员砍杀并沉尸河中。谁料其中一个汉奸脱逃，跑回台城向日军报信，由此导致了一场惨绝人寰的大屠杀。

7 月 1 日下午，日伪军 200 多人开到三社，包围这一带的山岭和村庄，向逃难的群众大肆杀戮，当场射死 40 多人，捉了 30 多个青壮年回日营。后来，其中的 10 多个青年在严刑拷问中死去，其余则带伤被放回。

7月2日上午，日伪军又派出大队人马并携带军犬，到处寻找"宣传队"的人，临走时宣称"如不交出这些人，就实行放火烧村"，吓得全乡群众日夜避居于深山野岭。7月3日，日伪军没有来，避难于山间的乡民带着侥幸心理回家取拿衣服，准备翌晨再上山避难。谁料当夜日伪军的魔掌伸向三社乡民。7月4日凌晨2点，日伪军1 000多人开抵三社，并从三埠调集大批日船，封锁纵横十多里的水陆要道，把三社各村严密包围住。

7月4日拂晓，日军开始进行烧光、杀光、抢光的"三光政策"。首先抓了村民黄义连等10多人，于朝阳村后山斩首祭旗。接着，各村日伪军的步枪、机枪、大炮齐放，各村房屋纷纷起火，群众奔走惨呼。仅朝阳村后山，日军就杀害群众70人。

丧心病狂的日军把睡在家里的乡民驱赶出来，一村一村地拉到上社井边村，集中在一处空地，喝令大家跪在地上，强迫乡民举报杀死日伪宣传员的是谁、乡长现在何处。乡民都默不作声。日军就随意抓了4个青年斩首示威，使在场的死者家属当场晕倒在地。

日军还登上那西山山坑，封住两端坑口，登上坑顶，居高临下，用机枪向避难于山坑中的乡民扫射。投弹狂炸一阵后，日军又深入山谷深林，向避难的乡民挥刀乱斩，连几岁的小孩也不放过。山坑山谷血流成河，死伤者布满坑谷，死亡人数达200多人。

7月4日上午10时，分布于各村的日军宰猪杀牛吃完饭后，开始放火烧村。三社的30多条村庄被日军点燃了100多个火头，火舌冲天，浓烟蔽日，整个三社顿成一片火海，许多藏匿于家中的乡民被活活烧死。年逾古稀的黄傅焜被日军缚在屋里烧死。有的乡民从火海中逃出，又被日军捉住，像柴薪一样再抛进火海，活活被烧死。

有的乡民全家毙身火海。锦堂村村民黄钜庭全家16人、黄世沾全家 11 人、黄尧全家 5 人，均被日寇推进屋里烧死。有的村几乎遭受灭绝之灾。鬼仔忽村有 19 户人家、30 多人，遭烧杀后仅剩 3 人；歧阳里 20 多间房屋，只剩 5 间；华安圩有约 50 间商铺，也只剩几间；锦堂村有 15 间房屋，残存 3 间。日伪军在进行烧杀的同时，追逐强奸妇女。在井边村的空地上，日军从集中的乡民中挑选一批青壮年妇女，强拉到附近的住宅进行轮奸。良洞村一个 70 多岁的老太婆，也被强奸。据统计，被强奸后遭杀害的妇女有 10 多人。

日军烧杀抢掠撤离三社后，并没有停止对三社乡民的残害，对被捕押回台城白水乡乔林村日营的 70 多个青年继续进行逼供，其逼供之残酷，刑罚之多，令人发指。

日军在施行杀光、烧光、奸淫等暴行后，还疯狂抢掠。日军所到的村庄，各家各户的衣服、稻谷、牲畜、金银首饰均遭洗劫。至 7 月 4 日下午 2 时，日军才撤离三社，用 30 多艘木船将抢掠的物资运回台城日营。至此，三社被抢掠一空。

在日伪军撤离三社后，那些死里逃生的乡民提心吊胆，从山野回到家，见到村庄已成一片焦土，尸首遍地。幸存的 1 000 多人一日之间成了无家可归的难民。整个三社哭声震天，成了人间地狱。那些没人认领的尸体直至半个月后才被抬到那西山坑尾埋葬于立义冢。当年，由于雨水多，冬天奇冷，被洗劫一空的三社群众缺粮缺衣被，活活饿死、冻死者众多。

据统计，日军制造的三社大屠杀惨案，致使 700 多名群众被杀害、44 人受伤，因惊慌或殴伤而病死的、因粮食被抢被焚而饿毙的、因遭敌污辱而轻生等间接死亡的不下数百人；被焚毁民房 531 间、祠堂 5 座、学校 3 所、商店 41 间；财产损失达 7 000 万元，物品损失达 8 000 万元。

这场由日寇制造的"台山三社大屠杀"，是一起空前的浩劫和震惊中外的惨案。抗日战争胜利后，广州行辕军事法庭在审判日军华南派遣军第二十三军司令官田中久一时，台山三社大屠杀被写进《判决书》。田中久一被判处死刑，于 1947 年 3 月 27 日在广州流花桥刑场执行枪决。

四、洗劫水南

水南距台城仅 5 千米，是离敌占区最近的繁盛小圩，毗邻平岗圩。1945 年 6 月 18 日，日军 40 余人从台城趁夜前来偷袭。当日寇潜入这两圩破门抢劫时，居民方从梦中惊醒，无法躲避。附近各乡自卫队赶到与驻守该地的团队一起，向日军夹攻，日军被打得窜逃。中午时分，日军 200 余人再次进犯水南圩，团队及各乡自卫队奋勇阻击，激战 1 个多小时，敌我各伤亡多人。我方阵地最后被冲破，日军进入这两个圩大肆劫掠，各商户的财物、粮食被洗劫一空，附近的村庄也被劫掠。当晚，日军把劫掠的物资用木船载着经水西圩运往台城驻地。

第二节 抗日救亡运动

一、党组织重建

1937 年"七七事变"后，共产党员何干之一度从上海回到台山，对台山的抗日救亡运动做指导。之后，一大批台山籍在外求学工作的进步知识青年，如李凌、伍示月、甄子明、李嘉人、陈仲博、朱伯濂、雷均祥等，先后回到台山。他们通过办研究班、夜校、读书会和抗战同志会等形式，并以《劲风日报》为阵地，传播马克思主义，宣传共产党的抗日主张，倡导民族抗日。1937 年秋，成立了抗敌宣传工作团。接着，台山各学校联合成立了学生抗敌同志会。1939 年冬，成立了台山青年抗敌同志会。接着，李嘉人又在文化界发起成立台山文化人抗敌同志会。

1938 年 6 月，中共广东省委派共产党员梅重清（端芬朝阳村人）、朱剑虹（附城淡村人）回台山重建党小组。是年 7 月，成立了中共台山支部，邝启常任支部书记，党员一共 4 人。从此，沉寂了近九年的台山党组织重新建立起来。台山党组织 1938 年暑假期间，举办了抗战知识研究班，学习马列主义和共产党的抗日主张。1938 年 11 月，成立了台山县抗先队临时工作委员会。1939 年 2 月，正式成立由共产党领导的广东青年抗日先锋队台山县队部（简称"抗先队"）。在"抗先队"的发动下，抗日救亡运动遍及全县各地；同年 2 月，中共台山县工委成立；同年 5 月，建立了中共台山县委，书记为李钊，副书记为李启，组织委员为余景林，宣传委员为李嘉人，武装委员为梅重清，青年委员为梅龙夫。

1939 年，是台山抗日救亡运动最活跃的一年，也是台山发展党组织最有成绩的一年。年内，全县先后发展了 131 名党员，其中，赤溪在上半年就发展了 21 名。年底，全县共有中共党员 179 名，下辖 5 个区委、20 个支部和 15 个党小组。台山党组织在建设和发展中，从一开始就注意吸收农村中的优秀知识分子入党，并通过他们吸收一批农民积极分子入党。

1939 年 7 月，中共中区特委（抗日战争时期中共在广东中区设立的领导机关）委托中共台山县委举办了游击训练班，学习游击战术和抗战理论。是年，中共台山县委根据中共中区特委关于武装抗日的指示，先后在浮石、莘村、密冲、西村、大亨、端芬等地建立自卫武装，为抗日做准备。

自 1941 年 3 月 3 日起，日本侵略军多次空袭和入侵台山，台山多个圩镇相继沦陷，人民遭受日寇的残酷蹂躏。在这样危急的关头，中共台山党组织采取紧急措施，传达县委的决定："团结当地群众，组织自卫武装，坚决抗击日寇，保卫家乡，保卫人民利益。"台山党组织教育党员坚定抗战的必胜信念，团结群众，组织自卫武装，实行民众自卫作战，坚决抗击日伪，保卫家乡。在县委的号召下，莘村、浮石、山背、官窦、密冲、鹿坑、岭背、泡步、敦思、西村（属开平县委领导）等地党组织纷纷行动起来，建立了各种形式的武装抗日自卫队，进行了不屈不挠的抗日武装斗争，有效地打击了敌人，保卫家乡，保护了群众的生命财产安全。

1943 年，台山出现了空前大饥荒。为渡过这个难关，中共台山县委提出"要坚持革命，保存力量，积极组织生产自救，以求生存"的号召。在党组织的带领下，当地群众进行生产自救，度过了台山历史上最艰苦的岁月。

1944 年 9 月 30 日，活跃在中山、新会边境的人民武装泰山大队的一个中队和直属队共 80 多人，挺进台山。10 月 1 日，在斗山浮石公开宣布成立台山第三区抗日联防大队。莘村、泥冲、浮石、山背等地部分党员和进步青年积极加入部队，积极练兵，部队很快扩增到 100 多人。

1944 年 12 月下旬，台山第三区抗日联防大队从古兜山挺进大隆洞，在大隆洞九迳改编为台山人民抗日游击队第四大队，队伍增加到近 200 人。1945 年 2 月，台山人民抗日游击队第四大队在恩阳边区的马石山区与挺进云雾山区的粤中司令部会合，改编为广东人民抗日解放军第四团（简称"四团"）。四团移回大隆洞活动，队伍发展到 300 多人，先后袭击国民党在深井和汶村上头的粮仓，将大部分粮食分给当地贫苦百姓。是年 3 月，恢复中共台山县委。

二、抗日团体

（一）台山青年抗敌同志会

1937 年 9、10 月间，在李嘉人、朱伯濂、李树凌（李凌）等人的倡议下，建立了台山第一个青年抗日团体——台山青年抗日救亡工作团，在台山各地特别是沿海地区进行抗日救亡的宣传和组织，唤起群众起来抗日救亡。是年底，救亡工作团改名为"台山青年抗敌同志会"（简称"青抗会"）。"青抗会"会员在全县各地大力开展抗日宣传工作，广泛地争取、团结进步青年参加革命实践，产生了很大的影响。1938 年夏，"青抗会"的部分同志，为了追求共产主义的真理和学习抗战知识，共同奔赴延安学习，其他同志则留在台山坚持工作。

（二）台山抗战知识研究班

1938 年 6 月，上级党委先后派梅重清、朱剑虹、邝启常、古子坚等同志到台山，重建中共台山党组织和开展工作。为培养抗日救亡运动的青年骨干和发展党的组织，以适应当时形势的需要，于同年 7 月中旬以"青抗会"的名义，借用台城任远中学举办一个"台山抗战知识研究班"，学习中国革命史、抗日民族统一战线、中日问题、社会科学基础知识、国际问题、群众运动、军事知识等，学习时间为 45 天。这个班的举办与抗日救亡的形势紧密配合，符合青年学习抗战知识、投身抗日救亡运动以及追求共产主义真理的愿望。参加学习的 93 位学员后来绝大多数成为抗日救亡的骨干，如研究班的负责人李嘉人等，加入了中国共产党。研究班不仅对抗日战争做出了很大的贡献，而且成为重建后的台山党组织发展壮大的一个基点。

（三）台山妇女抗敌同志会

台山妇女抗敌同志会（简称"妇抗会"）是抗战时期由妇女组织起来的救亡团体。该团体成员与"抗先队"并肩作战（"妇抗会"的会员很多是"抗先队"的队员），深入到各个乡村去组织"妇抗会""姊妹会""识字班"，教这些组织里的妇女读书识字、唱歌，给她们读报、讲时事，提高她们的文化知识水平和爱国热情。在献金支援前线的运动中，"妇抗会"的同志四处奔波劝捐，募得巨额款项和金银、首饰，支援前线抗战。同时，动员华侨家属拿出枪支来组织武装，保卫家乡，维持治安。她们还与"抗先队"的队员一起奔赴前线、战地，去慰劳抗战将士，做战地的军民服务。1939 年三八国际妇女节，由"妇抗会"发动和组织各阶层的妇女，在台城举行了纪念大会和会后的武装示威大游行。参加的妇女超过 3 000 人，其中有过半是武装过的女壮丁。

（四）台山游击训练班

1939 年 7 月，中共中区特委通过一些关系，取得了第四战区第五游击区（简称"五游"）的名义，委托中共台山县委在台城借用台中的一幢宿舍，举办一个为期 50 天，以培养抗日游击战争的基层骨干为主的"游击训练班"（简称"游训班"）。因以"五游"名义开办，班级主要成员如班长、教育长、大队长等，都是由"五游"派人担任或挂名，县委只派两个人去监督。训练班的课程，以游击战术、野外演习、射击、方向识别、简易测绘、路上侦察等军事内容为主，以抗日民族统一战线、青年问题、群众运动、形势报告等政治内容为辅。"游训班"结束后，除少数学员被派往江会前线外，其余都返回原来的岗位坚持抗日救亡工作，着手建立武装。1944 年，党组织在台山开展武装斗争，"游训班"不少同志参加了部队，坚持武装斗争。

（五）抗日妇女

1937 年"七七事变"后，台山各阶层的妇女积极投身台山的抗日救亡运动。同年 8 月，端芬的一些妇女群众踊跃参加从广州救国会南方总部回乡的梅重清和一批由广州回乡的其他知识青年举办的妇女学习班，接受爱国主义思想教育。1937 年冬，一批在台城各中学就读的女学生如谭婉珍、雷婍霞等，积极参加由进步教师李嘉人、朱伯濂等发起成立的抗敌宣传工作团和台山青年抗敌同志会的活动。1938 年 7 月举办的抗战知识研究班，全班 93 名学员中有 10 多名女学员。1938 年冬，谭清、黄涧等人光荣地加入了中国共产党，成为台山党组织重建后发展的第一批女党员。在她们的积极带动和影响下，1938 年 11 月成立台山妇女抗敌同志会和 1939 年 2 月成立广东青年抗日先锋队台山县队部时，有更多的青年妇女踊跃参加。后来还有 60 多名妇女参加了游击干部训练班学习军事。从 1939 年开始，又有一批在抗日救亡运动中涌现出来的妇女积极分子加入了中国共产党，成为台山抗日救亡运动中的妇女骨干。

（六）山背与那章抗日组织

山背村是一条有 300 多户人家的大村，共有 1 300 多人；那章、洋田等村共有 300 多户、1 200 多人。这几条村位于广海与端芬圩之间，是广海通往台山北部地区的咽喉，地理位置重要，具有一定的军事价值。1938 年 12 月，中共台山县委派遣在台中读书的学生、共产党员陈达时，利用寒假回山背组织青年开展抗日救国活动。山背首先建立了"抗先队"的筹备组织，开展了各种形式的抗日宣传活动，组织青年读书会"竞存社"，出墙报宣传抗日，为"抗先队"的建立做了组织上和思想上的准备。

1939 年 1 月，中共山背党支部成立后，共产党员陈达时等分别在山背、那章等村成立"广东青年抗日先锋队台山第三支队"。这一年，"抗先队"非常活跃，山背的中队发展到 120 多人，那章发展到 80 人，洋田发展到 70 多人。"抗先队"成立后，积极宣传，发动群众参加抗日活动。1939 年下半年，成立了山背妇女抗日同志会，由陈卓明任会长。该"妇抗会"组织中小学师生排练抗日话剧，开展宣传活动，对宣传抗日起了很大的作用。

1939 年 7 月 7 日"七七事变"两周年纪念日，在山背党支部和那章党小组的领导下，当地组织了大规模的抗日示威游行。这次游行，以"抗先队"3 个大队、1 个独立中队为核心，发动了山背振华小学、那章克中小学等几间学校以及各村青年农民、群众等数千人。游行队伍集中了长短枪 300 多支、田基刀近千把及其他刀械，有长枪队、短枪队、大刀队、剑矛队等，人手一件武器。队伍集中开动员会，宣传抗日救国道理，批评国民党消极抗战、压制民众抗日运动的错误行为。会后，举行示威游行，队伍经那章、洋田、山背、东山等地，广泛引发了群众抗日救国的激情。

1939 年 1 月，陈达时受中共台山县委派遣，回乡开展革命工作，在组织"竞存社"和筹建"抗先队"时，着手发展党组织。同年冬，李发与文渊负责那章一带工作及广海统战工作，陈达时直接领导山背党支部的工作。他们经常在村西郊的西炮楼开会学习和研究工作，这里也是八区（广海）中心支部活动的地方。山背党支部、那章党小组在中心支部的领导下，积极带领青年群众开展抗日救国活动，成为"抗先队"的核心。1940 年 3 月 29 日，在八区区委的部署下，山背党支部、那章党小组组织"抗先队"队员及八区各界代表和学校的师生，借参加国民党八区当局按惯例召开"纪念黄花岗七十二烈士大会"的时机，组织一个反对投降、反对解散"抗先队"的群众大示威，宣传党的"坚持抗战，反对投降；坚持团结，反对分裂；坚持进步，反对倒退"的主张，大会变成了揭露国民党假抗日、真投降的丑恶面目，动员群众抗日的大会。这次斗争对国民党当局的震动很大，他们试图逮捕文渊，但文渊得悉消息后提前转移。从这以后，中共在八区的组织转入了地下活动。为适应斗争的需要，党组织在卓明医务所秘密建立了隐蔽联络站，在海口小学建立了八区区委机关和党的交通联络站。从这时起，党的工作转入秘密隐蔽斗争时期。

1940 年 6、7 月间，在山背党支部的领导下，"竞存社"办起了《山背月刊》，用族刊的形式，宣传抗日，宣传民主，反对封建，加强了侨胞与家乡的联系，很受群众和侨胞的欢迎。

1941 年，区委机关设在山背村，直接加强了对山背支部的领导。这一年，日伪军侵入台城，台城各中学停办，在台中读书的山背村人陈达年（在学校参党）也停学回乡，参加了山背支部的革命活动。那章村的曹兴宁（广富）等人曾在克中小学读书，参加过"抗先队"的活动，后来考入台中读书，并在学校入了党，因台中停学，也转回农村活动。1942 年冬，中共粤北省委遭到国民党的破坏，山背党支部也停止了组织活动，直到 1944 年秋，才恢复活动。

1944 年 6 月，日寇第三次入侵台山。上级派伍伯坚到山背、那章动员党员和进步青年参加党领导的游击队。山背的陈达年、那章的曹国英等参加了中新边境游击队。11 月，陈达时也调入了部队，到广东人民抗日解放军粤中司令部参谋处工作。同年 12 月，游击队进入大隆洞活动，曹兴宁也调入了该部队。1945 年上半年，部队党组织派曹兴宁回克中小学教书做掩护，组织动员过去的"抗先队"队员曹克等数十位同志参加游击队，并在曹兴宁的家建立交通联络站，在曹河建立了一个秘密联络站，在卓明医务所建立隐蔽联络点。1945 年下半年起，曹兴宁撤回部队。台山人民抗日游击队第四大队成立后，转战大隆洞一带时，山背、那章的党组织紧密配合斗争，积极为部队搜集八区各地情报，转送物资，输送兵员，支持部队的斗争。

三、进步刊物

1937 年抗日战争全面爆发后，李嘉人、陈仲博、朱伯濂、雷均祥等进步青年先后从外地回到家乡参与《劲风日报》的编辑工作。他们以《劲风日报》为阵地，开展抗日救亡活动，宣传共产党的抗日民族统一战线政策，鼓动全民团结，共同抗日救国。1937 年 7 月，台中进步学生李元获、马平等分别组织了海风救亡文艺社和嘤鸣读书会，自筹经费出版刊物《狂涛》。1939 年春，台山抗先第一支队成立后，创办了队刊《先锋》。抗战时期的《大同日报》是台山县黄族所办的一份地方报纸，台山党组织利用《大同日报》这个阵地，宣传抗战工作。

与此同时，各地进步知识青年利用侨刊、族刊、校刊作为宣

传阵地，创办报纸或刊物，开展抗日宣传活动，如莘村 1940 年
11 月 20 日编写的《战时莘村》、1941 年 5 月 1 日编写的《莘村族
刊》，1938 年、1940 年编写的《浮山月报》，1939 年 5 月 15 日编
写的《大亨青年》，1940 年 9 月编写的《大亨月刊》，1939 年编
写的《海宴民报》《赤溪月刊》《联安月刊》《台中学生》和《狂
涛》等，都起到了激发台山各阶层群众的抗战救国热情和推动台
山抗日救亡运动开展的作用。

四、青年抗日先锋队的建立

1938 年 11 月，中共台山县委研究决定，派李嘉人、梅龙夫
（易辰）负责，以台山青年抗敌同志会为基础，通过发动党员、
积极分子，组建"抗先队"，并发表宣言，指出日军侵华形势严
峻，国家处于危亡时刻，台山也处于敌人行将进攻的紧急关头，
动员团结全县青年为抗日救国、保卫家乡参加"抗先队"，呼吁
各阶层民众，联合起来组成抗日统一战线。

宣言发表后，台山各地青年纷纷响应，由于原来已有"青抗
会""抗战知识研究班""妇抗会"等组织，为"抗先队"的组
建准备了骨干力量。1938 年 11 月，台山便成立了"广东青年抗
日先锋队台山县队部临时工作委员会"，队员最后发展到逾
3 000 名。

1939 年 2 月，正式成立广东青年抗日先锋队台山县队部，内
设常委会，队部队长是叶繁。台山"抗先队"下辖 4 个支队，支
队下设大队、中队、小队，在县城及县城附近等成立了由县队部
直接领导的直属大队或中队，保七团政训队成立了独立第一小队，
还有的（如洋田、公益等地）把小学生组织起来，成立少年抗日
先锋队或儿童团，带领少先队员一起活动。同时，"抗先队"每
周都组织队员开展各种活动和学习，如抗日宣传演出、文娱晚会、

专题讨论、军事训练与演习等，还过组织生活，开展批评与自我批评。

台山"抗先队"是中国共产党领导下的青年群众抗日组织。抗日期间，台山"抗先队"两次组织前线战地服务队，到江会前线为抗日战士服务。战地服务队有队员30多人，还有10多人参加保七团政训队。战地服务队在前线工作了两个多月，他们冒着生命危险，不怕脏和累，在前线抢救伤员，护理受伤的战士，还教战士唱歌，为战士表演文艺节目。江会前线有些负伤的战士撤退到荻海五邑民众医院和公益福宁医院治疗后，战地服务队的队员则到医院日夜轮流护理伤员。

（一）抗日自卫队

抗战期间，台山各地组织的抗日自卫队众多，在抗日战争中发挥了重要作用。

西村乡抗日自卫大队第四中队是中共西村乡党支部组建的一支抗日自卫武装。这支武装有时利用给农场送肥、送建筑材料，搞负重长途行军或进行摸营窃寨、捉俘虏、爬山竞赛、夜袭、伏击等野外训练活动。中共密冲支部动员适龄妇女100多人参加为期三个月的军事训练。通过训练，不少青年掌握了一定的军事知识和技术，为后来开展武装抗日斗争培养了一批武装骨干。端芬、莘村、浮石、荻海、密冲、西村、横水、大亨、南坑、鹿坑、泡步、山背等乡中共党组织，通过"抗先队"和其他抗日团体或有号召力的开明绅士，以"武装保卫家乡和维持治安"的名义，建立了自卫队、壮丁队、巡查队、任务队或禾更队等自卫武装，派出党员或"抗先队"骨干分子去担任队长、小队长、班长等职务。端芬巡查队是由中共台山县委武装部长梅重清发动和组织起来的，有80多名脱产队员。西村、鹿坑、莘村、浮石等自卫队的表现尤其突出。

（二）游击训练班

1939 年 7 月，中共中区特委为了训练一批游击战争骨干，委托中共台山县委在台中举办为期 50 天的"游击训练班"，学员共 228 人，有台山、开平、恩平、鹤山、新会等县的"抗先队"积极分子前来参加，台山的学员占了大多数。当时，游击干部训练班的大门贴有一副对联："入来学游击，出去打东洋。"课程以军事训练为主，学习军事常识和游击战术，辅以野外演习；以政治为辅，学习国际形势、时事分析、中国近代史、抗战理论和抗战歌曲。这期训练班，为以后共产党领导的武装斗争培养了一批干部。

（三）深井青年抗日自卫队

深井青年抗日自卫队，是 1944 年初陈中雁在当地乡绅父老的支持下，发动深井禾镰坑、马头、小坑、东头等地青年成立起来的一支地方农民抗日武装。1945 年 2 月，广阳守备区指挥部黄汉源企图拉拢陈中雁，把该队编入其属下的深井大队第三中队，借以扩充他的势力。陈中雁因父亲曾被国民党无理拘捕，与国民党结下了仇怨，坚决不肯被收编。后来，黄汉源曾多次要他出兵进剿在大隆洞活动的台山人民抗日游击队，陈中雁不但断然拒绝，还派小队长陈优到开平茅坪向游击队转达他想与共产党合作的意愿。不久，游击队即派司徒克夫与陈中雁联系，向他宣传共产党的主张，动员他与游击队携手合作、共同抗日。接着，陈中雁两次率队配合广东人民抗日解放军第四团开仓济贫，并不顾国民党军烧屋、拉人的恐吓，毅然率领部属 20 多人加入广东人民抗日解放军第四团，壮大了人民的抗日武装力量。

（四）台山人民抗日游击队

台山人民抗日游击队的前身是"台山第三区抗日联防大队"，于 1944 年 10 月 2 日在浮石成立。主要领导人有李进阶、赵彬、林兴华（中共党员）。他们坚决贯彻执行党的统战路线和方针政策，争取到台山县第三区开明绅士陈觉生、赵健菴的支持。赵彬因浮石人的身份，任联防大队队长。

台山第三区抗日联防大队成立后，得到中共地方党组织的积极支持，队伍迅速壮大，由原来的80人发展到100多人，人人配备武器，加强军事训练，随时做好战斗准备。

1944年10月11日，台山第三区抗日联防大队配合新会地方武装攻克台城。同年12月挺进大隆洞。12月14日，遵照上级党组织的指示，取消台山第三区抗日联防大队的番号，改称"台山人民抗日游击队第四大队"，陈中坚任大队长，林兴华任副大队长，李进阶任政治委员，赵彬任政治处主任，赵荣任副主任。同时，第四大队建立中共党委会，书记为李进阶，委员有陈中坚、赵彬、梁文华、赵荣、林兴华、李重民。

台山人民抗日游击队第四大队成立后，印发《告全县同胞书》，揭露国民党破坏团结抗日，妄图围歼人民抗日武装的罪行，阐明该队被迫自卫反击的立场，以及共产党的抗日主张，号召人民起来反对国民党假抗日、真内战的反动行径。

台山人民抗日游击队第四大队纪律严明，处处为群众利益着想，取得了当地群众的信任；主动与部队联系，送情报，协助购买军需物品，特别是联安乡山潮村的党支部，主动配合部队向群众开展政治思想工作，动员群众将更夫队（即抗日自卫队）的枪支弹药除少量留用外，全部献给游击队。为了扩大游击队的力量，党组织派共产党员曹兴宁回到家乡那章，在克中小学任教，以教书为掩护，动员原"抗先队"队员以及曹克、曹棠、曹伟等50多人参加抗日游击队。还有大隆洞华侨子弟刘桂新也带领他组织的队伍加入台山人民抗日游击队第四大队，拿起武器抗击日本侵略军。

五、耕田会

1941 年 12 月 7 日，太平洋战争爆发，侨汇断绝，又逢旱灾，饥饿、疾病、逃荒接踵而至。根据上级指示，台山党组织提出"要坚持革命，保存力量，积极组织生产自救"的号召。为解决群众生活和开展革命斗争，余经纬在山潮村（今三合镇三冈村委会）通过地下党组织贫苦农民建立起"耕田会"，将每年储备起来的粮食和各种收入作为资金，领导农民，发动农民，努力垦荒，扩大耕地面积；进一步组织农民协会，集体佃耕，增加到 30 多亩地；实行薯田试验，由一年一造改为一年三造，结果有所增产。他们先发动农民种甘蔗、种花生，后发动广大群众集资开办糖厂和油厂；维持治安，保护农作物，把积累下来的稻谷和经济作物变卖，来购买武器（长短枪 10 多支），组建"禾更队"，把组织生产与发展武装相结合，这是当时最好的形式之一，也是后来武装斗争组织民兵队的基础。

六、飞虎队

在中国抗日战争的空战中，有一支举世闻名的飞虎队。其中台山华侨是飞虎队的重要成员，他们投身飞虎队，奔赴国难，效命疆场，大义凛然，视死如归，勇逐倭寇，为祖国抗日战争的胜利做出了不可磨灭的贡献。至抗日战争结束，飞虎队共击落日机 2 600 架，击沉或重创 223 万吨敌商船、44 艘日军舰只，击毙 66 700 名以上日军，毁损日军 13 000 艘 100 吨以下的内河船只，摧毁 573 座桥梁。飞虎队付出了 500 多架飞机的代价。

（一）飞虎队创始人陈纳德

飞虎队的创始人是美国飞行教官克莱尔·李·陈纳德。他是美国空军退役上尉，于 1937 年 7 月初应邀请，抵达中国考察空军，担任顾问。

抗日战争全面爆发后，1941 年 4 月，美国政府同意陈纳德组织飞行员和地勤人员成立"美国志愿援华航空队"，美国迪斯尼公司为"航空队"的飞机设计出机头标有大鲨鱼、机身绘有带翅膀的飞虎（代表胜利的 V 字）的标志，以此来震慑日本空军。因此，人们把陈纳德组建和指挥的这支美国航空队称为"飞虎队"。

回国参战的华裔是怎样参军的呢？据来自美国的侨批信记载，美国华裔青年特别是台山籍华裔青年热血沸腾，踊跃报名参加飞虎队回国参战。华侨抗日救国团体在应征人数众多、无法取舍的情况下，采取了抽签的办法，来平衡大家求战的心情。用抽签方式当兵，开创了侨乡儿女抗日救国的新篇章。他们在空中作战英勇，不怕牺牲，沉重地打击了日寇飞贼。

1941 年 8 月 1 日，"美国志愿援华航空队"在昆明正式成立，又称"中国空军美国志愿大队"，陈纳德任指挥官兼大队长，共有飞机 125 架。2 000 多名飞虎队队员中有九成左右是美籍华裔，绝大多数都是从台山、开平、恩平、新会、鹤山等五邑地区赴美华人的后裔，尤以台山籍华裔居多。据史料记载，目前已知台山籍的华裔飞虎队队员有 157 名，其中 10 多位老兵仍然健在。

（二）护航"驼峰航线"

抗日战争期间，日本切断了从香港、越南、缅甸至内地的船舶、铁路和公路运输线。日军飞机轰炸频繁，线路上的桥梁咽喉要道、运输车辆皆是他们的攻击目标。为了运输抗战物资，中美合作在中国西南山区开辟了一条国际空运航线——中印航线，从印度飞越中印边境的喜马拉雅山接运战略物资到中国，以突破日本的封锁。

"驼峰航线"是从印度阿萨姆邦汀江，经缅甸到昆明、重庆、成都等地，全长 800 多千米，沿线山地海拔 3 000 米以上，最高峰达 7 000 米。当时由于技术条件有限，运输机的飞行高度只有 3 500 米，因此在飞越喜马拉雅山脉和青藏高原、云贵高原时，只能在峡谷间弯弯曲曲地起伏穿行，有如在骆驼背上飞行一样，因此被人称为"驼峰航线"。这条航线非常危险，稍不留神就会撞山，加上恶劣的气候以及强气流、低气压和经常发生的冰雹、霜冻，使飞机失事率高得惊人。遇到意外时，飞行员即使跳伞，也会落入荒无人烟的丛林难以生还，所以这又被称为"死亡航线"。

据资料记载，在这条"死亡运输线"上，有 1 500 多名美方飞行员和 168 名中方飞行员壮烈牺牲；中美双方共损失 609 架飞机；运输战略物资 85 万吨，占援华物资的 81%。抗战期间，第 14 航空队共击毁日机 2 315 架，使日本空军的制空权丧失殆尽。

（三）开办中国飞机制造厂

抗战期间，五邑华侨为祖国航空抗战做出了巨大贡献。当时，中国武器装备落后，尤其是航空工业。1943 年，邝炳舜率先捐资 10 万美元，发动侨胞捐资 15 万美元，与留美航空工程专家胡声求博士在旧金山联合开办中国飞机制造厂。邝炳舜出任总经理，胡声求任厂长。飞机厂员工全部都是爱国华侨，逾 3 000 人，以五邑籍为主。1945 年 1 月，该厂生产了 A – 26 型战斗、轰炸两用机机身，并以每月 130 架的速度投入批量生产。这些飞机运回国后，装备空军机队，投入抗日战争。时任美国总统罗斯福对此给予了高度评价。

有统计数据显示，在五邑华侨最多的美国，仅航空救国捐款就达 200 万美元，抗战期间捐款购买飞机 62 架以上。华侨还开办飞机工厂，生产飞机和机件支援祖国抗战，如台山华侨梅龙安和开平华侨周宝衡、林福如在韶关开办的飞机制造厂。此外，在华侨抗日救国组织和华侨的支持下，创建了航空学校，培育出一批航空人才等。从航空学校学成后，众多五邑籍华侨青年回国驾驶战机与日寇进行空中搏击，不少人为国捐躯、血洒碧空。

（四）飞虎队中的台山籍华侨华人

飞虎队队员有不少是五邑华侨华人。美军第 14 航空地勤服务队的队员就几乎全由当时各地华侨组成，约有 1 500 人。飞虎队的华侨华人队员，大多是祖籍为台山等地的五邑华裔青年，尤以台山华侨居多。他们有的是飞行员，有的是地勤人员。

据不完全统计，抗战期间，仅从美国归国参加空军的台山华侨青年飞行员就有 50 多人。还有统计数据显示，抗战期间，中国空军飞行员 34 人共击落日机 63 架，其中台山籍飞行员黄新瑞、陈瑞钿、马庭槐、苏英祥、马国廉、伍国培、余平想等人共击落日机 22 架，另与僚机合作击落 8 架，合计 30 架，创造了辉煌的战绩。涌现了许多"空中飞将""虎将""女飞将""空中英雄"，如陈瑞钿、黄新瑞、马俭进、李月英、黄桂燕等，还有被美国空军总部授予"空中战斗英雄"的叶松晃（台山联安村人）。坐落于广州的广东省航空纪念碑上，刻有 255 名广东航空英烈的名字，当中有 79 名是华侨子弟，其中台山籍就有 31 人。台山航空人才之多、贡献之大，在全国首屈一指，被誉为"华侨航空之乡"。

祖籍台山白沙镇飞鹅村的马氏兄弟——马邦基和马绍基，分别出生于 1920 年和 1922 年，是加拿大的二代华人。兄弟两人参加了飞虎队，负责从"死亡航线"上运送物资。1942 年，马邦基驾驶运输机，从印度运载军火、汽油、钞票等到中国，一次次避过了日本快速的零式战斗机的攻击。在八个月里，他飞越"驼峰航线"420 多次。1944 年，马绍基也加入到"死亡航线"运输队伍。有一次，马绍基驾机飞越"驼峰航线"时，机身结了厚厚的冰坨，飞机引擎也坏了，失去了控制，只能在 2 000 米左右的空中飞行，但喜马拉雅山脉的平均海拔都在 7 000 米以上，根本就飞不过去，怎么办？他只好将物资扔掉一部分，然后准备随时跳伞，等到飞机慢慢下降，机身上的冰融化了一些，慢慢恢复了正常飞行，才逃过一劫。马绍基在八个月的时间里，共飞越"驼峰航线"370多次。极端恶劣的天气加上敌军的追截，常常让他们兄弟俩徘徊在生死边缘，但他们毫不畏惧，依然坚守岗位。他们获得了亚洲太平洋军功章、美国军功章、"二战"胜利奖章。马邦基是第一批"中航"飞行员，参与印度阿萨姆和中国之间的空运并且立功，荣获"最优秀飞行员"称号。1995年，马邦基获得美国空军颁授的高级荣誉飞行十字勋章，佩戴总统军团绶带。兄弟两人先后于2005年和2011年在加拿大离世。

祖籍台城东湖村的一对华侨子女，兄妹两人一个在天上杀敌，一个在地上杀敌。哥哥林民安是飞虎队的上尉，为台山旅居美旧金山华侨，又是林家的独生子，父母和家人反对他当兵。当听到日本侵略者侵略祖国，台山被蹂躏的消息后，他义愤填膺。为了加入抗日救国的行列，1941年冬，他毅然背着家人报名参加旧金山华侨集资兴办的航空训练学校，毕业后正式成为一名光荣的飞虎队队员。在第二次世界大战期间，他驾机杀敌无数。他于2002年3月27日在美国旧金山逝世，享年90岁。受哥哥参加飞虎队英勇抗日杀敌的爱国热情影响，妹妹林彩琴于1944年在台山当地参加了中国共产党领导的抗日队伍，杀敌保家卫国，于1945年在蕉山战斗中牺牲，年仅20岁。中华人民共和国成立后，林彩琴被台山市人民政府评为革命烈士。

（五）建飞虎亭纪念飞虎队队员

为纪念飞虎队队员与缅怀这一光辉历史，1991年3月，梁炳聪（祖籍台城南安村，时任飞虎队上尉军官）在内的10位美籍华人飞虎队队员捐资，委托台山市海外联谊会，在石花山的上山石径入口处，修建飞虎队纪念亭。

中国空军美国志愿援华航空队队员合影（部分）

　　1994 年 8 月，梁炳聪、汤文赏等 28 位美籍华人飞虎队队员及其家属再次捐款，在飞虎队纪念亭前面建了一座飞虎队纪念亭牌楼，石柱上以"飞虎"二字撰刻一副对联，右联为"飞征中缅亚洲威震"，左联为"虎逐倭寇天下名扬"。这是后人对飞虎队的最高评价。如今，这里已成了远近闻名的爱国主义教育基地。

第三节 武装抗日

一、女壮丁训练

1939 年上半年，群众抗日情绪高涨，台山县政府培训了一批女教官，派到各乡训练女壮丁。1939 年 4、5 月，台山县政府派了两名女教官到密冲训练壮丁。台山党组织利用这一时机，动员适龄妇女 100 多人参加训练。一支英姿飒爽的妇女军训队伍，天天下午出现在云山咀的大草坪上，学基本动作，练步伐，学刺杀，学射击，喊口令。训练时间为三个月，分三个排，由李惠华、李新绍、李桂藉任排长，李瑞蓬、李月好、李丽怡、李珠藏、李瑞意等任班长。平时，各人手持木枪受训，至最后一个月，每星期进行一次实战演习和实弹射击。三个月期满，举行了一次大规模的检阅仪式。训练结束后，没有解散这支队伍，而是通过她们广泛地联系广大妇女群众。

1941 年 3 月 3 日，日寇从江门、新会分两路向三埠进犯，三埠、台城先后沦陷。台山人民纷纷武装起来，抵御敌人。密冲人民在党支部的领导下，以原"抗先队"队员为骨干，将接受过军事训练的女壮丁 100 多人，组成保卫家园的武装队伍，巡逻放哨；在密冲边缘的公义圩及湖溪等地，建立防止汉奸活动的检查站，检查可疑行人，防止敌人破坏。

经过了抗日救亡运动锻炼的密冲妇女，民族觉悟、阶级觉悟等有所提高。在台山党支部的教育、培养下，1939 年 7 月，李惠华、李瑞蓬光荣地加入了中国共产党，由支部委员李德光直接领导。随后，发展了李桂藉入党，成立妇女小组，由李惠华任党小组组长。接着，吸收了李新绍入党，党内的妇女同志不断增加。

二、动员群众支援抗日

1941 年 3 月 3 日，日寇从广海湾和斗山三夹口登陆。中共台山县委根据上级的指示，团结当地群众，组织当地的自卫武装，实行民众自卫作战，坚决抗击日伪，保卫家乡，保卫人民的利益。先后在浮石、莘村、官窦、岭背、鹿坑、大亨、泡步、敦思、密冲、西村、端芬等地建立了各种形式的抗日武装自卫队，有效地打击了敌人，保卫了家乡，保护了群众的生命财产安全。

1941 年 9 月 20 日，开平赤坎失陷后，毗邻的白沙西村也遭到日伪军的进犯，西村自卫队英勇迎击，击退了日伪军海、陆、空三军进犯，保卫了乡土和人民生命的安全，也粉碎了日军南犯赤水的阴谋。同年 9 月 27、28 日，日军两次进犯浮石，浮石党支部带领全副武装的该乡自卫队和群众，到横江至斗山的公路布防，打退了日军的两次进犯，保卫了浮石以东的一大片乡土。

1944 年 6 月 24 日，台城、三埠第三次失陷。6 月 29 日，敦思乡抗日自卫队会同获海和第四区自卫队，严密封锁潭江江面，并联合台开两县的抗日自卫队袭击日军驻地，使日军的阴谋一时未能得逞。与此同时，白水乡鹿坑村抗日自卫队在党支部的领导下，多次主动伏击日军军用物资运输船和运输队，缴获大批军用物资和粮食，枪毙若干密探和情报人员。日军也因此把白水一带视为畏途。此外，附城南坑、企岭三乡、四九南村、三八佛凹、水步横水、赤溪铜鼓等地壮丁也在共产党的领导下，同来犯的日伪军进行英勇的斗争。

1944 年 6 月至 9 月，日伪军连续两次进犯台山，台山人民遭受了空前的浩劫。在新会崖南的抗日游击队泰山大队准备挺进台山之前，台山党组织在莘村、泥冲、浮石、官窦、密冲、广海等地动员部分党员骨干，如李法、李佐、梁有大、陈志远（后调回地方）、陈侠彬、陈达年、曹国英、曹进久、曹冰等到新会参加泰山大队。

1944 年 9 月 30 日，在中山、新会边境活动的泰山大队进入台山。翌日，在浮石宣布成立第三区抗日联防大队。第三区抗日联防大队成立后，地方党组织即给予积极支持和配合，在莘村、泥冲、浮石、山背、官窦等地发动一些党员和进步青年、更夫队队员参加部队，把莘村、浮石、山潮党支部掌握的枪械送给部队，使泰山大队由 70 余人迅速扩大到 100 多人，大大增强了部队的战斗力。1944 年 10 月 11 日，第三区抗日联防大队收复了台城。同时，泥冲、官窦党组织和第三区区长陈觉生积极筹集军饷，帮助部队解决进台山后的给养困难。1944 年底，第三区抗日联防大队挺进大隆洞，公开树起人民抗日游击队的旗帜，建立大隆洞抗日游击根据地，宣布改编成立台山人民抗日游击队第四大队。台山党组织在那章、洋田、联安等地又动员党员曹兴宁、余质夫、李来就和进步青年曹伟、曹棠、曹河、曹胜、曹克等参加游击队，部队的战斗力又得到进一步的提升。

为加强与部队的密切联系，及时向部队提供军事情报，台山党组织派共产党员在浮石建立了一个中心交通联络站，把赤溪、田头、三区莘村、泥冲、上阁、官窦以及八区山背、那章和大隆洞等地联系起来，形成一个范围较广的交通情报网，派出党员李师仁、李佐、林长弟、何仲儒、伍庭爵和群众积极分子陈凤锦、李如珠、王美桂、赵炯瑜、赵彩莲等担任交通情报工作。

浮石，不仅是地方党组织与部队密切联系的重要情报站，也是部队的后方医疗站。1945 年 1 月三战联安后，部队送了六七名伤员到浮石，均由浮石党支部秘密安排到一些群众家里养伤，并派出专人精心护理，请本村的老中医赵健庵、赵焯贤给伤病员看病治疗。经过近两个月的养伤治疗，伤员们先后康复回到部队。不久，因新会猫山事件被捕后受伤的原泰山大队政治处副主任赵荣，经组织多方营救出狱后，也在浮石养伤，伤愈才归队。

三、陈中雁率部参加游击队

广东人民抗日解放军第四团（1945 年 2 月由台山人民抗日游击队第四大队改编而成）回到大隆洞不久，接到司令部指示，以恩平陈光远部队为基础，另调四团部分兵力，即陈川中队，组成广东人民抗日解放军第五团，陈中坚调任五团团长，郑锦波任政委，李进阶任四团、五团政治督导员。吴桐任四团团长，赵彬任政委，李龙英任副团长（1945 年 10 月到任），李德光任政治处主任，原四团政治处副主任赵荣调往六团。

部队挺进大隆洞并公开树起人民抗日武装的旗帜后，了解到大隆洞西边的深井地区有一支农民武装——深井獭山抗日自卫队。这支武装是日寇侵占三埠、广海时，由深井獭山地区的青年农民自发组织起来的，队长为陈中雁。后深井地区各村也组织起自卫队，成立了深井地区青年抗日自卫大队，陈中雁部编为第三中队，其宗旨是抗日保家乡。当时，国民党赤溪县县长黄汉源为了扩大自己的势力范围，在赤溪搞独立山头，就借抗日名义挂上"广阳指挥部守备队"的牌子（属广阳指挥部第三指挥所管辖），在深井一带招兵买马。深井青年抗日自卫大队另外两个中队都接受了黄汉源的收编，只有陈中雁部拒绝。

当台山人民抗日游击队第四大队进入大隆洞之后，国民党广阳守备区指挥部司令李江曾下令深井青年抗日自卫大队去"搜剿"该第四大队。陈中雁本人与国民党有宿怨（其父曾被国民党无理捉去，卖了大姐才赎回），不愿为国民党卖命，所以不去打共产党。李江写恐吓信并企图用武力逼陈中雁归顺，陈中雁以武力相抗，并派人到陈塘洞了解抗日游击队的情况。当时台山人民抗日游击队第四大队（已改编为四团）已开赴恩平，留守大隆洞的李安明、李重民及后来从恩平归来的林兴华、李德光等部队领导了解到这一情况后，及时派司徒克夫去和陈中雁联系，说服陈中雁和四团进行合作，共同抗日。经过耐心细致的思想工作，陈中雁明白了共产党的性质和主张，以及人民抗日武装的宗旨。他感到共产党的部队才是人民的部队，并从内心佩服这样的部队，便很快答应愿意配合四团的活动。于是，四团党委又派李法等人前去进一步做他的工作。

1945年春，青黄不接，粮价飞涨，大隆洞山区贫困农民缺粮断炊，生活极为困苦。为了帮助山区人民渡过困境以及增加部队给养，根据群众反映，深井圩内有一个国民党政府的粮仓，无军队防守，只有一处警察所。于是，四团、五团准备夜袭深井圩，开仓济贫。就在四团决定攻打深井圩开仓济贫的前夕，陈中雁亲自到部队与赵彬联系，接受了赵彬为他布置的战斗任务。

1945年4月上旬，部队动员大隆洞三四百名贫苦农民，担上箩筐跟随部队直奔深井。战斗开始后，四团、五团以一个连的优势兵力，在陈中雁部的配合下，袭击了深井圩的国民党警察所，缴获步枪多支，参谋张铁在战斗中负轻伤。占领粮仓后，群众迅速转移了粮食。同时，还打开了国民党参议员深井乡乡长陈劲民的米铺，将大米发放给当地的贫苦农民。随后，以"广东人民抗日解放军第四团"的名义，在深井圩内张贴布告，宣传共产党的抗日主张和减租等各项政策，揭露国民党假抗日、真反共、反人民的罪行。第二天，又在陈中雁部的配合下，打开了汶村上头村粮仓，将该仓1 000多担稻谷全部分给当地的贫困农民。

深井、汶村粮仓相继打开后，国民党李江、李德、李和部立即调集三个中队，包围了陈中雁的家乡，烧毁了他的房屋。陈中雁毅然带领其28名部下，携带长短枪28支参加四团，被编为四团独立小队，陈中雁任队长。四团派宣传队队长李法担任该队政治指导员，方君直接任宣传部长。半个月后，陈中雁又动员紫罗山脚的三田、木龙、大龙等村被国民党顽固派吴任平追逼得无处藏身的同宗兄弟30多人，携带全部武器参加了四团。至此，四团的力量更加壮大。群众拥军抗日情绪高涨，纷纷携带慰问品来慰问部队。

第四节 浴血战日寇

一、下川联防队炮击日舰

1938 年，日军入侵下川岛塔边村，任意烧杀抢掠，杀害渔民，激起了民众的无比愤慨。南澳上高村方文勇（又名方有幸、方文杏）是一位爱国护乡的青年，他目睹日寇的侵略行径，义愤填膺，发动村民组织联防队，村民推举他为联防队队长。

1940 年 9 月的一天，方文勇在南澳湾的海滩巡逻，发现一艘日舰在南澳湾的海面上横冲直撞，妨碍渔民的捕鱼生产。他怒火中烧，立即和联防队队员一起，搬来一支"大板槽"（土炮），安放在南澳湾沙岗上，迅速装上火药、散砂、铁链等，做好打击侵略者的准备。

此时，日舰正向南澳湾沙滩逼近，日寇在甲板上耀武扬威。方文勇愤怒地大喊一声"点火"。随即，"轰隆"一声巨响，炮口喷出熊熊火苗，散砂、铁屑、铁链等飞向日舰的甲板，日寇吓得调转船头仓皇逃跑。方文勇和联防队队员又继续往土炮里塞火药和散砂等，准备向日舰发第二炮。舰上的日寇发现岸滩上有一处地方冒着浓烟，就从舰上向冒烟处打炮，方文勇不幸被炮弹击中，肠子和鲜血都流了出来，英勇牺牲，时年 27 岁。

方文勇炮击日舰英勇牺牲的消息震撼了下川岛，台山第十九区区长方奕枢（下川横山村人）牵头，成立治丧小组，次天为方文勇举行悼念活动，自觉参加悼念活动的岛民有几百人。挽联写着："英雄浩气千秋在，先烈精神万古存。"方奕枢在追悼会上介绍了方文勇的生平，高度赞扬了他英勇抗击日本侵略者的行为，号召川岛人民学习他的爱国主义精神。

二、斗山三夹口激战

1941年3月3日拂晓，日军1000余人乘军舰从广海湾和斗山三夹口登陆。中共台山县委采取紧急措施，团结当地群众，组织自卫武装，坚决抗击日寇，保卫家乡，保卫人民利益。在台山党组织的领导下，全县各地民众纷纷组织武装抗日，迎击敌人，保卫家乡。同时，国民党驻军和台山自卫队奋起抵抗，因众寡悬殊，加上日军派飞机扫射，掩护日军进犯，广海、斗山相继失陷。日军占领了斗山，直指台城，长驱进犯。台山第一次沦陷。

1941年9月20日，天刚亮，南湾海面10余艘电艇，载着日军300余人向广海疾驶而来，日机低飞开枪扫射，掩护舰队登陆，国民党守军与日军展开激战。由于汉奸便衣在甫草偷袭，国民党军队与台山自卫队分头截击，终因前后受敌，众寡悬殊，被迫退出广海城，转移至合安乡，会同该乡自卫队扼守要隘。同日凌晨，日军另一路800余人分乘电艇，向三夹口进犯。国民党保安第七团驻三夹口的排哨、排长苏立辉率部扼守三夹海口，指挥士兵埋伏，严阵以待，阻击日寇登陆。当载着日军的6艘电艇逼近渡头时，保安第七团即开机枪、排枪密集扫射，日军遭到突然袭击，死伤10余人。保安第七团排哨的士兵奋勇抗击，再次击毙日军20余人。日军援兵乘电艇猛扑过来，将保安第七团排哨三面包围。正在激战时刻，保安第七团排哨的机枪突然失灵，只用步枪和手榴弹抗敌，日军趁机用小钢炮猛轰，分数路冲进三夹口排哨阵地。苏立辉排长身先士卒，跃出战壕，与日军展开肉搏，浴血奋战，终因敌众我寡，弹尽被围，全排官兵壮烈牺牲。后来，日军从三夹口驾驶电艇向斗山、冲蒌、台城等地进犯，台山第二次沦陷。

三、白沙西村自卫队抗击日寇

白沙西村早在1939年6月就建立了党支部，在党支部的领导下，于1940年初成立了西村乡抗日自卫大队。1941年9月22日，台城陷落敌手后，西村抗日武装总指挥黄伯衡（1942年5月17日在西村乡被国民党暗杀），根据西村党支部的部署，召开自卫队中队长会议，布置抗日计划。同时，西村党支部决定让"妇抗会"会长黄美英（共产党员，后为烈士）等组织群众撤退到北坑安全地区，由西村乡抗日自卫队第四中队（共产党组织直接掌管的武装）派人护送，由农会会长黄英（共产党员，后为烈士）等人在北坑安排接应。

1941年9月24日，侵占开平赤坎的日军50多人乘橡皮艇进抵百足尾，企图进犯白沙圩。得知消息后，西村乡抗日自卫队与中共领导下的第四中队为主力，奔赴百足尾与日寇激战2小时，迫使日军退回到赤坎。9月25日，日军又从赤坎派出100余人，在飞机的掩护下，分乘3只橡皮艇，从水陆两路来犯。西村自卫队严阵以待，待敌人进入火力有效射程后，一齐开枪猛射，激战6小时，又得邻乡自卫队增援，分路截击，将日寇抗击于百足尾至白沙2千米的地带，击毙日军30多人，打穿日橡皮艇2只。自卫队队员黄业兴阵亡，黄长权重伤后牺牲。后日军从小路偷袭，并以钢炮及掷弹筒向自卫队猛轰，自卫队不得已转移到有利地带。由于自卫队的有力抗击，日寇不敢进入西村洗劫，虽一度占领白沙圩，但不敢四处扫荡，也不敢久留，至傍晚即退回赤坎。

战后，国民党台山县政府指派县参议员黄锡五带着慰劳品前来慰问，并表扬了西村自卫队。

抗日战争时期，西村有 18 位英雄儿女为革命献出了宝贵的
生命。

四、南村壮丁大败日寇

四九镇南村靠近台城，附近有通济河。日军来攻打台山，并
不因为台山是重要的军事要点，而因为台山是鱼米之乡，日军将
其当成后勤区、补给区，将搜刮的粮食运到台城后，通过水路运
到北方，供应主战场。上南村乡有大小村庄 24 条、碉楼 21 座，
组织了一支强大的武装自卫队，枪械弹药充足，计有机枪 20 多
挺、长短枪 200 余支，这批枪械大都是华侨捐款购置用来防御山
贼的。源兴村是南村辖内最大的一条自然村，人数最多时，达
5 000 人。

1944 年 7 月 5 日拂晓，日军为解决物资问题，派出日伪军
500 多人进犯四九镇南村，南村壮丁集合在百足山迎击日军，打
伤日军数人。7 月 10 日拂晓，日伪军集中 1 200 余人、战马 80
匹，从台城沿台冲公路到达四九圩后，兵分四路再次进犯四九镇，
以图报复。上午 9 时许，数路日伪军集中入侵上南村。南村的村
民，特别是壮丁组成自卫队，大约有 50 多名自愿参加抗日敢死
队，重点分守 7 座碉楼抗击日伪军。他们奋勇作战，打退了敌人
的冲锋，捷报频传：有村民打倒日军 10 多人，也有村民在碉楼上
用鸟枪把一个军官轰下马。

战斗进行了一天一夜，因各碉楼建筑坚固，不易摧毁，日军
久攻不下，便恼羞成怒，从台城运来两门攻城大炮，向各碉楼连
续炮轰。敢死队毫不动摇，奋勇应战，直至黄昏。见各碉楼被敌
炮轰毁坏严重，而对敌消耗战的目的已达到，抗日敢死队及自卫
队分路冲入南村向敌猛袭，掩护各碉楼的敢死队队员从敌人的火

网中突围，其中 1 人负伤、2 人牺牲。

此时，只有高耸在上南村中心的向贤楼坚固难摧，自卫队勇士死守这里，被日伪军重重包围后，仍与敌人激战一天一夜，即使弹尽粮绝，仍然坚守着。直至深夜，他们机智地用村人存放在碉楼里的多匹棉布，系在楼顶，然后一个个顺着布条滑到碉楼后面的围墙下。其中 9 人摸黑突围而出，安全归队；有 2 人未撤，一个是李德胜，一个是年仅 14 岁的小队员。天刚亮，日军冲至碉楼门前挖洞埋炸药布置炸楼时，小队员伏在门隙窥伺准备杀敌，李德胜登楼向敌射击。这时，碉楼门被炸开了，小队员当场被炸死，李德胜被日军捉住，宁死不屈，闭口不言，最后被绑在树下，被军犬咬至血肉满地，被刺腹而死。南村战役，团队及自卫队壮烈牺牲 25 人，负伤 30 多人，妇女死伤共 15 人，击毙日伪军 150 余人，击伤 100 多人。

为纪念南村人民抗击日军的英雄事迹，台山市人民政府于 2017 年 6 月 14 日将南村人民抗击日军旧址（含康英家塾）列为台山市文物保护单位，并于 2017 年 10 月 18 日在抗日碉楼旧址门前立起了刻着金黄色碑文的石碑。

五、浪湾山上六勇士

抗战时期，潮境、三八和水西这个三角区的民团自卫队实力雄厚，屡次对日伪军的猛烈袭击予以顽强的抵抗，因此，日寇视这个三角地带为危险区。

1944 年 7 月 1 日，伪军欲夺取我方停泊于水西圩河边的 3 艘电船，派 21 人由台城来犯。得知消息后，淡村自卫队埋伏于黄茅岗，待敌掠夺电船驶出，即开枪阻击，当场毙敌 3 人，余敌逃窜。自卫队欲跟踪追捕，敌援军 100 余人分三路冲来，自卫队寡不敌众，被迫转移阵地。7 月 10 日晨，日伪军 600 余人由台城经水西进犯潮境，先占驻潮境圩北的虎山村，再分路向相距半里的网地村进扰。自卫队在附近要隘埋伏，双方激战至下午2时许。翌晨，日伪军向白沙进犯。7月12日晨，日伪军80余人，由三埠沿台荻公路进犯三八圩，三八乡民团自卫队扼守要隘拒敌，激战2小时，敌不得逞，窜退。当天上午10时，从潮境进犯白沙的日伪军和从三合进犯白沙的一股日伪军会合共约1 000人、战马50余匹，开到潮境船步村一带，向网地村发起第二次攻击。敌多次冲锋，均被击退，伤亡多人。7月13日晨，驻三埠日伪军200余人再次进犯三八。三八乡自卫队早有防备，挖掘壕沟布防，又得民团自卫队100余人前来协同作战，据守三八圩附近浪湾山顶上的碉楼，严阵以待。日伪军分三路向三八圩冲来，待其迫近，三八乡民团自卫队即以密集火力猛击。日伪军以小钢炮向我阵地炮击，发起多次冲锋，三八圩终陷入敌手。自卫队六勇士死守浪湾山碉楼，敌采取钳形攻势，爬山猛冲三次，均被击退，激战2个多小时，敌伤亡惨重。后来，敌猛开重机及钢炮掩护，分四路进攻，包围碉楼，撞击楼门。自卫队勇士集中掷下几颗手榴弹，炸死敌10多人，余敌四散逃命。敌再用钢炮猛轰碉楼，楼门被毁，自卫队勇士因弹药用尽，在敌层层封锁的火网中全部忠勇殉国。这场激战之后，"浪湾山上六勇士"威名远播，日伪胆寒。

六、鹿坑自卫队抗日之战

1944年9月19日10时，三艘敌船驶向台城。鹿坑自卫队决定截击，单打最后一艘。敌人连忙泊岸，弃船逃走，留下的一船面粉被月山、莲塘等村群众赶来搬走。

10月10日上午8时，台城敌军倾巢出动，分两路进攻白水：一路约300人沿台荻路进攻，另一路几百人从雷公潭那边进攻。鹿坑自卫队得知消息后，立即疏散村民，集中全队36人，把守村后的鹿坑后山和村前的芙芦山、狗山仔，严阵以待。当敌人前锋到达仁孝桥头，芙芦山与狗山仔两翼自卫队队员齐齐开枪，击毙数敌。敌人继续冲击，展开激战。自卫队抵抗了几小时，每人配备的 50 发子弹差不多打完了，然后沿村西北的山地撤退。敌人从桂水方向迂回包抄过来，队员谭社大走避不及，躲在黄牛拖车山坑中。待大队敌人过了，他起身欲走，见一个掉队的身佩长剑的敌军军官独自骑马而来。他连忙伏下瞄准，一枪将那军官打下马来，跌落水渠。

下午 4 时，鹿坑自卫队补充了子弹，回到了鹿坑村西北面的高大山下。战斗打响后，一个小组绕道迫近敌人，把敌人的机枪手和军官打倒。敌人机枪一停，从正面攻击的大队队员人人奋勇登山。山顶敌人见了害怕，往下退却。自卫队夺得了山头，居高临下射击，山下敌人大乱。正在这时，白沙壮丁百余人、淡村壮丁 60 余人和国民党部队 74 人赶到支援，从高大山以北的月山一带夹击敌人。敌人几次吹号冲锋，都被自卫队打退。相持 2 个小时到傍晚时分，敌人全部东渡撤退，撤退时抬走的伤兵和尸体有几十具。鹿坑自卫队在两个多月的战斗中，击毙和生擒众多敌人，而己方无一伤亡，创造了辉煌的战绩。

七、地方乡勇战日寇

日军入侵台山后，各区、乡、村立即组织自卫团（队），投入抗击日军的战斗，战果辉煌。

（一）企岭乡勇抗击日军

1941 年 3 月 5 日下午 3 时，日军 40 人从台城沿新宁铁路越过马山，企图向长岭洞乡的白石、温边和松柏等村侵扰。各村自卫队预先埋伏，待日军迫近，自卫队队长一声令下，乡勇们奋勇进击，日军队伍乱作一团，当场伤亡 10 余人，狼狈逃窜回城。3 月

8日下午1时左右，日军出动大队人马，用小钢炮、机枪掩护骑兵和步兵向白石、温边等村进犯。长岭洞乡自卫队扼守险要地形，以土炮及排枪抵御。日军四次发动攻势，均被击退，伤亡惨重。日军不甘心两次惨败，于3月9日拂晓，调派200余士兵，分三路向长岭洞乡再次侵犯：一路从左翼的咀岭猛攻白石村，一路正面直扑温边村，一路从右翼进军松柏村。日军以小钢炮、掷弹筒掩护各路队伍前进。自卫队的乡勇毫不惧怕，迎头痛击日军。至中午时分，日军不能得逞，即出动轰炸机，从上空开枪射击。自卫队掩蔽作战，集中火力阻击出现在温边、白石两村之间的日军。激战间，日军沿台冲公路赶来增援，分两路包抄前进，自卫队及时撤出包围圈。日军冲进白石、温边、松柏等村，烧杀抢掠。朗东乡自卫队和政警队得知情报后，即刻赶来增援，分三路猛攻。激战1小时后，日军无还击之力，逃窜回城。日军三次进犯长岭洞乡，共伤亡37人，损失战马1匹。政警队的胡飞、黄国荣和蔡福光荣牺牲，自卫队有6人受伤。

（二）上川乡勇抗击日军

1941年5月18日晚上，上川岛海面正在捕鱼的渔民与日军电艇遭遇，渔民们先发制人，利用土炮及渔炮密集地向日艇猛攻，打得日军措手不及。日军且战且退，渔民穷追不舍，击沉日艇两艘，艇上18名日军葬身大海。19日早上，日舰向三洲发炮轰击，掩护乘舢板的日军登岸。上川岛抗日团队的乡勇扼守险要，狠狠打击，日军败撤。

1943年12月7日，上川岛抗日团队会同各乡自卫队、赤溪铜鼓的团队，集中于茶湾村，分两路进击日伪军。苦战三昼夜后，部分伪军自知末日来临，起义归降，配合抗日乡勇内外夹击，日伪军伤亡惨重，分乘橡皮艇狼狈逃往下川岛。12月11日，收复上川岛。"一二·七"战役击毙日军班长1人、伪军15人，生俘日军 2 人，缴获军械 28 件。

（三）城东乡勇抗击日军

1941 年 9 月 22 日上午 7 时 30 分，日军第二次入侵台城。企岭三乡立即召开联防会议，决定设立岗哨，日夜巡逻，监视日军动向，并调集各乡自卫队在温边、白石、洋享、沙步一带布防，枕枪待敌。9 月 24 日下午 4 时，日军分股进犯城东的白石村和温边村。长岭洞乡自卫队用土炮及排枪袭击进犯白石的日军，日军如惊弓之鸟，急忙窜退。大亨、松安等乡的自卫队赶来增援，猛烈攻击日军。25 日，日军调集步兵、骑兵共 400 余人，分别向台冲公路和石化沿线左右夹攻。上午 9 时，日军右翼遭到大亨、安东、南坑等乡的自卫队及台卫队的阻击。上午 10 时，日军骑兵从小涧桥进袭白石村，遭到防守左翼长岭洞乡及大良、联和、松安等乡自卫队的伏击，日军伤亡 35 人，自卫队 7 人牺牲、2 人负伤。

（四）城西乡勇抗击日军

1941 年 9 月 23 晨，日军 100 多人分两股向城西侵犯：一股沿新宁铁路抢占莲花山，一股进犯北闸村。东坑乡自卫队与白水乡的北闸、永华等村自卫队分头阻击，北坑乡自卫队闻讯立即赶来增援，猛烈进击日军，日军逃窜。9 月 25 日晨，日军步兵、骑兵共 300 余人，分四路侵扰城西。北坑、东坑两乡自卫队和白水乡的北闸、永华等村的自卫队合力迎击。

（五）横水乡勇抗击日军

1941 年 9 月 26 日早上，日军出动 400 余人沿台鹤公路向水步一带乡村侵扰。上午 8 时，日军先头部队 40 余人向陈边和乐里进犯，遭到自卫队奋勇截击后，即向水步圩溃退。上午 9 时，日军 200 余人分两路进犯横水乡：一路由公和市入龙田、乔庆村，沿公路向陈坑山推进；一路由新荣市入横水旧村。横水乡自卫队出其不意，攻其不备，将日军打个措手不及。正在和乐里抢劫的日军闻讯，即分别经瑞龙里、龙塘村偷袭龙坑自卫队的阵地。自卫队以密集火力猛击，毙敌 3 人，伤敌 7 人。自卫队刘树、刘孔庭光荣牺牲。

（六）浮石乡勇抗击日军

盘踞斗山的日军于 1941 年 9 月 26 日晨进犯浮石乡，该乡抗日自卫队鸣锣告警。驻防都斛圩的台卫第二大队闻讯赶来增援，莘村、丰江等乡的自卫队也来助战，日军不敢交锋，窜回斗山。28 日，日军 200 余人分三路再犯浮石乡。该乡自卫队 300 余人分别埋伏于各要道，台卫第二大队及治安连也协同固守阵地。战斗打响后，都斛各乡自卫队共 500 余人先后赶到，迅速投入战斗，激战 3 个多小时，打退日军三次冲锋。日军伤亡惨重，仓皇逃窜。斗山、都斛各乡抗日自卫队及地方保安团队协同作战，保卫了斗山以东一带的安全。

（七）十三乡乡勇抗击日军

1941 年 9 月 28 日上午 10 时，日军 150 余人由汉奸带路，从台城出发，侵扰西湖村和雁沙村，两村的妇女被奸污。设在四九圩的十三乡联防处闻讯，即派石坂潭乡自卫队埋伏于台冲公路，正面攻击日军；派上南村自卫队埋伏于香头坟村东的围基，侧面攻击日军；派松头、下坪两乡自卫队扼守合水庙至东方桥一带；派石涧乡自卫队据蒙禾山严守后路，四面包围日军。下午 2 时，日军在雁沙村集合，搬运劫掠的财物沿台冲公路退去。上南村自卫队从侧面首先开枪进击，石坂潭自卫队正面冲向敌阵，下坪、松头等乡自卫队英勇截击，日军死伤 18 人。至下午 4 时，日军只好改道向西湖村沿着围基窜回台城。

（八）保安团队抗击日军

1943 年 3 月 10 日，广东省保安第七团张翘柳部及彭林生所属部队开抵三合，陡门的自卫团队亦越过北峰山赶到四九大巷，会同三合、四九各乡自卫队，包围县城日军。深夜，日军仓皇逃跑，被驻守红岭的保安团、自卫队截击，日军伤亡惨重，急忙向斗山逃窜。下午4时许，张翘柳部的勇士们发起第三次冲锋，争夺日军驻守的制高点，集中火力向斗山圩内的日军射击，日军伤亡甚众。3月12日，在斗山圩郊展开拉锯战。13日晚，日军从都斛增援，保安团队即进入有利阵地与日军对峙。14日凌晨，保安团冒雨冲入斗山圩内与日军巷战，迫使日军登上电艇逃窜，其中掩护退却的殿后日军30余人全部被歼。14日中午，收复斗山圩。

"三勤"与生产自救

抗日战争爆发后，台山一度沦陷，遭受日本侵略军的蹂躏，加上侨汇中断，连年灾荒，瘟疫流行，人民在水深火热中挣扎。为了克服天灾所导致的困难，中共台山县委提出"要坚持革命，保存力量，积极组织生产自救，以求生存"的号召，动员家庭经济比较富裕的共产党员和侨眷，发扬互助互济精神，借钱借粮给贫苦群众度荒，帮助群众开展生产自救。

1941年至1943年，是抗战以来台山人民最艰难的时期，也是中共台山党组织经受最严峻考验的时期。在这个严峻时刻，原中共恩平县委书记郑锦波于1941年2月调入台山，任县委书记。这期间，县委机关设在附城平岗圩。同年6月至8月，中共南方局连续发出指示：除沦陷区党组织继续照常活动外，国民党统治区的党组织一律暂时停止活动（不是解散党组织），割断与暴露地区党组织的联系，已暴露的干部立即撤往游击区，其余干部应找社会职业做掩护，进行"勤职、勤学、勤交友"的"三勤"活动，继续执行"隐蔽精干，长期埋伏，积蓄力量，以待时机"的十六字方针。

在积极组织生产自救以求生存的时期，中共广海区委书记兼联安党支部书记余经纬发动山潮村（今属三合镇三冈村委会）的贫苦农民建立"耕田会"，集体开荒种植，并租了30多亩地，种植水稻、番薯、甘蔗、花生等作物，开办糖厂和榨油厂，把收获的稻谷和经济作物，一部分用来解决农民生活，一部分用来购买枪械，武装禾更队。田稠小学校长、共产党员阮克鲁和他的妻子，租了浮石公偿一亩多田耕种，以改善一家四口的生活。他们夫妻俩还搞了冬薯示范田，改革施肥办法，使群众种植的冬薯获得丰收，度过春荒。

此后，南坑、鹿坑、莘村、横岗和官窦的党组织，及时推广了山潮和田稠的经验，帮助农民建立了合作社、互助组、互耕队、粉笔厂，发展经济，克服困难。西村乡党支部带领乡自卫大队第四中队，到开平白石塘办了一个"四中农场"，开垦了100多亩旱地，租种40亩水田，这是当时在中共台山党组织领导下开办的最大的农场。农场连年获得丰收，既解决了农民度荒问题，又有积蓄购买枪支弹药。

由于台山党组织上下团结，坚决贯彻党的"隐蔽精干"方针，在全县各地积极开展"三勤"活动和生产自救运动，因而台山党组织能克服重重困难，度过艰苦的岁月，有条不紊地完成各项繁重的任务，迅速稳定台山的政治局面，保存了台山党组织重建以来所积蓄的革命力量，为抗战后期全面开展武装斗争打下了坚实的基础。

抗日武装的建立

一、第三区抗日联防大队的建立

1944 年春夏之间，盘踞江门、新会的日伪军准备集结兵力大举进犯粤中地区，企图西进，配合南下日军打通湘桂线。南番中顺游击区指挥部侦察到这个情况后，决定抽调部分主力挺进粤中，建立粤中抗日游击根据地，并动员群众，组织群众，阻击日伪军西进。1944 年 3 月至 5 月间，南番中顺游击区政治部主任刘田夫到新会礼乐向部队领导干部传达了这一决定，并指示在中山、新会边境活动的泰山大队抽调部分兵力，相机进入台山，抗击日伪。

1944 年 6 月，日寇再次进犯台山，国民党军队闻风而逃，人民遭受空前洗劫。当时，担任台山临时参议会参议员、第三区区长的陈觉生，配合中共台山党组织，顺应人民的要求，派出代表到新会抗日前线，并邀请赵彬率队回台，成立台山第三区抗日联防大队，抗击日寇，同时积极协助台山党组织为部队筹集军饷。

同年 9 月 30 日，在台山地下党的积极配合和台山人民迫切要求抗日的形势下，活跃在中山、新会边境的人民武装泰山大队的一个中队和直属队共 80 多人，挺进台山。在政委李进阶、副大队长林兴华、政治处主任赵彬的率领下，用"台山第三区抗日联防大队"的公开名义做掩护，从新会崖南越过古兜山，进入台山县境，路经莘村，第二天到达浮石，即公开宣布成立台山第三区抗日联防大队，赵彬任大队长。

台山第三区抗日联防大队成立后，地方党组织即给予积极的支持和配合，在莘村、泥冲、浮石、官窦等地动员了数十名进步青年和更夫队队员参加部队，部队很快扩大到100多人，并在冲蒌圩进行短期训练，积极准备反攻台城。

1944年10月11日上午，台山第三区抗日联防大队在新会地方武装赵其休所属两路友军的配合下，率先从南门攻入台城，登上珠峰山东顶，把一面日本太阳旗从台山师范学校的旗杆上扯下来撕烂，升起胜利的旗帜，一举收复了被日伪占领的台城。第三区抗日联防大队入城后，纪律严明，对人民财产秋毫无犯，买卖公平，群众交口称赞。

二、台山人民抗日游击队第四大队的建立

1944年12月下旬，台山第三区抗日联防大队遵照广东中区纵队司令部的指示，从古兜山出发，越过三区、八区平原，抵达大隆洞九逕，并正式宣布成立台山人民抗日游击队第四大队。陈中坚任大队长，李进阶任政委，林兴华任副大队长，赵彬任政治处主任，赵荣任政治处副主任，李如壁、马健为后勤副官。同时扩大了原泰山大队中共党委会，李进阶任书记，委员有陈中坚、赵彬、赵荣、梁文华、李重民（后）。第四大队辖两个中队、一个直属手枪队和一个宣传队。第一中队中队长为陈川，指导员为李安明；第二中队中队长为林兴华（兼），指导员为李德光，副中队长为赵强；直属手枪队队长为周伍，副队长为邝戈；政治宣传队队长为李法。这时，山背、洋田、那章、联安等党组织又动员了一批党员骨干和青年参军，使队伍由100多人增加到近200人。台山人民抗日游击队第四大队成立时，发表《告全县同胞书》，在大隆洞周围农村广为散发、张贴，向全县人民揭露国民党破坏团结抗日，妄图歼灭人民抗日武装的罪行，阐明该队被迫

自卫反击的立场，号召全县人民团结起来，坚决抗战，反对国民党的假抗日、真内战的反动行径。部队所到之处，都受到广大群众的热烈欢迎和拥护。台山人民抗日游击队的建立，是台山人民在共产党的领导下独立自主地进行武装斗争的开端，是台山人民革命斗争史上一个里程碑。

1945 年 1 月，台山人民抗日游击队进入联安山潮活动。国民党广阳守备区指挥部司令李江总想消灭这支人民武装力量，先后调集开平、台山、恩平三县的联防队到联安向该队发起三次进攻，被第四大队击退两次，最后一次双方相持不下，第四大队撤回大隆洞。

三战联安不久，由开平地方党掌握的恩开台长塘洞联防自卫队、尖冈自卫队和白石塘更夫队及当地共产党员等 50 多人，遵照上级的指示，在共产党员李重民、林炳琳、张峰的带领下，携带枪支弹药进入开平东山上燕洞，公开旗帜，宣布成立台开恩长塘洞人民抗日游击队，李重民任队长。不久，游击队便开进大隆洞。

第四大队成立后在大隆洞一带山区活动

1945 年 1 月下旬，台山人民抗日游击队第四大队派李安明、李重民带领台开恩长塘洞人民抗日游击队留在原地进行集训，其余奉命挺进恩平朗底，配合粤中部队主力西进恩平、两阳（阳江、阳春），开辟云雾山抗日游击根据地。行进途中，会同恩平地下党掌握的挂国民党广阳守备区联防自卫队番号的恩平三区联防队（陈光远部），袭击驻恩平的国民党财政部的一个税警营，由于战前侦察不周，战斗失利，突击队队长周伍，战士练木、梁立、伍荣、李来就、白坚武等牺牲。月底，部队开进恩平朗底，袭击了朗底警察所和乡公所，打开粮仓，周济当地贫苦农民。

1945年2月8日，林兴华带领第二中队和恩平陈光远起义部队袭击朗底松柏根村的广平司管区后勤仓库，缴获步枪5支、手榴弹和被服一批。在胜利的归途中，与国民党广阳守备区张伯棠部、恩平冯裕沃部和阳春黄兰香部300余人开往朗底"围剿"第四大队的顽军遭遇，发生激战，陈光远等6人牺牲。随后，顽军向第四大队部驻地发动进攻。撤回朗底的道路已被顽军封锁，林兴华所部与第四大队失去联系，直到春节后撤回开平东山七堡，才与留下集训的原恩开台长塘洞人民抗日游击队会合，在大隆洞一带活动。而陈中坚、赵彬等在朗底游击区抢占了通天龙山头，与敌人展开激烈战斗，在击退敌人多次进攻后，部队趁夜向恩平、阳春边境山区转移。此战，毙伤敌人数十人，第四大队的班长容云，战士董启就、林立、陈康等人牺牲。

三、广东人民抗日解放军第四团的建立和发展

1944年12月，珠江纵队挺进粤中的部队，遵照中共广东省临委的决定，在鹤山的宅梧召开大会，讨论和确定今后的任务，并传达上级的决定——将在粤中的部队改编为广东人民抗日解放军。1945年1月2日发布《广东人民抗日解放军成立通电》。与此同时，宣布所属各抗日游击大队相应改编为团的建制。2月下旬，台山人民抗日游击队第四大队改番号为广东人民抗日解放军第四团，队伍发展到300多人。

不久，国民党反共顽固派调集正规军及地方团队"围剿"中共粤中部队。为粉碎顽军的"围剿"，广东中区司令部决定将部

队分散牵制顽军，其中四团奉命转移回台山大隆洞，与林兴华所部和李安明、李重民所部会合，在大隆洞一带活动。1945 年 3 月 1 日，司令部通知，从四团抽调第二连同恩平原陈光远起义部队合并，扩建成五团。五团成立后，仍与四团一起活动。原则上在台山活动时采用四团番号，在恩平活动时采用五团的番号。

当时，正是青黄不接的时节，山区农民缺粮断炊，生活十分艰苦，部队给养也遇到困难。1945 年 4 月上旬，为了帮助群众克服困难，度过春荒和解决部队的给养，四团、五团在深井青年抗日自卫中队陈中雁部的配合下，攻下深井警察所后，打开了深井粮仓和深井乡乡长陈劲民的万福隆米铺，让群众把全部粮食挑走。广东人民抗日解放军第四团在深井圩内出布告，宣传共产党的抗日主张，揭露国民党假抗日、真内战的罪行，阐明人民军队开展减租减息和保护工商业者的各项政策。第二天，陈中雁等又率领自卫队队员打开了汶村上头的粮仓，把 1 000 多担粮食分给了当地的贫苦农民。

广阳守备区指挥部司令李江闻讯，大为震惊和恼火，即令台山地方反动武装李德、李和部包围深井禾镰坑，烧毁了陈中雁的祖屋，杀害了他的亲属。陈中雁悲愤交加，更看清了国民党的本质，毅然携武器率领部下 28 人，参加四团，被编为一个独立小队。

1945 年 4 月 12 日，李江派部向在牛围山休整的四团、五团"进剿"，企图与台山的吴其伟部、开平的赖其耀部和恩平的冯裕沃部对四团、五团形成合围之势。五团团长陈中坚当机立断，召集全体指战员做了简短的战斗动员后，即与四团团长吴桐率队抢占牛围山高地，利用有利地形，做好了战斗部署。四团、五团指战员镇定沉着，团结战斗，打退了敌人的多次进攻，并看准战机，进行反攻，终于赢得了牛围山战斗的胜利。这一仗，张忠排长负轻伤，毙伤敌副大队长以下 30 多人。

4 月 25 日，四团、五团奉命配合司令部直属干部训练队和第一团、第六团，远道奔袭迁往阳春春湾镇的广东省银行，战斗缴获甚丰。除了解决粤中各部队的给养外，还拨出部分款项给地下党作为活动经费和帮助附近各县的贫苦农民解决生产、生活上的困难。

袭击春湾广东银行不久，四团、五团分开活动，五团留在恩平，四团撤回大隆洞开展政治宣传和军事训练。5月的一天下午，四团在海宴澳村宿营地休息，突然遭国民党李德、李和、吴其伟等部300多人冒雨偷袭。四团奋力还击，突围撤出澳村，翻过陂仔坑山，撤回大隆洞山区休整。

7月，四团一部分在团长吴桐、政委赵彬的率领下，奉命从大隆洞转移到开平金鸡、锦湖一带活动。一部分在政治处主任李德光和李安明、梁文华、周芳、刘南等率领下，以台山人民抗日游击队的名义向台城方向进军，进入一区、二区开展活动，侦察敌情，伺机打击日伪军。但李江派李法尧、李德、李和等部尾随跟踪监视。后来，在中共地下党组织的密切配合下，李德光所部巧妙地甩掉敌人，向大江渡头方向进发。当时，伪军新编第十一师陈雨浓部正驻军在渡头圩。部队根据地下党提供的情报，派刘南、黄耀潜入圩内侦察后，决定由李安明、周芳等率一个排对敌进行夜袭。伪军背水作战，纷纷跳河溃逃。此战中，四团排长黄耀腿部受轻伤。

华侨抗日救亡史实

从 1931 年 9 月至 1945 年 8 月，中国人民同日本侵略者进行了长达十四年的民族解放战争。在抗战期间，全球各地的华侨都不遗余力地为国家捐资捐物。那时，美国华侨有 10 万人左右，仅台山籍华侨就占了 50% 以上。旧金山商会会长、侨领邝炳舜个人捐献 10 万美元的劳军费，又发动救国会捐款。洪门致公堂捐助祖国抗战的款项达 5 400 多万美元，洪门侨领阮本万个人捐献 30 万美元，他又和爱国华侨司徒美堂一起筹款了五年，共募捐到 1 400 万美元。

原籍台山的五邑爱国侨领邝炳舜，抗战期间担任全美洲最大规模的华侨抗日救国会的主席，筹集抗日款项达 500 万美元，掀起了美洲抗日救国的高潮。1931 年 9 月 21 日，远在美国旧金山的邝炳舜和华商朋友得知日本在祖国发动了"九一八事变"，把魔爪伸向东北。当天，邝炳舜等在旧金山中华会馆召开紧急会议，发出 3 份电报，一边呼吁国际联盟主持公道，制止侵略，一边呼吁平息内斗，抵御日寇侵略。9 月 24 日，中华会馆又召开全体大会，成立旧金山华侨抗日救国后援会，领导华侨抗日救国。抗战时期，邝炳舜与华侨们齐心协力，为祖国抗战做出了贡献。1932 年 1 月 28 日，淞沪抗战爆发，邝炳舜在信中写道"十九路军在淞沪抗日，血战月余，其一种为国家民族奋斗之精神，确为我国同胞所敬仰"，并把一块刻有"精神救国"四个大字的金匾赠予抗日将领蔡廷锴，表达对十九路军英勇奋战的敬佩之心。与此同时，邝炳舜还发动华侨朋友共同捐款，筹集6.3万余银圆、1 200余两白银汇给十九路军。1934年4月，当蔡廷锴出访美洲，抵达旧金山时，邝炳舜率当地华侨百余人，登船迎接，表达华侨的爱国之心。1936年，旧金山华侨成立了旧金山华侨抗日救国总会，邝炳舜当选为主席。

1937年"七七事变"爆发后，邝炳舜多次联合中华会馆的华侨朋友召开紧急会议，讨论联合抗战，与台山籍侨领、宁阳总会馆主席黄仁俊等提议成立了旅美华侨抗日统一义捐救国总会（下称"义捐救国总会"），邝炳舜出任主席，设有47个分会，遍布美国、墨西哥及中南美洲大小城市，成为全美洲规模最大的华侨抗日救国会。

1938年，邝炳舜个人捐献10万美元的劳军费。从1941年秋到1945年抗战胜利前夕，邝炳舜不辞辛苦地走遍了美国26个州，行程逾万千米，向广大侨胞宣传抗日救国思想，聆听的侨胞达20多万人次。由于邝炳舜的积极倡导和带头捐献，义捐救国总会成为抗战时期美国最活跃、募捐最多的华侨抗日团体之一。截至1944年7月，该会募集的抗日款项已达500万美元，位列全美之首。

据统计，1937年至1945年，美国华侨捐献的救国款、航空救国券及救国公债共1.323亿美元，居世界各地华侨捐款总额和人均数之首。而其中，有一半以上是台山华侨所捐。除了慰问金、献金等捐款之外，广大华侨还踊跃认购国债。到1941年夏，华侨共购国债达6.82亿元。到1942年，华侨认购国债总额达11亿多元，占国民政府发行公债总额的三分之一。1937年至1945年，全国的侨汇收入为7.5亿美元，而美洲29个国家和地区的侨汇约为5.95亿美元，约占全国侨汇的79%。

　　华侨对战时空军的建设与贡献不可估量。五邑华侨聚居最多的美国，仅航空救国捐款就达 200 万美元。当时纽约和萨克拉门托等地华侨抗日救国会规定，每人每月应捐款 10 ~ 50 美元购买飞机。抗战期间，美国华侨捐款购买的飞机就有 62 架。

　　除了捐款购买飞机，海外华侨还积极组建飞机制造厂。侨领邝炳舜在美国开办"中国飞机厂"，把生产的飞机和机件送回祖国。在国内，台山华侨梅龙安和开平华侨周宝衡、林福如在韶关开办了飞机制造厂。

第八节 日军投降

1945 年 9 月 2 日，在停泊于东京湾的美国军舰"密苏里号"上，举行了日本无条件投降的签字仪式，第二次世界大战宣告结束。中国人民在抗日民族统一战线的指引下，经过十四年的艰苦战斗，终于赢得了抗日战争的胜利。而在台山，日军在公益的胥山中学（今越华中学）签降过程，将载入台山的抗战史。

1945 年 8 月 15 日日本宣布无条件投降后，窜入三埠、公益和川岛的日伪军撤回江门，过着惶惶不可终日的日子。8 月 23 日，台山抗日队伍开入三埠，逮捕汪伪华南军司令骆秀礼和全部伪军军官，遣散伪军士兵。9 月 3 日，台山、开平、恩平、新会县城及各区乡分别举行了盛大集会，欢庆抗战胜利。各地锣鼓喧天，鞭炮齐鸣，醒狮狂舞，一片欢腾。

9 月 24 日，国民党第六十四军一三一师和一五九师进驻四邑，在开平县水口镇设立前进指挥所，以六十四军参谋长陈郁萍为主任，负责处理江会日军投降就俘事宜。盘踞广东的日寇二十三军团司令田中久一，已于 9 月 18 日在广州中山纪念堂签字投降。

六十四军命令侵占江会的日军于 9 月 26 日上午 10 时在台山县公益埠胥山中学向六十四军投降缴械，日军一三〇师团长近藤新八以准备未妥为由请求延期至 9 月 28 日缴械，我方批准。

9 月 28 日上午，六十四军军部派出林连长率领一船武装士兵前往新会县大泽镇，引领日军一三○师团代表赴台山县公益埠胥山中学胥山纪念堂二楼会议室签字投降。中国兵船上高挂国旗在前方引领，日军两艘汽艇挂上白旗在我兵船后 50 米跟进。中午 12 时，日军投降代表、一三○师团参谋长吉村芳次大佐、石川义久中佐、前原幸弘少尉，及翻译黑田、伊藤等 5 人，士兵 20 人，到达公益胥山中学对面河边。在新宁铁路公益铁桥（未完工程）旁边的码头上，站立着一队荷枪实弹的中国士兵。潭江岸边，挤满了来观看日寇可耻下场的台山、开平和新会三县民众。

日军投降代表乘坐的 2 艘汽艇刚靠岸，吉村等人便想上岸，中国士兵立即喝止："不许动！你们一个个站在甲板上，听候传唤！无命令不准离船！"一个个不久前还骄横得不可一世的法西斯强盗，不得不听令低头站立，向被他们欺压的中国民众谢罪。

不久，作战参谋伍镇祥少校威严地命令吉村等人上岸，列队步行去胥山中学。此时，日降官一三○师团参谋长、陆军大佐吉村芳次身穿青铜色的军装，佩长剑短枪，低头缓步而行，中佐石川义久和少尉前原幸弘跟随在后。吉村一行来到胥山纪念堂（为纪念中国古代名将伍子胥而命名）门口，伍少校命令日寇交出武器。吉村蛮不讲理地说："一三○师团尚未签投降书，我们不可以缴械。"伍少校喝令："你们此时只能唯命是从！拒绝缴械者视为顽抗，军法从事！"日军投降代表只好交出武器。

此时，胥山中学二楼会议室上悬挂着两幅标语："公理战胜强权""民主战胜独裁"。正中央的长方形桌子后，六十四军参谋长陈郁萍坐在中间，负责主持签降仪式；右边是敌工科科长刘彰顺上校，左边是翻译李益三上校。日降官步入会场后，鞠躬行礼，陈参谋长示意日方代表就座。

按照中国政府规定的受降程序，应先由中国受降官问日本投降官姓名、部队、职务、军衔、来此执行的任务，审阅投降文件后,再指示日军投降就俘事宜。吉村一进门就迫不及待地抢先发话:"我是日军一三〇师团参谋长吉村芳次大佐,奉师团长近藤新八中将命令,代表他前来接受投降受俘和移交的实施办法,恳请多多指示,俾得回去转报遵办。"由于吉村违反规定的投降程序,因此,陈郁萍没理睬他的话,按规定程序一一发问,在审阅投降文件后再问:"我军发交近藤将军华字第一号训令已完全遵办了吗?"答:"遵办了。""第一号训令规定带呈的各种图表带来了吗?"答:"带来了。"接着,少尉前原幸弘将图表呈上。陈参谋长又问:"本军下达的第二号训令规定江门、新会交接防地事项已准备妥了吗?"答:"已遵照准备。"问:"定于明天(9月29日)开始交接江会防地,你军须切实遵办。"答:"遵办。"问:"本军指挥所成员于日间到达江门,你军到时须派高级联络军官常川驻在指挥所担任联络。"答:"遵办。"问:"关于投降缴械接收细节事宜,如有报告或请示,可在休息室候命时,向我方刘科长及李秘书长提交,现在退席。"答:"是。"在日本降官一一回答后,陈郁萍命令吉村去另一间办公室,听取刘彰顺科长的详细指示。至此江会日军投降仪式结束,从而结束了江会沦陷六年又六个月的屈辱历史。下午5时许,被解除武装的日本降官乘原艇返回江门。

日军一三〇师团长近藤新八因犯有台山三社大屠杀、在开平肢解中国被俘军人等严重罪行,于1946年5月23日在广州被提起公诉。1947年3月27日,广州军事法庭判处近藤新八死刑,在流花桥执行枪决。

为将日军在公益胥山中学签降这一历史事件载入史册,近年来,台山市委、市政府高度重视,在1945年江会日军签降处建起了"越华中学爱国主义教育室""抗日战争江会日军签降纪念展厅",并于2018年4月3日在越华中学的胥山纪念堂举行揭幕仪式。揭幕仪式上，越华中学校长伍建军介绍了抗日战争江会日军签降纪念展厅的建设，原江门市政协文史委员蔡锋先生讲述了有关抗日战争历史及江会日军 1945 年 9 月 28 日在越华中学胥山纪念堂签降的这段历史。江会日军签降处生动地展现了抗战史迹，再现了这段历史中一个个真实感人的故事，让后人可以在这里深切缅怀在抗战中英勇战斗的中华儿女们。整个展览，让侨乡人民铭记历史，以史为鉴，也让下一代的台山人了解历史，更进一步地认识到今天的和平、稳定和幸福生活来之不易，加深了对学生的爱国主义教育，激发每一位同学努力学习、奋力拼搏，争取为实现中华民族伟大复兴的中国梦做出自己应有的贡献。

抗日战争江会日军签降纪念展厅主要通过抗战实物、展板介绍、场景恢复等，立体展示抗战历史，内容包括日军侵华、全民抗战（包括台山人民抗战）、日本投降三大部分，全面展现从日军入侵到日军投降，中国人民取得伟大胜利的历史，时刻提醒人们勿忘国耻、振兴中华。

4

第四章

峥嵘岁月　捷报频传

第一节 抗战胜利后的台山形势

抗战胜利后，台山人民同全国人民一样，渴望建立一个独立、自由和富强的新中国。

1945 年 8 月 29 日至 10 月 10 日，国共两党在重庆举行和平谈判，同意将共产党领导的广东、浙江、皖南、苏南等八个解放区的抗日部队撤退到陇海以北及苏北、皖北等地。10 月 10 日，国共双方签署了《政府与中共代表会谈纪要》，即"双十协定"。但是，蒋介石却背信弃义，彻底撕毁了国共两党签订的"双十协定"，于 1945 年 10 月 13 日，颁发了目的是进攻解放区的"剿匪"密令，命令所属将领"努力进剿，迅速达成任务"。1946 年 6 月，蒋介石下令全力围攻中原解放区，发动了全面内战。

1945 年 10 月下旬，国民党陆军总司令何应钦执行蒋介石的内战方针，在广州召开"粤桂两省绥靖会议"，布置"清乡""剿匪"计划，限期两个月内肃清"奸匪"。并于 22 日调集国民党六十四军一五六师、一五八师，广东省保警第八大队及新兴、恩平、阳江、阳春等县的反动团队共 3 000 多人，围攻恩平朗底，妄图一举消灭集结在那里整训学习的广东人民抗日解放军。

当时，在台山的一些双手沾满人民鲜血的汉奸、特务摇身一变，又同国民党勾结起来，欺压人民。以县长伍仕焜（台山四九人）为代表的台山国民党政府，贯彻执行蒋介石的内战方针，不顾台山人民的死活，加紧进行"三征"（征兵、征粮、征税），横征暴敛，鱼肉乡民；实行联防联剿，联保联坐，派出特务到处窥探游击队和地下党的活动，捕杀共产党员和游击队队员，打击、排斥中间势力；查封进步书店，严禁学生阅读进步书刊；大量收买土匪流氓，扩充台山政警大队，"围剿"游击队；镇压城镇中广大青年学生、工人、知识分子反内战、反独裁的和平民主运动……白色恐怖笼罩着台山大地。

中共广东区委根据当时敌强我弱的形势，曾做过"黑了南方，还有北方，国民党在广东将有一个较长时间稳定的政治，共产党将面临十分困难的斗争局面"的估计，决定"一方面坚持斗争，保存武装，保存干部；一方面做出长期打算，准备将来的合法民主斗争"的工作方针。中共台山党组织坚决执行中共广东区委的这一决定，领导台山人民进行坚持不懈的反内战、反独裁的斗争。

第二节 解放战争时期的台山党组织建设

一、保护已暴露的革命干部

1946 年 6 月，由于国民党向共产党发动全面进攻，强化法西斯特务统治，中共的斗争转入分散、精干、隐蔽、积聚力量，以待革命高潮的到来。中共广东区党委根据当时敌强我弱的形势，做出了"亮了北方，黑了南方"的判断，认为国民党在广东将有一个较长时间的稳定统治，我党将面临十分困难的斗争局面；我党的方针是：要做长期打算，坚持斗争，克服困难，积聚力量，等待时机；我党的组织工作，首先是迅速撤退和调整各地政治上已经暴露的干部，把力量保存下来，重新组织各地新的领导机构。台山县的领导干部，除梅重清、赵彬、赵策等少数同志北撤外，其余大多数政治上已暴露的同志，如梅龙夫、赵育欣、赵向明、曹兴宁等同志，有的撤到香港，有的撤到广州；有的参加工作，有的回到学校读书，有的在粤中各县之间相互调动。这一工作到 1946 年 9 月底完成。这段时间，中共的各级机关非常精干，都不建立党委，实行特派员制，分级单线联系。当时粤中特派员谢永宽、副特派员黄庄平、中共台山特派员黄文康同志保持密切联系，没有因政治环境恶化而受到干扰。经过半年的工作，在贯彻执行中共广东区委的方针等方面取得一定成绩——分为从事公开社会工作和秘密党组织工作两条线，各级干部都实行职业化，对全体党员政治思想上的表现进行初步审查，及时传达上级的指示，联系干部的思想实际，进行革命前途教育，提高党员对坚持斗争、争取胜利的信心，克服部分党员由于部队北撤复员后所面临的困难而产生的悲观失望情绪，收到较好的效果。

二、加强党对部队的统一领导

到了 1947 年，这是恢复武装斗争，贯彻"积极小搞，准备大搞"的方针，从各方面积极做好准备，迎接革命高潮到来的一年。当时的形势是，蒋介石领导的国民党军队向解放区发动全面进攻，表面上来势很猛，暂时占领了解放区一大批城市（包括延安和张家口）和乡村，控制了铁路交通线，取得了暂时的"胜利"。但实际上因此造成其后方空虚，兵力分散，有生力量一批又一批被消灭，因而背上了沉重的包袱，从而很快就被迫停止了全面进攻；不久又在解放区战场上失去主动而变得被动。

由于国民党的黑暗统治，人民革命运动很快在全国各地城乡发展起来。1947 年 2 月，中共中央根据当时的形势，向全党发出"迎接中国革命新高潮"的指示。台山国民党党部书记长刘讯斋、县长伍仕焜等人，加紧与地方反动势力的勾结，千方百计地加强敌伪军、保甲政权的控制，设立"防奸小组"，企图防范我党的活动。在中小学校，强迫教师和青年学生加入"三青团"，进行反动宣传，制造反革命舆论，对共产党及其军队造谣污蔑，为自己涂脂抹粉，欺骗人民。在经济上横征暴敛，敲诈勒索，征粮征税，包烟包赌，贪污舞弊，造成物价飞涨，民不聊生。

国民党的倒行逆施，招致各种社会矛盾激化，人民斗争日益高涨。五邑"剿匪"指挥部成立不到一年，便被迫撤销。台山县县长伍仕焜因田粮舞弊、包庇烟赌、卖官鬻爵被告发撤职，被黄伯轩取代。形势一天天朝着有利于我党的方向发展。这大大鼓舞和增强了党员干部对革命前途的信心。针对上述形势，台山各地党组织贯彻中共广东区委关于恢复武装斗争，放手发动群众，开展反"三征"（征兵、征粮、征税）的斗争，采取公开合法和秘密斗争的方式相结合，在农民、工人、青年学生、妇女、民主党派、中间人士中积极开展工作，发展有生力量，迎接新形势的到来。

从1947年开始，便陆续把从内地撤退到香港的一部分连级、排级和区一级的干部派回各地游击区，如曹兴宁、叶永禄等同志就是1947年上半年回到台南游击区的。其次，随着斗争发展的需要，陆续把复员回乡的战士也动员回到部队。为了加强对部队的领导，使部队工作与地方党的工作密切配合，决定派黄文康同志加强同林兴华、李安明等同志的联系，及时传达中共中央香港分局的指示，加强党对部队工作的领导。台山武工队发展很快，积极领导群众在斗争中锻炼、发展、壮大。1947年3月大迳口伏击战，攻破那扶粮仓，九岗堡跳尾围痛击台警第二大队第六中队……捷报频传。

这一年台山地方党组织的工作，着重于巩固和整顿党组织，并在巩固的基础上稳步发展。整顿工作的主要内容是在党员中采取小整风的形式，提高政治思想觉悟，增强党性。为了加强领导和工作上及时互相配合，1947年春，曾成立台开赤中心县委，班子成员有黄文康、王永祥、李俊洁、周健明，主要由黄文康同志负责；同时，为了加强对台山工作的领导，将李俊洁从开平调来台山，负责台南和赤溪县党的组织工作。周健明在台北，负责一区、二区、四区的工作，开平的工作主要由王永祥同志负责。

这一年里，党对农民、工人、青年学生、中小学教师加强了政治思想工作，对各阶层人士加强了统一战线工作，对国民党内部加强了政治攻势和分化瓦解工作。一切工作都在为迎接解放战争的新高潮而努力开展。

三、成立广东人民解放军台开赤总队

1948 年是全国解放战争取得重大胜利，革命高潮迅猛发展的一年。经过一年半的作战，人民解放军粉碎了国民党军队的进攻，转入全面反攻的阶段，战争形势发生了根本变化。根据中央的指示，中共中央香港分局发出"粉碎蒋宋进攻计划，迎接大军南下，解放华南"的指示，讨论在军事上实行"普遍发展，大胆放手""大搞武装斗争"的方针。1948 年 2 月，在香港召开了广东各地区领导干部会议。回来后除向各级党的领导干部传达外，还到大隆洞召开部队领导干部会议，进行传达和动员。其时，滨海地区游击队人数已发展到 100 多人，地方党组织也有了新的发展，在台北的台城、附城、五十、公益、水步、岭背、新昌、荻海、密冲、三八，台南的莘村、古逻、都斛、浮石、横岗、丰江、斗山、六村、南村、其乐，赤溪的田头，以及八区的广海、海口、西墩、山背、那章、洋田等地都建立了据点，成立了党小组或党支部，群众工作基础也大大增强了。

为了适应形势的需要，1948 年 4 月，在滨海地区扩大台开赤中心县委，并成立广东人民解放军台开赤总队，由黄文康任中心县委书记和总队政委，林兴华任中心县委委员、总队长，委员有李俊洁、周健明等，委员赵向明任政治处主任。这样，党和部队有了组织上统一的领导。

1948 年，在台开赤中心县委的统一领导下，台山各方面工作都有了很大的进展。年底，在台开赤中心县委的领导下，分别成立台南县工委，曹兴宁任书记；恩阳台县工委，赵向明任书记；台新赤县工委，李安明任书记；恩开台县工委，李重民任书记；台北县工委，李俊洁任书记，从而统一了各地党政军的领导。

在各级党组织的领导下，武工队在游击区普遍组织了农会，

依靠贫雇农，团结中农，开展"二五"减租运动，开仓济贫，团结进步力量，争取地方上层中间势力，孤立和打击地主、土豪、恶霸，支持民盟和其他民主党派的发展，吸收民盟中进步分子黄仁达入党，并部署和支持他当三青团干事长和国民党副书记职务，为党和军队提供各方面情报，从而有效地配合地下党的斗争和游击根据地的发展。

1949 年，是解放战争胜利的一年。在经过辽沈、淮海、平津三大战役后，国民党军队的主力已基本被消灭。1949 年元旦，毛主席为新华社写了《将革命进行到底》的新年献词，向全国人民提出了 1949 年彻底打败蒋介石，成立中华人民共和国的任务。4月 21 日，毛泽东、朱德共同发布《向全国进军的命令》，人民解放军横渡长江，解放了南京，广东蒋宋的统治也摇摇欲坠。广东人民解放军台开赤总队在斗争中迅速壮大发展。原由我地下党掌控的都斛联防队和获海乡自卫队分别于 1949 年 4 月和 6 月在队长李保罗和乡长余和俊的率领下宣布起义。10 月，台城解放前夕，原与我党有联系的伪县保安队一个中队在中队长陈沛英的带领下宣布起义。

四、台开赤总队改为滨海总队

1949 年 4 月，滨海地工委成立，谢永宽任书记，黄文康、林兴华、罗明为委员。与此同时，台开赤总队改为滨海总队，林兴华任总队长，谢永宽任政委，黄文康任副政委，罗明任政治处主任。5 月 25 日，台山县人民政府在深井圩宣告成立，谢永宽任县长，李贯之、邝炳衡任副县长。此后，在台山县范围内向国民党军展开全面进攻，在军事上不断打击敌人，歼灭敌人的有生力量，收缴各地地主反动武装，壮大我方力量，把斗争锋芒指向国民党统治中心——台城，并不断向国民党县、区、乡政权展开强大的政治攻势。

与此同时，将中共中央、人民解放军的重大文告如《将革命进行到底》《中共中央毛主席关于时局的声明》《向全国进军的命令》《中国人民解放军布告》等广为印发，邮寄给国民党政军主要人员，并贴到台城的伪政府门前和布告处。又以滨海总队和台山县人民政府的名义给国民党政军人员写信，约法三章，让他们停止作恶，向人民投降和准备和平移交。这些政治攻势收到显著的效果。

第三节 为争取和平民主而斗争

一、滨海大队的成立

1945 年 9 月 3 日，广东人民抗日解放军第一、二、四团集中于恩平朗底圩庆祝抗战胜利，接着在朗底进行整训。10 月 22 日，国民党六十四军一五六师、一五八师及地方反动武装共 3 000 多人，围攻恩平朗底，妄图一举消灭广东人民抗日解放军。四团从朗底突围后，撤回台山。一部分由赵彬、李龙英率领，回到台山三区的官窦、浮石、莘村、泥冲、古兜山一带活动；另一部分约七八十人，由吴桐、李德光、黄国明、林兴华等带领，在禾镰坑、九岗堡、大隆洞一带活动。

1946 年 2 月，广东人民抗日解放军政治部秘书郑锦波到禾镰坑向吴桐、李德光、林兴华等传达上级指示，把原四团留下的部分武装人员组织起来，成立滨海大队，就地坚持自卫武装斗争，吴桐任大队长，郑锦波任政委，林兴华任副大队长，李德光任副政委。同时成立中共滨海大队党委，郑锦波任书记，委员为吴桐、李德光、林兴华。

四团撤回台山初期，给养接应不上，处境十分困难。面对这种情况，四团一方面加强对战士进行形势教育，坚定长期斗争的信心和决心，大量印发传单，向群众揭露蒋介石假和平、真内战的阴谋，争取群众的同情和支持；一方面把部队化整为零，隐蔽在根据地群众之中，与群众一起耕田，上山砍柴烧炭，下海捉鱼，煮盐度日，求得生存和发展。与此同时，四团还在台山、开平边界领导群众打击敌人帮凶，惩办反动分子。1946年初，四团到开平赤水尖岗村抄了向国民党告密的地主张椿英的家。接着，又在开平茅坪枪毙了冒充游击队打家劫舍的土匪谭仁（原游击队队员，后逃跑当土匪），消除了群众对游击队的误解。1946年5月7日，陈全、朱开等奉命袭击了那扶警察所，缴获长枪10多支，俘虏警察多人，惩罚了杀害游击队队员的罪魁祸首陈德彪。

1946年4月，台山滨海大队根据中共广东区委的决定实行部分骨干随东江纵队北撤，留下少数精干队伍分散活动，坚持斗争。其中由林兴华带领30多人，转到涠洲岛，开展海上游击活动。

1946年6月，全面内战爆发。年底，中共广东区委做出恢复广东武装斗争的决定，并指出不违反长远打算，实行"小搞"，准备"大搞"的方针。是时，留在台山坚持武装斗争的队员在当地党组织的领导下，在各地组织武工队（组），分散活动，开展武装斗争。

1947年3月16日，林兴华带队在汶村大迳口伏击了国民党台山当局派驻汶村、深井的台警第四中队和第六中队，这是滨海地区恢复公开武装斗争实行"小搞"的第一仗。同时，游击队、武工队还组织群众成立民兵组织和农会组织，领导群众开展反"三征"和减租减息斗争。

1947年10月10日，为适应公开武装斗争深入发展的需要，经上级批准，台山人民解放军在十区泗门村宣告成立，由林兴华负责军事指挥，李安明负责政治工作，同时发表宣言《告台山同胞书》。12月4日，台山人民解放军根据上级要求和形势发展的需要，打开那扶、小江、汶村等地的粮仓，领导农民进行"开仓济贫"斗争。12 月 7 日，在跳尾围击溃前来台南地区妄图镇压"开仓济贫"的台警第二大队第六中队。1947 年 12 月下旬，国民党二十六师师长余程万率兵 1 600 多人，从海、陆分四路"围剿"大隆洞游击区，台山人民解放军即与之展开周旋，余程万的"扫荡"最终落空。

1948 年始，解放战争的形势发生了根本变化，中国人民解放军已从内线作战转到外线作战。3 月中旬，中区特派员谢永宽从中共中央香港分局开会回来，在大隆洞召开了地方和部队干部扩大会议，做出了大搞武装斗争的指示。4 月，经请示中区地委批准，台山人民解放军在大隆洞宣布改编为广东人民解放军台开赤总队，林兴华任总队长，黄文康任政委，赵向明任政治处主任。总队成立后，即在各地发动群众成立农会，组织民兵，开展反"三征"和减租减息斗争，并打击地方反动势力，歼灭海宴联防中队，袭击陡门联防队，伏击容冠文地主武装，枪毙宴东反动乡长李克、石榴坑村反动保长陈沛宗和莘村恶霸李殷普等一批地方反动头面人物。与此同时，建立了一批"两面政权"。1948 年，是粤中地区大搞武装斗争的一年，也是"扫荡"与反"扫荡"残酷斗争的一年。这一年中，台开赤和各地武工队在反"扫荡"斗争中，同国民党军队和地方反动武装进行过 40 多次大小战斗，毙敌 27 人，伤敌 40 多人，俘敌 100 多人，缴获枪支、弹药一批。游击队牺牲 6 人，伤 8 人，被俘 6 人。

1949 年 1 月 4 日，在中国革命即将取得全国胜利的形势下，滨海地工委在台开边南安村召开滨海地区第一次干部扩大会议，地工委书记黄文康做了《半年来工作总结》和《为迎接胜利而斗争》的报告。会议期间，中共粤中分委常委谢创做了《目前时局》的报告，传达粤中分委关于调整滨海地工委和广东人民解放军台开赤总队改编为粤中人民解放军滨海总队的决定，宣布林兴华任总队长，谢永宽为政委，黄文康为副政委，罗明为政治处主任。总队下辖台新赤独立大队（东海队）、台南独立大队（南海队）、恩开台独立大队（渤海大队）、恩阳台独立大队（黄海大队）、台北独立大队（北海大队）、护航大队（海上独立大队）六个大队。这时，滨海总队武装斗争的范围，以滨海的台山为中心，东至新会崖西、崖南，北到潭江河畔，西到阳东、恩平，南到上川岛、下川岛，活动范围越来越大。

黄海大队排以上干部合影

总队成立后，根据上级的指示，坚决执行中共中央华南分局关于各地人民武装开展春季攻势的指示，放手发动群众，向国民党驻军和地方反动团队发动全面军事进攻，狠狠打击残敌，拔除反动武装据点，扩大解放区。1949年5月下旬，粤中人民解放军独立第一团进入台山，在滨海总队的协同下，对国民党驻军和地方反动武装展开强有力的政治攻势和军事进攻，在一个多月的时间里，横扫了台南各地的反动武装和区乡政权，先后解放了九区、十区全境。5月24日，台山县人民政府在深井圩宣告成立，中共粤中分委委派谢永宽任县长，李贯之、邝炳衡任副县长。

1949 年 6 月，滨海总队机关和主力部队用 20 多天时间，组织全体指战员学习中共七届二中全会决议和毛泽东的《评西北大捷兼论解放区的新式整军》等有关问题的论述，开展以连队为单位的"三查三整"（查阶级、查工作、查斗志；整顿思想、整顿作风、整顿纪律）运动，以此提高全体指战员的阶级觉悟和组织纪律性。

1949 年 7 月，经中共中央批准，撤销中共粤中分委和粤中军分委，成立中共粤中临时区党委和中国人民解放军粤中纵队。根据原粤中分委和粤中军分委的指示，粤中人民解放军滨海总队的番号改为中国人民解放军粤中纵队滨海总队，领导成员及其职务不变。

1949 年 7 月下旬，为配合南下大军彻底消灭国民党残部，滨海总队由内线作战转到外线作战，出动 500 多个兵力，对国民党广海驻军派往岔路口的护路队进行第二次伏击，这是解放战争时期滨海总队在滨海地区进行的规模最大的一次战斗。8 月，国民党广东省保二师方日英部、第十清剿区郑瑞龄部共 500 多人，连同台山保安营、番顺联防总队李福部、中新联防总队梁渭祥部共 2 000 多人，在李江的统一指挥下，分别向台南和台新赤地区进行新的"扫荡"。这是国民党军队在台山境内进行的最后一次"扫荡"。他们企图扫清后撤的道路，准备在南下大军解放粤中时，夺路渡海南逃。当时，深井、海宴、上川岛、下川岛等地军民英勇反击，使敌人的阴谋终未得逞。

1949 年 9 月，南下大军进入广东。10 月 22 日，中国人民解放军第二野战军十五军五十三师一二八团在团长范金标的率领下，从开平水口渡过潭江，直达台山境内。南下大军在滨海总队和各地武工队的配合下，彻底扫清残留在台山的国民党驻军和反动团队。10 月 24 日，滨海总队 1 500 多人，在总队长林兴华、政委谢永宽的率领下进入台城。进城后，即宣布成立台山县军事管制委员会，全面接管政权。上级任命谢永宽为主任，林兴华为副主任。台山县人民政府即发出第96号布告，要求肃清残敌，建立革命新秩序，为建设民主繁荣的新台山而奋斗。

二、北撤复员、隐蔽精干

1946年4月中旬，中共中区特委副书记刘田夫从香港回到特委所在地台山新昌，向特委成员传达了中共广东区委召开的北撤会议精神，布置各地做好县团级干部随东江纵队北撤到山东烟台、其他干部调整和战士复员的准备工作。中共台山县委根据中共中区特委的布置，逐级向党员传达，并研究制定了干部撤退调整计划。这项工作实际上从1945年11月起，台山已着手进行了，原四团政委赵彬就是在这个时候调往新鹤县委任武装部长的（后在新会参加北撤）。1946年2月，台山县委书记黄文康调任新鹤县委书记，关山、郑铮、郑鲁秀等同时由外县调来台山，组成新县委，关山任县委书记，郑宏璋任组织部长，郑铮任宣传部长，郑鲁秀任妇女部长。1946年春夏间，台山党组织通过上层的关系，派麦克、朱美匀到台山妇女会任干事和职员，派邝炳衡到县府任督学兼任广大附中事务主任，利用公开身份，开展内线秘密工作。同年5月，台山县委的关山、郑宏璋、郑铮，和李进阶（原四团、五团政治督导员）、林凤、赵策、赵强、张峰，及滨海大队政委郑锦波调离台山并随东江纵队北撤山东烟台，县委委员郑鲁秀也调离台山。其余政治上已暴露的党员赵向明、赵育欣、曹兴宁、陈达时、赵式健、赵辉、赵启良、伍小英、余莲、伍庭爵等20多人，有的撤退到香港，有的撤到广州继续读书或从事社会其他职业，还有部分党员调到邻县或在本县调整，变换工作地方。这项工作直到 1946 年 9 月底才完成。北撤后留在中区各地坚持自卫武装斗争的 100 多人，由吴桐负责对他们进行军事指挥，李德光负责政治工作。

当时由于中区各县委和部队转移、北撤的干部大多数要经过三埠再转往香港或其他地方，接送任务非常繁重。为了确保这些干部安全撤退，中共中区特委决定把敦思乡作为干部北撤、转移的"临时接待站"。特委和部队领导人罗范群、谢立全、刘田夫、谢创等也秘密转移到这里，加强对这一工作的领导。中共台山县委布置该乡乡长、共产党员余和俊利用"白皮红心"政权做掩护，积极筹措经费，发动党员和群众做好掩护和接送工作。到 1946 年 6 月，敦思乡党支部安全接送中区各县委和部队转移、北撤干部共 260 多人，出色地完成了特委和县委交给的任务。

三、和平民主运动的兴起

1946 年初，滨海大队副政委李德光在海宴英甲小学隐蔽期间，将以教师为职业隐蔽在舜河、英甲、坑头、小担、春海、启明、东海等小学的共产党员李法、邝夏莲、陈肇汉、曹兴宁、陈衡、赵松生、雷伯豪、赵岳明、黄雄、赵平、徐亿吾、司徒克夫等组织起来，成立海宴特别支部，李法任支部书记，委员有邝夏莲、陈肇汉、曹兴宁。这个支部的联络、集中地点定在英甲小学。李德光在这里编写《大众呼声》小报和各种革命传单，寄给中区各县和台山各地，向群众宣传共产党的和平民主建国主张，揭露国民党假民主真独裁、假和平真内战的阴谋，推动各地和平民主运动的开展。

海宴特别支部成立不久，即通过各校的党员，团结串联全区小学教师，成立海宴教师联谊会，会员有 160 多人。海宴特别支部以学校为单位，以党员为核心，组织教师学习《华商报》《正报》《群众》等进步报刊，并结合形势进行讨论，提高教师对当前形势的认识。为了推动全区和平民主运动的开展，1946 年 5 月 1 日，海宴特别支部动员英甲、舜河、坑头、公德、东海等 20 多所小学 4 000 多名师生，汇集在海宴街广场，举行声势浩大的反内战集会。会上有 10 多名教师慷慨陈词，强烈谴责国民党反动派破坏和平、发动内战的罪行。会后，师生队伍高举反内战横幅，手拿标语旗，涌上街头游行，沿途高呼"反内战，要和平"的口号。这次教育界和平民主集会游行，震动了海宴各界人士。

同年 6 月初，中共台山特派员黄文康根据中区特派员谢创的指示，通过台中党组织负责人赵辉等发动全校师生员工一起罢课、上街游行示威，要求和平，反对内战，声援昆明学生爱国民主运动，推动了台山学生爱国民主运动的开展。接着，广大附中、越华中学等校师生也积极响应，进行罢课游行。四乡各地中共组织则通过青年社、读书会、民众夜校等形式，在群众中开展反内战、要和平的宣传活动。

同年 7 月，原开平一中进步教师，中国民主同盟和中国农工民主党六邑分部主任委员黄仁达，因"宣传赤化"被校方解聘后回台中任教。随后，民盟和农工民主党成员、共产党员陈历和周洁明，也从开平一中转移到台山，分别在育英中学任教和在台中读书。9 月，成立了中国民主同盟和中国农工民主党台山支部，主任委员为黄仁达，成员有陈历、周洁明、谭锡润。中共台山党组织得悉这一情况后，即指定台北党组织联系人周健明、谭树棠负责与他们联系，以党的路线、方针、政策对他们的工作进行指导和帮助。不久，台山民盟和农工民主党在中共台北党组织的指导、帮助下团结了一批进步教师，以演戏和印发传单的形式，进行反内战、要和平的宣传活动。11 月，民盟和农工民主党组织部分进步教师排练大型话剧《春雷》，参加育英中学校庆演出；12 月，又应台中、台师、女师三校《奔涛》文艺社的邀请，在台城太平戏院演出，为其筹募经费。这场话剧的演出，不但向群众宣传了进步思想，激发了群众的革命热情，而且团结了更多中小学进步教师，密切了与学校的关系，扩大了社会影响力。

中共台山党组织指导民盟组织抓住一切有利时机，进行公开的、合法的斗争。1946 年冬，他们针对当时国民党台山当局拖发教师工资事件，发动台中、台师、女师三校教师开展索薪斗争。三校 100 多名教师一起到县府请愿，要求县长伍仕焜出面答话，说清拖欠工钱的理由。由于事出突然，伍仕焜毫无思想准备，一筹莫展，只有答应一次性如数补发，以后每月照常发放。斗争取得了胜利。

四、台山人民解放军的成立

1947 年恢复公开武装斗争之后，武工队除了在各地发动农民成立农会，组织民兵打击敌人外，还动员农民群众参加游击队，使游击队迅速壮大。到 10 月，游击队发展到 80 多人，其中百分之三十是从反"三征"和"二五"减租减息斗争中涌现出来的农民积极分子。

为适应公开武装斗争深入发展的需要，经上级批准，台山人民解放军于 1947 年 10 月 10 日在十四区泗门村宣告成立，由林兴华负责军事指挥，李安明负责政治工作。成立时发表宣言和《告台山同胞书》，揭露国民党发动内战、祸国殃民的罪行，号召各界人士与解放军团结合作，打倒蒋介石，建立新中国。

台山人民解放军成立不久，在那扶牛栏江村建立直属基干队，作为开展武装斗争的主力队，陈侠彬任队长，马德里任指导员。基干队分为三个战斗班和一个手枪班。为了加强党组织在连队的核心领导作用，基干队成立的同时建立了党支部，马德里任支部书记。基干队党支部成立时，黄文康亲自给党员和建党对象上党课，组织大家学习中共七届二中全会报告，并结合实际，向党员提出要过好"五关"（家庭关、金钱关、生死关、美人关、地位关），强调共产党员无论何时何地都要起模范先锋作用，做到吃苦在前，享受在后，冲锋在前，退却在后。通过党课教育，每个党员都明确了自己的职责和任务，提高了政治素质。

第四节 恢复公开的武装斗争

一、"二五"减租减息

内战全面爆发后，国民党加紧了在农村的"三征"（征兵、征粮、征税），加上地主的剥削和"二路地主"的抽剥，农民的负担日益加重。特别是台山第九区和第十区一带的农民，他们绝大部分租种地主、富农的田地，一般每造交租谷超过收获的大半（六七成），还得交上期谷（交明年头造的租谷）；灾年也不得少交一粒。地主阶级除了收租剥削农民外，还以种种花样剥削农民，如大秤入小秤出，大斗入小斗出，各种手段屡见不鲜。农民向地主批田耕时，还得先交"笔金""请餐"。地主每造来看禾势或收租时，要付给地主"鞋金"和"付谷"。农民每年还得替地主白白喂养十个月猪仔——"养租猪"，遇上地主家有什么红白事要送钱送物——"尽物"，逢年过节要向地主送鸡送鹅——"孝敬鸡"，有时无偿替地主打柴、磨米等。诸如此类的盘剥花样不下十种。"二路地主"则乘着凶年饥岁，放高利贷，甚至向农民收取"搭声钱"——农民想种某地主（或公偿）的田，问一声"值理"能否租耕，"值理"答应一声，到年尾就要白送他6担谷。就这样，农民租种地主的地，一年到头，辛辛苦苦，所获无几，甚至"挂起禾镰无米煮"。然而，国民党为打内战所需，不顾农民死活，强征粮税，强拉壮丁或勒索壮丁费。国民党和地主阶级的重重盘剥，使农民如牛负重，苦不堪言。

哪里有压迫，哪里就有反抗。1946 年春荒，寨门附近一带的农民，曾根据国民政府公布的法令，向县政府请求饬令地主实行"二五"减租（减少百分之二十五的租谷）。但是，代表地主阶级利益的国民党政府，批文却是这样的："那还是报纸上的宣传，真正公事未到，你们等着吧。"农民大失所望。同年，九区、十区的海宴、大担、深井一带，经过春荒后，晚造又失收，农民缺粮，加上纸币贬值，粮价猛涨，地主商贩囤积居奇，农民无粮可借，于是串联起来，要求地主减租百分之三四十。地主知道农民本身无组织，无斗争经验，斗争不会坚持下去，索性不予理睬。农民这种自发行动，既无组织，又无领导，更无武装做后盾，过不了多久，人心动摇，减租斗争失败了。

经过一段时间，农民吸取教训，希望有人带头成立农会，组织起来，与地主阶级做斗争。

1946 年 12 月，中共广东区委根据中央的指示及广东当时的实际情况，做出恢复广东武装斗争的决定，并指出不违反长远打算，实行"小搞"，准备"大搞"的方针，号召各地重新开展游击战争。原来北撤留下的武装队伍，组织游击队、武工队，分散活动，发动群众，领导农民进行反"三征"和减租减息斗争。

在台山南部地区，经过武工队的深入宣传教育，农民群众觉悟提高很快，蕴藏在农民群众中的巨大革命力量爆发出来了。

1947 年 2 月 17 日，九岗堡农会发动了跳尾、头渡水、斗园、木头厂、鹅斗等村的农民 400 多人，由农会会长林十七带领，浩浩荡荡地向汶村鱼地圩祥盛号杂货店进发，向大地主陈长威（绰号虎仔威）取回"二五"减租谷。陈中福、陈新洪等几个游击队队员化装成农民，挑着谷箩夹杂在农民队伍里。有游击队撑腰，农民更有底气了。当队伍经过五乡时，那里的农民也纷纷挑起谷箩，加入要求减租的队伍中。

这天适逢鱼地圩日，趁圩的群众很多，当群众知道这支九岗堡的农民队伍是来向地主取回"二五"减租谷的，都围拢过来看热闹。农民队伍直抵祥盛号杂货店门口。农会会长林十七要求陈长威出来答话。但陈长威早几天去了阳江，只有他侄子出来应付。陈长威的侄子借口说陈长威不在，没法做主退谷。这时，林十七担挑一甩，高声说："地主推三推四怎么办？"农民们义愤填膺，齐声喝道："他要是耍赖，就给他点厉害的尝尝！"陈长威的侄子见群情激愤，不得不将囤积在店中的90多担稻谷交了出来。农民们见交出来的稻谷与应退稻谷数量相差太大，不肯离去。陈长威的侄子见众怒难犯，答应以后以钱代谷退给农民。农民们怕赖账，派出代表，要乡长保证监督地主继续减租，才挑着稻谷高高兴兴地回去。过了几天，陈长威从阳江回来后，见大势已去，只有以钱代谷，把跳尾围应退的250多担减租谷退给农民。这次减租斗争取得了胜利，打响了减租减息的第一炮，大长了革命农民的志气，大灭地主富农的威风，震动了台南地区，震悚了台山的反动团队和地主阶级。

此后，不少地方的农民纷纷要求游击队帮助他们组织农会，向地主取回"二五"减租谷。台山游击队因势利导，以"广东人民抗日解放军第四团复员人员武装自卫队"的名义张贴布告，限令地主将二成五租谷退给农民，公开支持农民开展"二五"减租。

经过"二五"减租斗争，农民生活有了改善，农民的革命积极性调动起来了，农民更加拥护共产党和游击队。这为巩固老区和开辟新区，更好地组织民兵，成立农会和扩大武装斗争队伍，打下了良好的群众基础。

二、反"三征"斗争

1946 年下半年起，随着内战规模的不断扩大，国民党内部出现兵员不足、财政开支日益困难等严重问题。国民政府便不断加强对人民的残酷压榨，加紧"三征"，并规定以这项工作有无成绩作为各县考核的标准。国民党台山当局为了完成"三征"上缴任务，不顾人民的死活，强迫农民限时、限额、限量完成，实行武装抓丁、征粮、征税，弄得农民苦不堪言。农民对国民党的种种苛捐杂税政策甚为不满，恨之入骨。

1947 年春，台山党组织根据中共广东区委的指示，通过多种活动形式，向群众揭露国民党加紧"三征"、发动内战的罪恶和阴谋，积极领导群众开展以反"三征"为中心的斗争。

当时，县长伍仕焜准备扩建"台山自卫大队"以对付游击队，下令各乡强征军饷。敦思乡乡长、共产党员余和俊接到通知后置之不理，并根据中共台开赤中心县委书记黄文康的指示进行合法斗争。他召集该乡保长、甲长开会，研究对策，决定在县府派人来催讨时，采取层层推卸责任的办法实行抵制。余和俊的这个做法，激怒了当时台山自卫大队中队长麦华进，麦华进向伍仕焜报说敦思乡欠粮最多。于是，伍仕焜下手令让麦华进扣留余和俊。后来族中 10 多位头面人物到县府请愿保释，伍仕焜只好下令放人。

余和俊出狱后根据黄文康的指示，请律师写了状词，以"快邮代电"的形式，分别寄给省长、专员和一些报社，控诉麦华进无理拘捕公务人员，妨碍公务人员人身自由和包庇烟赌等罪行，借此打击其反动气焰。伍仕焜知道这个情况后，即派一位民政科长到荻海，企图通过请客送礼劝说余和俊不要上诉，但遭余和俊坚决拒绝。不久，国民党地方法院刑庭判处麦华进五个月有期徒刑。随后，伍仕焜下令取消了这项军饷征收措施，扩建台山自卫大队的计划也不了了之。

1947年，台南地区声势浩大的"二五"减租、开仓济贫和反"三征"的斗争，由于余程万的"扫荡"和一些地主的反攻倒算而一度遭受挫折，一些农会和民兵组织遭到不同程度的摧残和破坏。1948年春，余程万的"扫荡"宣告失败后，各地农会、妇女会、民兵组织得到迅速恢复和发展，农会运动又蓬勃开展起来。1948年下半年，台南地区成立了102个农会，会员有14 000多人；有50个妇女会，会员有2 000多人；有民兵5 000多人。联安地区，除原有的山潮农会和山潮、龙岗的民兵组织外，又建立了龙岗、横岗、挨象、大朗、大潭、小塘、虎山村等农会和横岗、大朗民兵组织。台新赤区的南村、丰江、白石、东坑、莘村、下莘村、银塘、古逻、园美、泥冲、坦塘、圆山头、义城、大纲、沙岗、纲山、西墩、莲塘、水边、横岗、浮石、福场、六村、官窦、西海、磨刀水和赤溪的蓝屋、曾屋、月湾、公平等村，也普遍成立了农会、妇女会和民兵组织。台新赤区共有民兵1 300多人。

1948年初，海宴、山背、洋田等地党组织根据上级的指示，通过贴布告、散传单、画漫画、出墙报或召开群众大会等形式，向群众宣传反"三征"的意义，揭露国民党加紧"三征"的罪行。1948年5月1日，台南武工队动员启明、春海、文达、公德等20多所小学5 000多名师生和各乡群众到海宴街参加反"三征"大会，在九区掀起了群众性反"三征"热潮。与此同时，台南地区各级党组织、农会动员群众采取逃征、拖交、少交或拒交的办法抵制国民党的"三征"；浮石、那井等地区武工队和民兵在一些交通要道袭击国民党的武装催征队，打击武装收租势力；有些地方党组织对那些为虎作伥、鱼肉百姓的反动乡长、保长、甲长和税警人员"约法三章"，不准他们为非作歹，违者严惩不贷。"三征"工作难于开展，国民党在这些地方征不到兵，征不到粮，收不到税。到后来，还有 20 多位乡长、保长因为办理"三征"不力而被国民党台山当局撤职或拘留。

三、海上战斗

1946 年上半年，台山滨海大队根据中共广东区委的决定，实行部分骨干随东江纵队北撤，留下少数精干队伍分散活动，坚持斗争。7 月，国民党台山当局派出了政警部队进驻深井、大隆洞等地，刺探游击队活动情况，同时发布悬红通缉，逮捕游击队队员，强迫复员人员自新，迫害游击队队员的家属，对游击区进行"扫荡""围剿"。滨海大队为了保存武装力量，使群众免受损失，根据上级指示，召回隐蔽在附近农村的 30 多名游击队队员重新拿起武器。这些游击队队员在林兴华的带领下，撤离禾镰坑，转移到漭洲岛，开展海上游击活动。

漭洲岛是台山西南海面上的一个小岛，东与下川岛相望，西与南鹏岛相邻，是香港、澳门、广州与阳江、水东、湛江、海口之间轮船往来的必经之地。海匪林贵仔（林贤贵）、陈章玺等经常出没此间，拦劫商旅，敲诈渔民，无恶不作，把漭洲海面一带搅得很不安宁。滨海大队决定以漭洲为落脚点，进行海面巡逻，打击海匪，保护商旅来往和渔民生产安全。

1946 年 9 月中旬，陈中雁率队驾船出海，俘获了国民党一艘名为"海兴号"的缉私舰。半个月后，又先后俘获国民党"海通号"缉私舰，并截获两艘海南行署机轮。经过几次战斗，共缴获敌人轻机枪 2 挺、长枪 30 多支、手榴弹 3 箱及其他弹药及物资一批，用于加强部队的配备，提高了部队的战斗力。这几次战斗有力地打击了国民党官僚资本家在海上的走私活动和海匪的猖獗行劫活动，维护了渔民生产秩序，保护了商旅航行安全，深得群众的拥护。这时，中共广东区委军事小组调东江纵队水上大队林文虎来台山，任滨海大队副大队长，负责海上战斗的指挥。

10月13日，国民党广州行营主任张发奎调集海、陆、空三军和地方民团，严密封锁潖洲岛周围海面，妄图采取"步步为营，紧缩包围"的堡垒战术，一举把海上游击队歼灭在烟波浩渺的南海之中。据《老林遗记》记载，张发奎在"围剿"之前，先从广州派出两架飞机进行侦察，然后由广州、海南、湛江调集了8艘炮艇和"美珍号"巡逻艇，从南北向上川岛、下川岛及潖洲岛形成合围之势，还在湛江至中山沿海动员了所有的军队截击，重点把守阳江、台山的海岸线，并偷运两个台警大队往上川岛、下川岛埋伏，企图"张网以待"。滨海大队发现敌机在上空侦察，又得到副大队长林文虎从广海送来的情报，立即制订反"围剿"的行动计划，谁知由于某队员驾着火轮自由行动消耗了燃料，我军被迫靠岸往下川芙湾购柴油，而被敌人发觉、包围，不能及时冲出敌人的合围圈返回大陆，情况十分危急。

敌人的"美珍号"巡逻艇和一艘登陆艇发现我军之后，立即炮击我军停泊的芙湾，但当其来到芙湾口时，即遭到我军的突然反击，狼狈龟缩回去，不敢再前进一步，眼巴巴地看着"中兴号"舰及其他船只被炸沉，只有哀号。

傍晚我军开始突围。陈中雁、朱开带着苏杏棠等几个人先做侦察，找到船只，分头在上川岛登岸，后至下川北风湾。北风湾一户人家的老者向我军问明来历后，帮忙掩藏好船只，拿出仅有的几斤米和番薯，给我军做饭，并向我们报告附近敌情，嘱咐我们小心应对，以防不测。

日落西山，我军正准备挂帆突围的时候，一只风帆船下帆停泊在湾口之中。陈中雁立即派出张忠、关德等几个去查问，得知该船是下川岛的货艇，刚从斗山回来，知道有兵围困下川，不敢回去而停泊在此，准备深夜再回去。于是我军向船主说明原委，向他们借船一用，并向他们打听沿海岸线的敌情。依靠这只船，我军向九区青山突进。一出下川海峡，敌人的探照灯向我军扫射过来，海面照耀得如同白昼，三艘敌艇来回穿梭巡逻，敌情十分险恶。

"不要怕，靠边顺风向前驶去。"陈中雁给船工壮胆。帆借风势，顺风顺水，我军避开了敌船的探照灯，顺利驶过青山窦门口。因有敌兵把守，不能登陆，只好折回海宴口靠岸。下船后，船工带着战士们通过汶村，经蛇尾迳，返回大隆洞，稍事休息后又赶到田坑，接着休息了一天，越过台山三区、八区平原，安全返回古兜山脚的泥冲村休整。在突围中，游击队队员临危不惧，机智沉着，在当地群众的帮助下，胜利突围到泥冲休整。突围中，一只机船因发生故障，漂流到湛江海面，被当地国民党驻军俘虏，船上的梁森、戴海、朱沃、长全、陈振龙、陈长珍、翁燕台、吴继浓、陈亨、周祥、容子盘等11位队员不幸惨遭杀害。机枪手叶光在执行任务时溺水牺牲。

这场海上战斗，虽然以国民党围歼计划的失败而告终，但由于游击队领导思想麻痹，放松警惕，在获知敌人行动的情报之后，又没有坚决执行上级关于立即撤退的指示，以致遭受不应有的损失，这是一个深刻的教训。

四、山背交通站

1947年春，恢复武装斗争后，中共台开赤中心县委决定将台山东南区的泥冲、莘村、六村、山背、那章、洋田等地的党支部划归部队党委领导，以便于开展武装斗争。同时，部队党组织派丘子平到三区、八区，加强地方党组织的领导，并决定在山背设立交通站，加强部队与地方的联系。

1947 年 7 月，由山背党支部书记陈志远负责建立了山背交通站，当时建在农民陈法兴家。武装斗争全面开展后，由香港回内地的干部很多都经山背站转入部队，来往人员多了，交通站也变得公开了。因交通站后山树木茂密，便于隐蔽，为了安全，陈志远把交通站搬到村西边的长婆家（1948 年又在城西团村、西村设立联络点，1949 年 8 月设立交通站，负责人为李绮云），交通站配有专职交通员。

1948 年 8 月，陈志远调回台新赤部队，由山背党支部书记陈五顺兼任站长，1948 年底由邝秀英（女）负责，1949 年 7 月由陈福明负责。该交通站主要负责滨海总队总部与台新赤部队的联络、交通、情报传递。有时情报来往频繁，交通员应付不来，山背民兵就临时顶上。他们在党组织的教育下，意志坚定，有高度的责任感和组织纪律性，不论在何种情况下，都能愉快地接受任务，不畏艰难险阻，千方百计地完成上级交给的任务。交通站屋主长婆是个孤寡老人，她相信共产党是为劳苦大众的，因而积极支持革命，热情接待部队来往人员，细心照料伤病员。1949 年，敌人两次突袭包围山背，她毫不畏惧。1949 年 7 月岔路口伏击战后，国民党广东省保二师疯狂"扫荡"根据地。驻广海城的敌军在邓家山严查来往行人，在交通站不能通行的情况下，长婆自告奋勇送紧急情报。她装扮成走亲戚模样，在山背一群趁圩妇女的掩护下走大街入城，在戒备森严的敌人岗哨面前从容通过，及时把情报送到西村站，转送总部，下午又趁散圩人多把情报带回来。山背交通站一直坚持到台山解放，历时两年多，部队人员来往频繁，处于敌我争夺的游击区，但因群众基础好，虽然两次被敌人突袭，但仍然存在和发展下来。

端芬海口小学党支部成员梅华欣，设了个秘密收音站，自制矿石收音机，经常秘密收听新华社（中央电台）播放的解放战争的发展讯息，新华社对战局的评论、分析，中共中央公布的有关指示、文件等，并记录整理成文，密送部队党委，使部队党委及时了解中央各个时期的指示、意图，了解解放战争发展新形势，以此指导工作和斗争。这样，部队党委收到的讯息经常比由中共中央香港分局转来的文件早 20 多天。

台山党组织在解放战争后期，建立了由新昌、荻海—敦思乡—大隆洞，台城—岭背—小塘—大隆洞，台城—山背—沙栏—大隆洞，莘村—浮石—山背—广海西村—沙栏—大隆洞四条主要交通线，形成一个秘密交通情报网，使部队在国民党军队进行频繁的"扫荡"和严密封锁的情况下，能保持同上下级的秘密联系，有效地配合部队的反"扫荡"斗争。

五、大迳口伏击战

解放战争开始后的第二年（1947 年），台山人民的革命斗争从低潮走向高潮，由隐蔽的地下活动转为公开的武装斗争。

这年 3 月上旬的一天，我游击队 20 多人在大隆洞西南边的笠帽山下活动，听闻驻汶村的伪台山县自卫队准备进来"扫荡"，决定在大迳口给敌人一个下马威。

大迳在笠帽山西面，位于汶村与深井中间。它是一条十多里长的山径，两面高山耸峙；北面迳口的将军落帽山和羊栏山东西对峙，地势险要。游击队决定在这里伏击敌人，于是一连几天都在大迳口放哨，但不见敌人动静。

1947 年 3 月 16 日中午时分，下起毛毛雨。哨兵陈香和刘源等三人依旧埋伏在将军落帽山对面的羊栏山麓，警惕地张望着。忽然，九岗堡农民十七伯祖孙俩急急忙忙地穿过大迳走来，气喘吁吁地告诉他们："敌人从汶村过来了，快准备！"刘源马上跑回将军落帽山下的石壁村报告。

队长老林听了报告,迅速布置队伍四面埋伏:朱开等四人据守石壁村西的碉楼,准备截断敌人去路;陈香、刘源等三人依旧埋伏在石壁村南面的将军落帽山咀,要等敌人过了山下的自西向北流的羊栏水坑后,打响战斗讯号,并堵死敌人退路;马德里等三人埋伏在将军落帽山对面的羊栏山咀,配合陈香等人堵敌人退路;张忠、黄仔、陈宁等五六人埋伏在石壁村附近的山路旁,李耀、吴文稳等五六人埋伏在这路西面的头渡水村边林中,准备冲杀;老林等五人,则在石壁村附近的山坡上指挥战斗。

埋伏好后,前哨就看见两个穿便衣的人和两只狗从大迳一路搜索而来,后面跟着70多个穿着黄色军服的敌军。一会儿,一半敌军过了羊栏水坑。正在这紧张的时刻,陈香沉不住气,打响了机关枪。敌人知道上了圈套,慌忙找地方掩蔽,已过水坑的退回水坑去了,未过水坑的快步走向水坑。三个敌方尖兵拔腿想跑,被跟随老林的几个人结果了。不巧,这时碉楼上的机关枪打了几发就出故障了,以致火力不大,给了敌人退守水坑和组织还击的机会,反使我方冲锋队处在十分不利的形势。这时,张忠和李耀两路人马已同时跃出,向敌人猛打猛冲。陈宁像离弦之箭一样冲向水坑,一枪击中敌方机枪手,把机枪夺过来。张忠排长也冲入敌阵,用左轮打倒两个敌人,又向迎面而来的敌军官射击,但发觉枪已打坏,就像猛虎一样扑过去,扑倒那个敌军官,举枪便砸,却被侧边走来的一个敌兵用步枪击中。与他一起的许炳和黄仔气愤极了,一齐冲向敌军官。当许炳"砰砰"两枪击倒这个军官后,黄仔又冲向刚才打死张忠排长的那个敌兵。他的驳壳枪不知什么时候打光了子弹,朝敌兵开枪不响;而敌兵已回过头将步枪对准他,正巧,也打光了子弹。此刻,黄仔一跃而上,用枪管子向敌人的脑袋砸下去,砸个正着,敌兵"哎哟"一声倒下。当他正要收拾敌枪时，腹部中弹，牺牲了。那边李耀副排长和吴文稳，也在肉搏中与敌人同归于尽。战士们见到几个战友牺牲了，怒火中烧，奋不顾身地冲杀。两个敌人躲到他们附近的田基边放枪。老林见了，怒不可遏，举起手枪往下冲，险些被敌人击中。警卫员何川连忙拦住他，王伟同时赶上前，抢过他的手枪，一枪一个把这两个敌人都击倒，而王伟也中弹倒下了。

激战 4 小时，敌人再也挡不住，且战且退。武工组组长陈中福还愤愤不肯收手，握住左轮穷追不舍。这时，上斗、蓝厂、丹竹等村的群众，也拿起锄头、镗铧来助战，四面喊声大作。敌人见势不妙，狼狈地向大门圩逃走。

这一仗，打死敌人 9 个，打伤多人，缴获机关枪 1 挺、长短枪 10 多支。这一仗，打响了台山恢复武装斗争的第一枪，敌人闻风胆寒。然而，为了首战的胜利，我们也付出了沉重的代价——肉搏战牺牲的 5 位壮士，都是我队的精英。老林为了他们的死，曾痛哭流涕；刚从香港归来的一班同志，沉痛地掩埋了他们，又为他们写了一首《悼念歌》。此后，我队在出击之前或遭遇困难的时候，大家就齐声唱起来："同志，你们的牺牲唤起了民众……"沉痛的回忆与悲壮的歌声激动人心，每次都有人失声呜咽，不能终曲。烈士们的自我牺牲精神，就这样激励着战友跟随着部队继续奋勇前进。

六、反"扫荡"

从 1947 年 7 月起，解放军主力打到国民党统治区，由战略防御转入战略进攻。蒋介石集团为了把广东变为最后的内战基地，和更多地出卖广东以及华南几省的资源以换取"美援"，任命宋子文为伪广东省主席，兼广州行辕主任。宋子文自 1947 年 10 月间上任，就加紧征兵、征粮、征税，扩编五个保安总队，积极准备"扫荡"我游击队。

12 月下旬，宋子文派遣师长余程万带兵 600 余人回来"扫荡"大隆洞游击区。他纠集了台山五个自卫中队和开平、恩平、阳江一部分自卫队、联防队共 1 600 多人，广泛深入大隆洞周围山区，并以机船数艘封锁海面。我游击队首先撤退至台恩阳边界的大山上以避过敌人的锐气。在那里隐蔽了半个月，摸清敌情后，即分小部队打回老区反"扫荡"。这时敌兵遍布老区，我们的队伍穿梭于敌人间。在联和、九岗一带，屡遭多股敌兵，我游击队都机智地同敌人周旋。我游击队就这样坚持战斗着。余程万军队始终伤害不到我方主力，便盲目地围攻台开恩边区村庄，屠杀了几十人，逮捕了七八十个农民当作共军，于 1948 年 1 月底"报功"去了。事后，余程万也对乡人透露了这次"扫荡"的战绩是假的，并沮丧地叹息："要扫清台山的共军，非有两师人马不可！"

1948 年 1 月 23 日，宋子文发表所谓"绥靖新策略"，强调不求急功，但求实效，并布置第一期"分区扫荡，重点进攻"的计划。这年 2 月，中共广东区委指示各地"普遍发展，大胆进攻"，以壮大自己，粉碎敌人的计划。台山游击队认真执行这一指示，于春夏之夜，夜袭海宴联防队，缴获 40 多支枪，加强了装备建设；又逮捕土豪"汶村大王"陈光丘，枪毙了沙栏伪乡长李克，打击了敌人的气焰；又捕杀汶村惯匪 5 人，维护了人民生命财产的安全。于是汶村、海宴和九迳等地普遍建立农会，实行"二五"减租。为了保卫斗争果实，各地民兵纷纷组织起来，几乎村村有农会，乡乡有民兵；农会会员达到 2 万多人，民兵有 1 000 多人。游击队和民兵几乎控制了整个海宴地区。在这个农民运动的高潮中，汶村自卫队、沙栏自卫队相继起义；接着，在反动地主控制下的那马岗自卫队，也不得不放下武器。

就在这年 6 月间，中共广东区委成立粤桂边区委广南分委（冯燊任分委书记，委员有谢创、吴有恒、欧初等）。7 月间，广南分委将各地区武装整编，成立新高鹤支队（活动于新会、高明、鹤山一带）、三罗支队（活跃于罗定、云浮、新兴一带）、广阳支队（活跃于阳江、阳春一带）和台开恩总队。台开恩总队以黄文康为政委，林兴华为总队长，赵向明为政治处主任。

1948 年下半年，宋子文又提出所谓总体战的第二期"绥靖"和"清剿"计划。从 7 月至 11 月，广东省保警十一团刘耀寰部和广东省警卫团黄志仁部，相继对台山人民武装发动两次"扫荡"，妄图一举歼灭我主力。台开恩总队与敌周旋于广袤的山地。6、7 月间，台山新任县长李英（台山公益人）领队闯入游击区耀武扬威，于联安马山村焚烧了台山县工委、武工组长余质夫的楼房；但当他跑到沙栏附近的山地时，即遭到台开恩总队的伏击，被打得弃鞋弃轿而逃。8 月间，台开恩总队进入莘村，枪毙伪县参议员李殷普，又袭击敌据点汶村、墩寨和锦湖；10 月又袭击了冲蒌，都有斩获。敌人抓不到我方主力，却残酷地"扫荡"了深井、汶村、海宴及大隆洞周边人民，到处围村，烧杀抢掠，掳人勒索，枪杀了良民 20 多人，逮捕群众 654 人去"自新"（后来大部分都跑回乡），又强征联防费、购枪费、壮丁兵役费和粮食，还支持地主向农民追回减租谷。他们像蝗虫扫荡农作物一样摧残农民。但是，在敌人攻势得逞一时后，我方又重新控制了这些地区。我方兵力不但得到保存，而且还发展扩大了一倍，达到 400 多人（战斗人员 300 多人）；除了总部主力队伍外，在台南、台开恩、台新赤等地区，都成立了独立作战大队。据 1948 年 9 月至 1949 年 2 月统计，我部队作战 41 次，毙敌 27 人，伤敌 40 多人，俘敌 100 多人，缴获机枪、长短枪共 200 多支，子弹 2 万多发，破获广海日明里、上泽平安村与冲蒌圩等劫案，枪毙土匪 7 名，维护了地方治安。

我游击区在反"扫荡"获得伟大胜利之后，农会、民兵组织蓬勃发展起来。特别是都斛地区，民兵发展最快。1949 年 4 月间，都斛民兵在泥冲配合游击队击退了广东省保警和台山自卫队李德部数百人的进攻。当敌人败退到莘村与都斛圩之间的黑石山附近时，又遭到武工队领导下的数百民兵的伏击，敌人丢盔弃甲，大败而逃。到 5 月 3 日，隐蔽在都斛联防队的共产党员李保罗，带领全队 40 余人起义，携带机枪 1 挺、步枪 40 余支参加了台开恩总队，我军军威大震！

七、激战岔路口

台南武工队在曹兴宁同志的领导下，分成多个武工组，向台南游击区的东边扩展，伺机骚扰、袭击敌人。陈肇汉带领一个手枪组开进端芬马头村袭击二十四保联防队；马华带领一个武工组和那章民兵，破坏洋田大朗水泥桥，截断敌人的交通要道。同时，以台南武工队的名义，在敌人的驻地广海附近的山背、那章一带散发传单，宣布从海口埠至汶村的大片土地为我队活动范围，不准敌人侵害当地老百姓的利益。一时弄得敌人晕头转向、惊慌失措。广海驻敌为了对付游击队，每天派出一个护路班驻守在岔路口，一方面检查过往行人，加强警戒，一方面窥探和侦察我武工队活动情况。他们自以为可以控制我队的活动。

台南武工队获悉情况后，立即进行研究，决定在岔路口打一次伏击战，给敌人惩罚性的打击。

1948 年 7 月 15 日晚，曹兴宁带队进驻那章村，根据事前侦察的敌情，做了严密的战斗部署，并向那章村借了几支新式冲锋枪，以加强火力。

凌晨 3 点左右，各战斗小组按部署分别进入战斗阵地。曹伟、甄文等登上牛牯臀山，负责监视护路班的动向；陈活民带领机枪组占领制高点，负责掩护谭均等同志向敌人冲锋，以尽快解决战斗；许炳、陈希民的步枪组，负责配合冲锋组包围敌人。同时，布置山背、那章民兵协同部队作战，把合安乡乡民赶上山坑后，派民兵看守岔路口，不让趁圩的群众进入阵地。

次日上午8点，敌护路队果然乘一辆卡车向岔路口方向驶来。我队在牛牯臀山上的哨兵立即发出讯号。没多久，敌人进入我伏击圈。待命令的枪声一响，机枪组向敌人发起猛烈的攻击，打得敌军鬼哭狼嚎，分成两部分。冲锋组陈励、谭均等趁机冲向敌人，"嗒嗒……"敌机枪手倒地毙命。敌人见势不妙，妄图向石栏村逃窜，又被早已埋伏在那里的许炳、陈希民等人包围，只得乖乖举手投降。惊慌失措的敌司机想开车溜走，又被我方开枪击伤，束手就擒。

片刻，广海来的一股援敌，企图抢占牛牯臀高地进行反扑，当即被我方密集的机枪火力压得抬不起头来，狼狈地溜回广海城。

首战岔路口，大获全胜，计毙敌2人，伤敌3人，俘敌8人，缴获长短枪8支，烧毁敌军车1辆，而我队无一伤亡。

1949年5月，中国人民解放军胜利渡过长江后，全国形势发生急剧变化，广东解放在即。为了配合南下大军彻底消灭国民党残敌，迎接全国胜利的到来，滨海总队由内线转到外线作战。"打出大隆洞，解放全滨海！"成了指战员们共同的行动口号。

同年7月下旬，滨海总队决定第二次伏击敌人派驻岔路口的护路队。

岔路口，位于台海公路南端，南距广海约3千米，东面是广阔平原，西边山峦起伏，绵延数十千米，连接大隆洞滨海总队根据地，是台新赤独立大队通往总部的重要关隘。它又是八区合安乡乡公所的所在地，管辖那章、洋田、山背、石山、东山、河洲、月明等村庄。为了开展武装斗争，1947年初，中共地方党组织在山背建立交通站。从此，这一带村庄的革命活动更加活跃，部队人员往来频繁，武装民兵经常在公路线上张贴布告，散发传单，破坏敌人的公路交通和通讯线路，袭击骚扰驻广海、海口埠的国民党军队。国民党为了加强对这个地方的控制，从1949年初起，派出了一个班十二三人驻在岔路口。第一次遭我军伏击后，又增派一个加强排共39人，配有轻机枪2挺。岔路口周围的广海城、海口埠、山底圩、大同市等都有国民党军队驻守。

第二次岔路口战斗，是解放战争时期滨海总队在台南地区进行的规模最大的一场战斗。这次战斗调动了五一连、七一连、八一连、台南独立大队和独一团幸福连共500多人，还有山背、那章、洋田等村民兵参加。滨海总队准备在歼灭护路队以后，连续作战，再打由广海、台城、海口埠、端芬等地来援之敌。

为了这次战斗的胜利，总队长林兴华派七一连指导员曹棠与马德里、陈爱民赶往岔路口，侦察敌人动向，以便掌握情况，主动出击。侦察小组到达石山村，住在曹河家交通站。三人放下简便行装，即往岔路口侦察。岔路口路边有一棵三人合抱粗的大榕树，国民党的护路队就在此设瞭望岗。往东约150米处是合安乡公所，有乡队10多人，他们白天回家干活，晚上执勤。榕树与乡公所之间是一处空地，分布着10多个山坟，护路队就在这里巡逻放哨，检查过往行人。他们每天早上5点从广海开出，到下午5点又回到广海。晚上执勤由乡队接替。曹棠通过一个在乡队的本村兄弟曹荣健进入乡公所，观察了他们的内部设置和周围地形，并向他了解到一些护路队的情况。

经过实地侦察掌握情况后，侦察小组向总部领导做了详细汇报，一场战斗就要打响。

1949年7月29日晚，总队长林兴华、政委谢永宽率领部队从康洞出发，晚上9点左右到达那章村。林总队长向全体指战员宣布了战斗部署：七一连负责伏击护路队；李秋、马德里带领幸福连一、二排和台南独立大队一部到牛牯臀担任警戒，截击广海援敌；五一连和八一连到石山一带警戒，截击台城、端芬、大同市援敌；台南独立大队一部和那章民兵的主要任务是破坏敌人的通讯线路。战地指挥部设在红山岗。

当晚11点正，各连队按照总部部署进入阵地。曹棠带领尖兵班到达距乡公所100米的地方，隐蔽在乡公所外。曹棠继续朝乡公所走去，一边走一边喊："曹荣健，你家出事了，家里叫你快回去！"这时，大门口值班哨兵问曹棠做什么？曹棠告诉他，曹荣健家里出事了，叫他快点回去。见哨兵不怎么理会，曹棠趁机走到他面前，用驳壳枪对准他，"不准动！"哨兵吓得全身颤抖，曹棠随即缴了他的枪，并命他一起叫醒曹荣健。曹棠说："今晚滨海总队要借乡公所宿一夜，把你们的武器交出来，集中到一个房间。我们不打你们，不用害怕。"就这样，尖兵班把乡队10多人关起来，七一连指战员顺利进入乡公所。

接着，曹棠带领各班长、排长去实地勘察地形，并具体布置了战斗任务。这时已是凌晨2点，指战员开始休息，准备4点起来战斗。其实大家都没有睡，都在想着准备与敌人拼杀。

时间一分一秒地过去，已到5点了，还不见敌人来。战士们等得有点急了。5点15分，远处传来了隆隆的汽车响声。曹棠立即叫大家做好战斗准备。没多久，隐隐约约看见20多个敌兵懒洋洋地向榕树走来，看来毫无戒备，其中一个还哼着粤曲。战士们个个怒目圆睁，把枪口对准敌人，等候黄连长下达战斗命令。黄连长见敌走近，喊了一声"打！"我队的机枪、步枪一齐开火，打倒2个敌军，后面的敌军听到枪声，纷纷卧倒，组织火力还击。战斗进行了近半个小时，双方都没有进展。由于敌人的机枪封锁，我方一时也难以组织有效的冲锋。要消灭敌人，非先拔除这颗"钉子"不可。于是，曹棠悄悄地绕过几个山坟，摸到敌机枪手的右边，趁他打完一梭子弹的一刹那，猛扑过去，骑在敌人背上，左手用尽力气压住他的头，右手拔出驳壳枪对准他的脊背扣动扳机，一下子结果了他，并夺过他的白朗林机枪。战士们见敌人的机枪哑火了，一起冲上去，敌人狼狈地四散逃窜。黄连长带领战士们追歼逃敌，曹棠在阵地上打扫战场。这场战斗，共毙敌5人，伤敌3人，缴获轻机枪2挺、步枪3支。我队战士赵松头部受重伤。

战斗打响后一个小时，敌人果然分三路向岔路口增援，分别从广海、大同市、海口埠扑过来。从广海、大同市来的两股援敌，被我埋伏在牛牯臀的幸福连和埋伏在石山的五一连截击，仓皇退缩回去。从海口埠增援的端芬二十四堡联防队，因我方没有设防而长驱直入潮乐村。此时，曹棠接到总部命令：立即带队反击从海口埠来的增援之敌。曹棠接到命令后与副连长陈香一起带领身边10多人，沿着公路向潮乐村跑去。当他们快接近村前公路时，敌人的子弹突然从他们头上飞过，但看不见敌人。为了减小目标，大家猫着腰跑。但副排长赵源一直挺身跑在前面，跑到潮乐村口，只听他"哎呀"一声，子弹打中了他的手，但他奋不顾身仍继续向前冲，又冲了30多米，才停下来。原来，敌人的子弹穿过他的腹部，打断了肋骨，血往肚里流。于是，陈香副连长留下来照顾他，曹棠带队继续向前冲。

到了潮乐村口，战士们暂时隐蔽观察敌情。在村前约250米的地方，有一个宽约20米的水坑，横在村前；穿过马路，有一座木桥。敌人就在桥头和水坑基布防，一字排开，以桥头和水坑基做掩蔽物，用机枪和步枪向潮乐村、潮南村和公路两旁扫射。敌人约有60多人。从枪声分析，敌人配有捷克轻机1挺，日本六五油机 1 挺，其余是步枪。曹棠想，敌人比我方多三倍，敌众我寡；武器又比我方先进，且占据有利地形，易守难攻。怎么办？我们不能临阵退缩，要战斗！曹棠召集大家开了一个战地动员会，鼓励大家下定决心，乘胜前进。我方刚在岔路口打了胜仗，战士们士气正盛。一声冲锋令下，战士们如猛虎下山，一个接一个往前冲。战士们利用公路边坡做掩护，在边坡上爬行向前。敌人的子弹"嗖嗖"向我方飞来，我方战士冒着枪林弹雨继续前进。我不退，敌不让，眼看就是一场生死搏斗。就在我方迫近敌阵 100 米时，敌人害怕了，动摇了，掉头就跑。我方乘胜冲杀过去，把敌人冲成两股：一股 40 多人，沿公路往回逃去；一股近 20 人，从水坑基逃入潮南村。战士们只顾追赶沿公路逃跑的敌人，一边紧追，一边喊："缴枪不用死！缴枪不用死！"敌人似乎没听见，头也不回地只顾逃命，就这样，敌人被赶回到海口埠。

上午 9 时许，战士们急着回潮南村搜捕散逃的敌兵。从村民那里了解到，这些打散的逃兵一进村，见人就叫救命，有的抢过村民的衣服换上扮作农民，窜入柴屋躲避，有的则向潮乐村跑去。有村民指着一柴屋说："我看见几个人往里走了进去。"战士们向着群众所指的屋子走去，只见里面堆满柴草，找来找去也找不到，喝令也无人出来。战士们主张用火烧，曹棠说："宁可捉不到，也不能损害群众的利益。"

战士们正在搜捕敌军逃兵的时候，那章民兵抬着伤员赵源到来，并通知部队马上向公路西侧转移。于是，搜捕逃敌的任务交给那章民兵队。当天上午 11 点，部队转移，群众依依不舍。

到达战地指挥部红山岗后，总队长林兴华高兴地对战士们说："你们打得好，你们辛苦了。现在给你们两个任务，一是休息，二是监视北边的敌人。如果敌人从石山背后插过来，你们就配合五一连进行反击。"说完，林总队长向白路颈走去。白路颈离石山约 1 500 米，滨海总队临时设在那里。

当时，广海、海口埠方向的战斗已经停息。但大同市那边的风声越来越紧，听说有五六百个敌人蠢蠢欲动，准备前来增援。滨海总队又把牛牯臀的幸福连调到石山来，集中优势兵力，准备击退敌人的疯狂反扑。

中午时分，战士们连饭都顾不得吃，加紧备战。

下午 3 点，敌人向我石山阵地发起猛烈的进攻，占领了山脚下的石山村。密集的八一迫击炮炮弹落在我队阵地上，只见一阵阵浓烟。枪弹像狂风暴雨般呼啸而来。但敌人连续几次冲锋，都被我方压了下去。

直到夜幕降临，战斗才停止。

吃过晚饭，我部队趁夜色经康洞、隐洞回到大隆洞。次日，战士们怀着胜利的喜悦，在九迳举行了庆祝"八一"和岔路口战斗胜利大会。

八、大洞保卫战

1949 年 8 月，伪第十区保安司令部副司令郑瑞龄率保安团两个营及邓粤铭水上支队 700 多人，乘两艘炮艇，在小江登陆，经长迳田垌，直奔深井。滨海总队会同民兵夜间袭扰敌人，伺机反击敌伪。是月，敌深井联防队李一飞中队和那扶联防队陈强中队密谋从东西两面合围大洞，袭击我那井区中队。当时中队指导员陈肇汉正发高烧躺在床上休息，闻讯一骨碌爬起来，命令紧急集合，迎击敌人。随即他率领部队抢占后山高峰，不到 5 分钟，部队即爬上后山小高地。果然，李一飞部 100 多人从东面迳口登山。我队曹伟带领一排直奔顶峰，等候敌军进入我伏击点。不久，敌人慢悠悠地上来了。当敌人进入我火力圈后，"嗒嗒……"密集的火力打得敌人鬼哭狼嚎。敌人仗着人多势众，匆忙组织多次冲锋，妄图抢夺制高点，均被我队压制下去，还一连撂倒了 2 个敌兵。李一飞暴跳如雷，拼死在后督战，"冲！冲！谁后退就枪毙谁！"然而，敌兵惧我方火力太猛，畏缩不前。此刻，我队陈希民率领机枪排抢占右侧高地，机枪火力全开，向敌人拦腰一击。战士们的勇猛让敌人惊慌失措，纷纷后退。李一飞见状，只好抬着伤兵撤回深井。从那扶来的陈强部 40 多人，企图与李一飞部策应合围我部，见大势已去，只好胡乱放几枪撤回那扶。敌军合围大洞的阴谋没有得逞。

九、开仓济贫

1949 春夏之交，东海大队下属两个连队，趁夜从都斛游击基地出发，穿过田野，绕过村庄，直插田头冲金蓝屋村。先头警戒的士兵已抵达木桥头，部队则在村中分散休息。

这里，东海大队政工人员及赤溪武工队负责人已与田头地方武装头目陈瑞平有所接触。

陈瑞平早年曾当过田头学校校长，有文化，有素养。他虽然是赤溪地方反动武装（土鹿）黄沃源的铁杆搭档，且田头地方武装人多势众。但慑于我军威严，加之山鹿（占山为寨的反动武装集团）势力不断膨胀，对土鹿造成威胁，又与黄沃源在利益分配上曾有矛盾，及东海队进入铜鼓处理刘木森的问题，他受到了一定的影响和震动，看清了出路。为了配合南下大军早日解放赤田大地，东海大队的领导决定采用"重点打击，各个突破"的战略，促使陈瑞平改变态度，接受共产党的主张。部队领导何仲儒、陈中、袁青松等，与陈瑞平等几位田头乡政府和地方武装头子进行谈判，我方提出几个要求：一是东海大队进入田头圩，对方不得阻拦干扰，更不得有敌对行为。二是时值青黄不接，部分农民生活困难，田头地方政府应打开粮仓，开仓济贫。三是不得阻挠青少年参加游击队，对我队在田头的家属不得逼害，也不得伤害无辜百姓。四是以和平方式解决争端，既往不咎，立功受奖。

我方人员大义凛然、理直气壮，对方慑于形势，无条件接受我方提出的要求。

一个晴天的早晨，东海大队从蓝屋村出发，直接开进田头圩，进驻停课的田头学校。部队宣传队进入各村开展宣传，张贴安民告示，整个田头沸腾起来，群情激昂。此时，田头上街的吴家祠粮仓打开了仓门，拿出80多担稻谷分给当地群众，群众兴高采烈，大箩小箩，挑着粮往家里走。一批热血青年，如凌金玉、李房、何房灵、凌耀彩等纷纷加入东海大队。一些归国华侨青年，也踊跃参军。整个过程，我军做好了两手准备，随时防备土鹿，土鹿们只能眼巴巴地注视着，不敢轻举妄动。

三天后东海队离开了田头圩，撤回根据地。这次进铜鼓，入田头，虽然未直接交火，但双方剑拔弩张。我方大智大勇，掌握主动，不费一枪一弹，克敌制胜，圆满完成了任务。

第五节

解放台山

一、节节胜利

随着全国解放战争的胜利形势，滨海总队也取得了节节胜利。自1949年8月解决了深井联防队之后，滨海总队即集中1100多人的主力队伍，加上欧初副司令员率领的粤中纵队独一团一营前来台山地区，移师九区，解决了汶村的封建堡垒（1949年9月）。在我军的强大攻势下，汶村联防大队要求和平解决，交出轻机枪4挺、步枪100支、子弹数万发。我军同时向大地主筹得12万港元的军粮款，完成了钱、枪、子弹三项筹措任务。汶村堡垒解决后，2个台警中队望风而逃。我军接着和平解决了海宴街的联防武装，缴获机枪2挺、步枪数十支、子弹数千发；并相继成立了汶村民兵大队、海宴民兵大队。海宴联防队一投降，那马、沙栏、春场3个乡，即派出代表前来接受我军和平解放的条件，那马乡交出轻机5挺、步枪200多支、重机枪1挺、手枪数十支及各种子弹2万多发。沙栏乡交出机枪4挺、步枪100多支及子弹数千发。春场乡交出机枪4挺、步枪数十支、子弹数千发。那马、沙栏、春场3个民兵中队同时成立，并令那马地主缴纳我军粮款6万港元，沙栏地主缴纳2万港元。台山九区宣告解放。

趁着九区的胜利，黄海大队与独一团2个连配合，围攻恩平小洛吴任平反动堡垒（1949年6月21日）。激战至午，终于攻下，俘敌 50 余人，缴获轻机枪 4 挺、13 毫米航空机枪 1 挺、长短枪 50 余支，匪首吴任平负伤狼狈逃脱。北陡陡门的土匪闻风而逃。

这时渤海大队和平进入开平赤水，直迫台山白沙、三埠，配合共产党员余和俊同志发动获海敦思乡公所起义（1949 年 6 月 20 日）。这一起义的成功，震动了敌人，迫使国民党保八团不敢离开三埠半步。在此之前，东海大队已回师三区，进攻赤溪县城（1949 年 5 月 29 日），县长李国权受伤。

1949 年 7 月下旬，我总队挥师台北部，派出由曹棠、黄华率领的一支连队奔袭那金联防队。激战 1 小时，那金联防队全部缴械投降。此战威胁台城，使保五师疲于奔命，重点防守，不敢放肆。

7 月 29 日，我军主力攻向八区广海，伏击了广海护路队一个中队，缴获机枪 2 挺、步枪 20 多支，并包围从广海城来增援的一个中队，俘敌 30 多名，毙敌数名。护路队的一个排长负隅顽抗，被曹棠击毙，并缴获机枪 1 挺。接着，我军又按计划打击大同市来援之敌周汉铃部，毙敌、伤敌数十人。一日三战，打得敌人落花流水。

二、追剿残敌

国民党军队越接近死亡，就越是挣扎。1948 年 8 月，林少亚部 300 多人进驻金鸡，企图配合国民党广东省保二师、保五师向我军围攻。我军决定以围城打援之计，围攻金鸡伪乡长，诱敌来援。敌人果然中计，当敌进入我伏击圈，我军迅速出击，歼灭敌人两个中队，毙伤 30 多人，生俘 60 多人，缴获机枪 4 挺、步枪数十支、子弹数千发，其"围剿"计划也被我军获悉。赤水来犯之敌被我军阻于东山，没法前进而退缩回去。

1948 年 8 月的一天，李和部 200 多人从广海经沙栏至大隆迳，被我南海队和民兵伏击，李和仓皇弃轿逃生，龟缩回海宴街，又被我民兵包围，不敢出来，只得连夜逃回广海。周汉铃部 300 多人欲从深井到九区与李和部会合，我军在大门予以截击。战至中午，周汉铃逃到海宴，沿途又遭到民兵截击包围，不到一天，也趁夜逃回广海不敢再来。国民党广东省保二师数千人配合台警李和、周汉铃等部欲垂死挣扎，被我军吃掉其由恩平来的林少亚部后，退了回去。最后"围剿"宣告失败，国民党统治也将灭亡。

9 月，台山九区、十区和三区、八区、七区各一部，和开平南部、开平金鸡、阳江新洲等地宣告解放。

10 月 1 日，滨海总队全体指战员集中在那扶联和圩，和当地群众一起，庆祝中华人民共和国在北京成立，准备配合大军，全面解放台山、开平、阳江。在庆祝大会上，鸣放二十一发礼炮，表演了丰富多彩的文艺节目，总队政委谢永宽做了热情洋溢的讲话。欢声笑语充满了整个会场。不久，就接到解放台城、三埠的通知。当时总队正向联安圩进发，保二师 1 000 多人企图从那扶撤回台城，刚好与我总队狭路相逢。双方展开激烈的战斗，敌台警两个连队从墩寨赶来增援，我总队直属五星营营长黄华、副营长曹棠率领七一、八一两个连队进行反击，一直追敌到墩寨圩才收兵。保二师慌忙逃回台城。

又过了两天，敌保八团 2 000 多人从联安赶来，也遭到我军截击。战斗进行得正激烈，赵辉带着陈沛英一连的起义部队和余普行带领的台山保警第七连林广济一个起义排共 100 多人同时开到，与我军从侧后包抄攻击，把保八团打得连滚带爬地向台城方向逃走。三天连打两仗，指战员们也很疲惫。当天晚上，部队举行了晚会，庆祝胜利及欢迎起义的部队。

三、乡村政权的建立

台山农民经历了三年多艰苦曲折的革命斗争，终于迎来了解放。1949 年 5 月，九区、十区的深井、小江、联和、汶村、海宴、沙栏和八区的联安首先获得解放。5 月 25 日，台山人民政府在解放区深井圩宣告成立。深井的农民群众无不欢呼雀跃，家家张灯结彩，庆祝人民政府的成立，欢庆人民翻身做主。

当时，新的解放区正处于新旧政权交替时期。虽然旧政权被瓦解了，但台山的国民党势力还未彻底被消灭，封建反动残余依然存在，一些顽固的地富分子和特务分子不时进行破坏和捣乱，流氓地痞也上蹿下跳，社会上鱼龙混杂。刚刚获得解放的人民不少政治觉悟还较低，还不能挺起腰杆工作，人民未能真正掌握政权，重要的行政工作由部队或县人民政府代办。其他乡村事务均由武工队主持。为了早日解放全台山，使人民彻底翻身当主人，建立新的乡村政权已显得刻不容缓。为此，台山县人民政府于 1949 年 6 月初派副县长李贯之、邝炳衡组织带领建政工作队开赴解放区九区、十区，开展建立乡村政权的工作。九区、十区的建设工作，是当时的实际需要，也是为台山全面解放后的建政工作提供经验的需要。

建政工作队分两组分别抵达深井、小江、汶凤、宴西、宴东、联和、宴中后，即按部署分头行动。工作队以访贫问苦的方式，对农村中的贫农和雇农进行逐一访问，向他们宣传共产党和解放军的政策，把农民为什么会受压迫和剥削的道理讲透，启发农民自我觉悟，以加强团结，积极参加斗争。工作队通过与贫农、雇农的促膝谈心，物色了一批积极分子为"贫农团"的核心。经过多日调查研究，酝酿成熟后，工作队秘密召集贫雇农积极分子，组织起"贫农团"。

秘密组织了"贫农团"后，建政工作队又深入贫雇农中，开展谈心活动，多方听取意见，从中了解到应惩办的恶势力分子、要清算的人与事、各机构的人选等。

建政工作队掌握了情况后，即着手建立乡村农会。农会开始建立时，碰到不少困难，其突出问题有两点：一是大多贫雇农不肯出面活动；二是时值饥荒，农民无心参与。据此，建政工作队一方面反复进行耐心的宣传发动，召开农民诉苦大会，控诉地主、恶霸压迫剥削农民的罪行。工作队在会上说明成立农会的好处和贫雇农的可得利益，并强调农会是以贫雇农为主，号召贫雇农积极参加农会组织和农会领导的选举，同时组织贫雇农开展借粮救荒，调动农民参加建政工作的积极性。这两方面工作使农民提高了阶级觉悟，认识了组织农会的重要性，从而踊跃参加农会组织。但在初定农会会员时，由于工作疏忽、马虎，对阶级成分分辨不清，把一部分不够富农资格的人定为富农，扩大了打击面，致使农民对农会的认识模糊而对农会产生误解，以至裹足不前。对此，建政工作队及时纠正了这种过"左"的偏差，讲清农会的性质，说明农会不仅对贫雇农有利，对中农也有益，教育贫雇农要团结中农。如此一来，农会会员增加了三四倍，经过多日艰苦、深入的工作，乡委会和乡村农会就陆续建立起来了。

在台山县人民政府的直接领导下，经过建政工作队的艰苦工作，九区、十区的建政工作，除了宴西乡乡委会因人选问题和敌人的"扫荡"而推迟成立外，共成立了6个乡委会、6个乡农会、83个村委会、120个村农会、110多个民兵队（共有民兵约2 000人，枪支约500支）和60多个妇女会。此外，除九区、十区的建政工作较为顺利外，稍后解放的联安、上川岛、下川岛和北陡等地区也在地下党和武工队的帮助下，成立了乡村农会组织。随着乡村政权的建立，妇女会、青年联合会、教师联谊会都先后建立起来。

四、人民政权施政

新的政权建立后，农民扬眉吐气，特别是贫雇农的政治、经济地位得到提高，精神面貌焕然一新。在台山县人民政府的支持下，新的乡村政权有效地行使职权，开展了一系列施政工作：

（一）农会带领农民开展减租减息、借粮救荒和发展生产

在建立农会的过程中，施政工作队曾以"借粮救荒"和"减租减息"为口号，号召和吸引农民参加农会。乡村农会成立后，即由乡农会继续执行借粮工作，并由乡农会的职员连同乡委会、建政工作队队员，组成乡借粮救荒委员会。由乡农会、救荒委员会制定了救济贫农的办法及借粮的政策。借粮的对象：一是向当地华侨、殷商募捐购粮救济；二是向当地各房大祖偿借粮；三是向地主、富农借粮。首先，由农会调查上述借粮对象的存粮情况，然后根据实际，定出借粮数量。对那些顽固的地富分子实行拘留，强迫借粮；对那些应退而不退、应减而不减的地富分子实行追减追退。这样，在短短的时间内，深井、小江便借到230多担粮食，分发救济了800多户贫苦农民。贫苦农民得到救济，渡过了难关，情绪十分高涨，这也使农会的威信迅速提高，吸引了更多的农民加入农会，从而增强了农会的力量。

借粮救荒调动了农民的积极性，农会又及时帮助农民发展生产。首先是调整了耕地，保障农民个个有田可耕；向地主、富农借来优良种子；鼓励华侨和殷户购买耕牛，以最平牛租租给农民耕作。其次，农会也教育农民注意政策，保证有借有还。此外，还发动沿海农民堵塞因台风摧毁的海堤，以保障生产和人民群众的生命财产安全，促进了生产的发展。

（二）实施禁政工作

为改造那些沾染恶习的农民，促使社会风气好转，农会施行

了禁政。当时禁政主要是禁止赌博、禁止抽鸦片烟、禁止嫖宿卖淫。通过张贴布告，举办文娱活动，配合禁政宣传。派出农会人员在圩市、乡村深入检查，及时掌握情况，采取果断措施，改造烟客及不务正业者。禁政工作收到了良好的效果，布告贴出即日便禁止了赌博，鸦片烟也在一个月内被禁绝了。通过打击反动势力、禁绝恶习、建立民主秩序，社会风气大有好转，这也使乡民对新政权有了新认识。

（三）组织征粮、征税工作，支援解放军

在新的解放区，部队和一些民兵的生活是靠征粮、征税维持供给的。农会主动承担任务，积极协助部队开展征粮、征税工作。农会干部十分积极，有的甚至夜以继日、废寝忘食。结果一个月内，大多数农会就完成了八九成的征粮任务。正当征粮工作达到高潮时，敌人又开始"扫荡"了。农会在解放军的帮助下，一边组织民兵及青年农民抗击敌人，一边组织农民将征收的粮食秘密运送到部队，来不及运送的则就地掩藏起来，使敌人的抢粮"扫荡"完全扑空。

此后，在台山各地农民即将获得全面解放的前夕，农民们看到了胜利的曙光，充满了革命的激情，纷纷行动起来，全力支援解放军。部队作战时，农会动员、组织青年农民、民兵协助部队作战和维护后方治安，同时发动农民群众尤其是妇女们，冒着枪林弹雨为部队输送弹药、送水送饭。在南下大军即将到来时，农会又发动群众为部队筹备粮草和募捐寒衣棉被等。

1949 年 10 月 24 日，南下大军顺利开进台城，滨海总队全体指战员也顺利进入台城。至此，台山宣告全面解放。解放战争时期的台山农民运动也随之胜利结束。

五、加强政治攻势，策动武装起义

从 1949 年春开始，滨海总队和各独立大队在向国民党政权及其豢养的军队发动全面军事进攻的同时，双管齐下，加强了对国民党军政人员的政治攻势和策反工作。

1949 年 4 月 21 日，毛泽东、朱德发布《向全国进军的命令》后，人民解放军百万雄师以排山倒海之势，横渡长江。23 日，人民解放军占领南京，国民党政权迅速覆灭，全国解放指日可待。

滨海总队把这一捷报印成传单，广为散发、张贴。人民群众闻之欢欣鼓舞，奔走相告，企盼解放的日子快点到来；国民党内部则惊慌失措，人心悸动。中共各级党组织因势利导，派出领导干部深入敌人内部开展统战和策反工作，向他们宣传形势，指明出路，动员他们弃暗投明或保持中立。

根据当时形势的发展，滨海地工委决定，在时机成熟的时候，把党组织掌握的都斛、敦思两支武装拉出去，公开宣布起义，以扩大人民武装对社会的政治影响。台山县自卫总队都斛常备中队是 1948 年 2 月筹建的。当时，台山党组织利用宗族关系，派共产党员李保罗到该队任副中队长，他在队内做了大量的宣传教育工作，团结队员，发展党员；又探听到国民党内部的军事、政治情况和都斛上层人物动态，为掩护游击队作战等方面起了重要作用。5 月 3 日，李保罗遵照党组织的决定，率领该队官兵 30 多人，携带机枪 1 挺、卡宾枪 1 支、长短枪 34 支、子弹 600 余发，宣布起义。同日，横岗党支部书记兼任务队队长李伟璋和一位队员携带任务队的机枪 1 挺、长短枪 10 多支、各种子弹 600 余发、手榴弹 10 多枚、五响"沙筒" 3 支、单响"沙筒" 2 支，参加台新赤独立大队，与李保罗率领的起义人员一起编入红星连，李保罗任连长，李伟璋任指导员。

敦思乡自卫队成立于 1944 年，队员有 20 多人，曾在乡长、共产党员余和俊的领导下攻入获海，打击日伪军。1947 年，党组织为了更好地掌握这个武装，派共产党员张伟生、余益珠加入自卫队，并在自卫队里发展党组织。到 1948 年，自卫队发展了 7 名党员，建立了敦思乡自卫队党支部，张伟生任支部书记。这个自卫队在维持地方治安，配合乡长余和俊与国民党势力做斗争中发挥了重要作用。1949 年 6 月 12 日，敦思乡公所全体职员、自卫队队员和进步教师 50 多人，在余和俊的率领下，携带卡宾枪 2 支、汤姆生枪 2 支、长短枪 11 支，宣布起义，参加滨海总队，成立台北独立大队。

李保罗、余和俊率队起义，在滨海和粤中地区都产生了重大的政治影响。以第十区专员兼保安司令李江为代表的国民党军政要员、台山县县长李国伦（台山大江人）等人十分震惊，哀叹国民党末日来临。赤溪土匪武装头目钟土生、刘木森、陈端平等，见国民党大势已去，惶惶不可终日，表示愿意向人民靠拢，遵守"约法三章"，保持中立。1949 年 10 月 12 日，台开三堡联防处副主任、新白沙自治会主任黄叔泉，在中共台南区党组织的策动下，率领新白沙联防中队全体队员，携带全部武器，就地宣布起义，维持地方治安。同日台山保安三营八连连长陈沛英，在台南武工队的配合下，带领全体官兵，携带所有装备，在广海那章村宣布起义。陈沛英早年在广州中央军政学院学习，毕业后曾在国民党军队中任职多年，后因不满蒋介石的反动统治，愤然辞掉军职，改行经商。在香港经商期间，经共产党员赵元浩和中共中央香港分局政治秘书李嘉人的点拨勉励，陈沛英于 1948 年 8 月来到台山，通过与县长李英的师生关系，到县保警大队任副大队长，准备在时机成熟时，带队投靠共产党。但因无实权，他难于开展工作。1949 年 1 月他改任保安八连连长。从此，与党组织负责人赵辉取得联系，经常给台新赤大队提供重要军事情报和购买武器，为部队在战斗中掌握主动立下汗马功劳。1949 年 10 月 14 日，保四连连长林广济率领全连官兵会同保七连一个排，在新安乡宣布起义。起义后与陈沛英部一起接受改编，参加滨海总队，成立火星营，陈沛英任营长，朱荻任教导员，林广济任副营长。下辖两个连，连长由陈沛英、林广济分别兼任，指导员分别为赵平、伍艺。在此之前，成立了五星营和金星营。黄华任五星营营长，朱荻（先）、曹棠（后）任教导员；叶长任金星营营长，赵经存任教导员。至此，滨海总队共有 3 个直辖营近 500 人。

经过斗山地下党和武工队的策反工作，第十区专员公署特务大队队长陈彰明和台山保警伍卓权率队并携带全部武器装备，于 1949 年 10 月 23 日分别在斗山圩和斗山华光庙宣布起义。

同年 9 月下旬，中共台北县工委以滨海总队的名义向国民党县政府、法院、警察局、参议会、县党部等党政机关发函通知，号召所有官员审时度势，戴罪立功，严格遵守《中国人民解放军布告》的各项规定，把本单位的财产、物资、档案等，妥为保存，等候人民解放军的接收。黄仁达还利用同乡关系，通过部分当政的同姓兄弟，分别做邮电局局长曾雯虔、税捐处秘书蒋醉禄、县长李国伦、法院院长沈光傅、警察局局长余雄万等人的工作。因此，在解放军进城接管政权时，所有机关的档案都完好地保存下来，移交给军事管制委员会。

六、迎军支前

1949 年 4 月 21 日，人民解放军胜利渡过长江后，继续向华南挺进，9 月进入广东境内，广东解放已为期不远了。

为了配合南下大军加速解放华南地区的进程，1949 年 7 月 21 日，中共中央华南分局发出《加紧准备迎接南下大军的工作指示》，要求各地党组织抓紧时机，做好迎军支前的各项准备工作。9月5日和10月14日，《粤中人民报》两次发表社论，号召粤中党政军民"要有高度突击精神，要有一天做十天八天事，一人做十人八人工的积极精神，迅速完成支前工作任务"。10月6日，中共粤中临时区党委向各县发出通知，下达支前任务。

为了确保这项任务的顺利完成，中共台山党组织根据上级的指示，成立各级支前领导机构，组织支前服务队、担架队；发动民兵加紧抢修公路、桥梁；动员妇女群众上山砍柴、舂米、运粮、运柴；号召各界群众募捐慰劳品，征集慰问信，掀起募捐支前热潮。不到一个月的时间，全县共捐得20多万港元，金戒指2枚，铜钱1 572枚，大米81 800多斤，柴3万多担，生猪、食盐、寒衣、药品等一大批；征用民船100多艘、汽车650辆次，消耗汽油52 600多升。其中，民盟组织发动民主党派、无党派人士和知识界募捐6 000多港元，寒衣、药品一批。在大军路经的地方，有群众欢迎队伍和茶水供应站，保证大军到来时，不缺粮、不缺柴、不缺盐、不缺水，伤病员得到妥善安置和处理。台北县工委接受任务时，工委委员黄德赐亲自往公益征集民船，保证大军顺利渡江进军台山，并领导水步武工组做好沿途接应工作。地下党员黄仁达在台城组织联义社社员60多人，临时负责台城治安保卫工作，安排大军的宿营地，给大军提供可靠的军事情报。在台山党组织的领导下，全县党政军民，上下团结一致，全力投入迎军支前工作，出色地完成上级下达的各项支前任务，有力地支援南下大军乘胜前进。

七、台山解放

1949年1月，宋子文在军事上节节败退，悄然下台，由薛岳、余汉谋接替主粤。5月，反共老手李江在三埠就任第十区行政督察专员、保安司令，台山县县长李英被在军队任职多年的李国伦所代替。他们妄图以军人主政而进行垂死挣扎，维护国民党苟延残喘的统治。

8月，保二师方日英部、第十清剿区郑瑞龄部共500多人和台山保安营、番顺联防总队李福部、中新联防总队梁渭祥部共2 000多人，在李江的统一指挥下，分别向台南和台新赤地区进行新的"扫荡"。这是国民党军队在台山境内进行的最后一次"扫荡"。他们企图扫清后撤的道路，准备在南下大军解放粤中时，夺路渡海南逃。当时，深井、海宴、上川岛、下川岛等地又一度陷入敌手。但由于这些地区军民团结战斗，英勇反击，致使敌人的阴谋终未得逞。

9月，南下大军进入广东，逼近广州，广东解放在即。国民党广东省保二师师长方日英预感到国民党大势已去，败局已定，慌忙逃窜。敌人在台山境内的最后一次"扫荡"也偃旗息鼓，就此结束。

10月1日，中华人民共和国在北京庄严宣告成立。滨海总队直属机关、五星营和各独立大队、区队共1 000多人，在那扶联和圩举行军民庆祝大会。滨海地工委书记兼滨海总队政委、台山县人民政府县长谢永宽和滨海总队总队长林兴华先后发表讲话，号召军民继续团结战斗，彻底、干净、全部消灭国民党残余势力，迎接台山解放。

10月14日，南下大军解放广州后，继续向粤中滨海地区推进，追歼溃退的国民党残敌。原驻粤中地区的国民党广东省保二师、保四师和第十区保安总队共7 000多人，纷纷向台山、阳江沿海夺路逃窜。10月20日，国民党军队一个营200多人，窜到上川三洲圩，准备乘船向海南岛逃去，由于形势所迫，最后向当地人民武装投降。我军缴获战防炮1门、60炮4门、重机枪4挺、轻机枪 6 挺、冲锋枪 12 支、长短枪 130 多支及弹药一批。10 月 22 日，台南独立大队和那井区民兵队在大泾口和饭果岗两地迫降南逃的省保二师一个营 300 多人，缴获重机枪 3 挺，轻机枪 8 挺，掷弹筒 2 个，冲锋枪 20 多支，卡宾枪、步枪 240 多支，军用物资一批。同日，保二师 1 000 多人企图从开平赤水经联安向墩寨、广海出海逃跑，在窜至联安马仔山时，遭滨海总队五星营和恩开台独立大队迎头痛击，残敌四散逃窜，疲于奔命。同日，在台北武工队的配合下，人民解放军第二野战军十五军四十三师一二八团范金标部，从开平水口渡过潭江，先后解放了公益、大江、水步，并于当晚解放了台城。五星红旗在原国民党台山县府大楼上迎风飘扬。10 月 23 日晨，解放军第一三八团在台北地下党的协助下，一举围歼了退缩在温泉圩准备逃窜的省保二师第六团 1 000 多人，缴获大批武器弹药和军用物资。

10 月 24 日，滨海总队 1 500 多人，在总队长林兴华和政委谢永宽的率领下，浩浩荡荡进入台城。台城万人空巷，人民载歌载舞，夹道欢迎。进城后，即宣布成立台山县军事管制委员会，开展全面接管政权工作，上级任命谢永宽为主任，林兴华为副主任。台山县人民政府发布第 96 号布告，号召全县各阶层人民"在军事管制时期，服从军管会之领导，执行军委会及各级政府的法令，协助一切工作进行。……坚定意志，全力支援前线，肃清残敌，建立革命秩序，粉碎反动分子之一切破坏阴谋，为建设民主与繁荣之新台山而奋斗"。

滨海总队进城后，台南县工委书记曹兴宁、委员陈达时率领台南独立大队和八区区中队、民兵 400 多人，和平接收广海和端芬，收缴端芬、广海联防队和广海、大同、南湾警察所的武器一批，计有轻机枪 2 挺、冲锋枪和卡宾枪 15 支、步枪 217 支、子弹 16 000 发。同时宣布成立五区、八区公署，赵岳明任五区区长，陈达时任八区区长。

10月25日，恩开台独立大队、开南区队和江南区队，配合南下大军在那扶追歼保四师残部4 000多人。10月26日，人民解放军一二八团在阳江歼灭国民党刘安琪兵团一部后，回师东指，追歼往都斛方向溃逃的保二师残敌。10月28日，一二八团范金标部在台新赤独立大队和当地民兵的配合下，在古兜冲口赵家围歼灭了保二师和李江残部共1 400多人，缴获大批武器弹药和军用物资。至此，台山境内的国民党军队和地方反动武装全部被歼灭，台山获得全面解放。

从此，台山人民在中国共产党的领导下，豪情满怀，奔向社会主义新的历史阶段。

第五章

建设老区　发展华章

（中华人民共和国成立后至中共十一届三中全会前）

第
一
节

建立政权，恢复生产

一、新政权诞生

1949 年 4 月下旬，粤中人民解放军独立第一团四个连在团长黄东明的率领下，随副司令欧初南下滨海，4 月 22 日进入台山大隆洞。当电台播放毛泽东、朱德发布的《向全国进军的命令》，解放军百万雄师横渡长江的喜讯后，滨海总队即在大隆洞九迳召开军民庆祝大会，并将《向全国进军的命令》和 4 月 25 日发布的《中国人民解放军布告》印成传单，广为散发、张贴。台城的地下党组织还把《中国人民解放军布告》贴到国民党县政府的布告牌上。9 月下旬，以中国人民解放军粤中纵队滨海总队的名义，向滨海地区（包括台山及原赤溪县，新会县崖西、崖南，开平和恩平南部，及阳江东部）的国民党各级军政机关发布命令，要他们严格遵守《中国人民解放军布告》的规定，把财产、档案、物资妥为保管，听候解放军接收。如有违抗，定严惩不贷。

5 月 24 日，独一团在深井与滨海总队会师。5 月 25 日，台山县人民政府在深井圩宣告成立，粤中分委委派谢永宽任县长，李贯之、邝炳衡任副县长。不久，台山县人民政府迁往三合联安。6 月，又从三合联安迁往九区横岗村，由副县长李贯之、邝炳衡主持建政工作。台山县人民政府成立建政工作队，为迎接全县的解放开展各项工作。

一是开办政训班，培训乡村干部，为建立乡人民政府和村委会，挑选储备干部和做好接管准备。

二是深入发动群众，成立农会、工会、商会、妇女会、教师会、青年联合会、民兵组织和建立交通情报站。成立医务站、粮站；征收公粮，实行税收，解决部队财政供给和粮食、弹药供应；医治伤病员，大力支援前线。

三是领导农会、民兵开展减租减息，借粮度荒，维持治安，发展生产，并进行教育改革。成立区队和乡政府常备队，保卫人民政权。

1949 年 10 月 24 日，南下大军在台山游击队的配合下顺利开进台城，10 月 28 日，台山县宣告全面解放，县人民政府迁址台城。从此，台山人民推翻了压在头上的三座大山，成为真正的主人。

二、互助合作

（一）农业互助组

中华人民共和国成立后，随着各级职能机构的成立，农民在土地改革中分得耕地，按照"自愿互利"原则组织起来，恢复生产。

1952 年，台山建立第一批农业生产帮工组，参加的 215 户农户共组成 40 个组。至 1954 年底，全县有常年互助组 4 583 个、临时互助组 8 126 个，入组农户达 19.46 万人，占农户总数的 38.5%。互助组的形式有两种：一种是简单的季节性帮工组，即实行以工换工的临时互助组；另一种是常年互助组，实行农副业互助合作，有简单的生产计划，以工换工和计价结算。

（二）初级农业生产合作社

1954 年 2 月 15 日，台山县委决定试办初级农业生产合作社

（简称"初级社"）。以李球柏互助组为基础创办斗山南桥初级社。随后各区普遍开展试办初级社。同年底，全县试办 434 个初级农业生产合作社。

初级社对每户的土地评定等级，入社统一经营，实行土地报酬占总产量的 35%～45%，其余收益按劳动质量评工记分，按劳分红；耕牛、农具向社员租用，分期折价归社；生产资金由社员垫付，年终收益归还。社内设社长、会计（记分员）、出纳（现金保管员）、粮仓保管员。经过一年试办，生产获得丰收。

1955 年冬，全县建成 2 526 个初级社，入社农户达 12.63 万户、53.09 万人，入社耕地 79.48 万亩，入社的农户、劳力、耕地占全县的 80%。

（三）高级农业生产合作社

1955 年，县委批准南桥初级社试办高级农业生产合作社（简称"高级社"）。3 月上旬，全县建立了 264 个高级社。高级社土地归集体所有，取消土地报酬，实行按劳分配。高级社下设若干作业组，贯彻"三包一奖四固定"的生产制度（即包产、包工、包生产资金；超产奖励；固定耕地、耕牛、农具和劳动力）。同年 10 月，全县掀起初级社并社高潮，至当年底，全县有高级社 861 个，初级社 27 个，入社农民达 15.938 万户，占农户总数的 98%。

由于高级社发展过快，处理政策失当，耕牛、农具折价偏低，款不兑现，挫伤了农民的生产积极性，致使部分农业社减产 28%～30%，社员思想波动，退社社员达 8 万人。1957 年 6 月，县委根据中共中央《关于整顿农业生产合作社的指示》，开展社会主义教育运动，制止退社、分社，已退社的重新入社。至 1958 年春，为发展生产需要，全县调整、合并为 613 个高级社，全部农户都入了社。农民生产积极性逐步提高，恢复生产顺利进行。

三、经济增长，人民生活逐步改善

从 1961 年至 1965 年，台山人民经过五年的努力，国民经济调整工作取得可喜的成绩。

1965 年，全县工业总产值达 4 261.49 万元，工农业总产值达 13 666.06 万元。同 1957 年相比，工业总产值增加 1 861.49 万元，农业总产值增加 348.13 万元。工农业生产出现了好势头。1965 年，全县粮食总产量为 261 455.05 吨，比 1960 年的 211 979.70 吨，增产 49 475.35 吨。1965 年，油料和糖蔗等经济作物及水产品也大幅度增产。油料产量达 2 618.40 吨，比 1957 年增产 785.30 吨；糖果蔗产量达 31 982 吨，比 1957 年增产 24 955 吨；水产品产量达 15 147.80 吨，比 1957 年增产 34 955 吨。生猪业由 1957 年饲养量 294 421 头，增加到 491 577 头，其中上市量净增 183 129 头。财政收入有了增长，在"二五"计划前三年，台山财政支出大于收入 16.3 万元，而 1961 年至 1965 年的五年中，收入大于支出 69.8 万元，其中 1964 年增幅最大，收入大于支出 50.4 万元。市场上社会商品购买力同零售商品货源基本平衡。在 1963 年至 1965 年的三年中，零售商品货源大于社会商品购买力 2.62 万元；零售物价指数降幅回到全省同等水平，即 1965 年只相当于 1957 年的 108.5%；1965 年全县商品纯购进达 6 721.2 万元，其中农产品为 4 651 万元，与 1957 年相比增长一倍。由于经济得到发展，市场供应增加，人民生活有了改善。旧社会"挂起禾镰冇米煮""米簁亦可挡寒风"的景象已一去不复返。

第二节 土地改革，巩固治安

一、土地改革，清匪反霸

1949 年 11 月至 1953 年，台山全县开展减租、反霸、剿匪，进行土地改革，废除封建土地私有制，巩固新生的人民政权，稳定了社会秩序，国民经济得到迅速恢复。

1950 年 6 月，中央人民政府颁布《土地改革法》。1951 年 5 月，台山开始土地改革，抽调干部组成土改试点工作队，进驻二区新大江乡。6 月初组织工作队员 1 063 人下乡，有重点地逐步铺开土地改革。并把全县划分为 255 个小乡，以 5 ~ 6 个小乡为一个片，共分 42 个片，各区选好重点片加强力量，总结经验，指导全区。

在土改工作中，执行"依靠贫雇农、团结中农、中立富农，有步骤、有分别地消灭封建剥削制度，发展农业生产"的总路线，发动群众开展退租退押、反霸、清算公偿及清匪肃特。1951 年 11 月 11 日统计，先后召开大小斗争会 5 242 次，斗争恶霸 5 523 人，缴获武器弹药、电台等一大批，破获匪特地下组织 24 宗，俘获敌特人员 200 余人。1952 年 1 月，全县区、乡分三批转入土地改革第二阶段——评划阶级，建立乡一级政权。没收、征收剥削阶级的财产，分配给劳苦大众。

二、纠正错划成分，落实华侨政策

台山县的土地改革和全省各地一样，也存在一些缺点，在土地改革评划阶级期间，因片面强调放手开展斗争，造成执行政策的偏差，误伤了部分华侨户，被错划阶级成分的有 8 645 户，错征收、没收土地、房屋的有 3 654 户。1953 年 1 月，全县的土改工作转入复查阶段以后，中央华侨委员会检查组吴风等同志前来指导、协助贯彻华侨政策，对前段工作中的失误做出纠正。

台山县是华侨之乡，华侨众多是一大特点。当时主持广东省人民政府工作的叶剑英在领导制定土改中的华侨政策时，主张对 90% 以上的贫苦归侨、侨眷给予合理照顾。对一般华侨地主，认为其在"农村中所有的土地和房屋，大多数是靠本人辛勤所得汇回国内购置的，与一般封建地主剥削阶级有所区别……应当给予照顾"（引自叶飞《叶剑英同志永远活在侨胞的心中》，《人民日报》1986 年 11 月 2 日）。据此，在政策上，规定要保护华侨劳动人民的少量出租地，其出租地不超过当地平均每人土地一半者，均保留不动，超过者也给予酌情照顾；对华侨地主，只没收出租的土地，对房屋、家具、耕畜、粮食、农具保留不动。同时贫苦的归侨、侨眷和广大贫下中农一样获得斗争地主的果实。土改期间，台山县有侨户 5 万余户，归侨、侨眷 128 528 人，分到土地的有 21 661 户，分得土地侨户人口有 67 971 人，平均每人分得土地 1.44 亩。从此，华侨劳动人民翻身了。

三、加强人民公安，巩固治安

（一）剿匪肃特

中华人民共和国成立之初，国民党残部保二师、自卫队、地方股匪及一些散兵游勇，分别龟缩在县境古兜山、紫罗山、大隆洞等地的深山密林，负隅顽抗，继续与人民为敌。他们时而散布谣言，制造混乱，破坏生产；时而四处打劫，袭击乡政府，抢夺枪支，严重地威胁新生的红色政权。台山县人民政府根据上级指示，于1950年3月22日至25日，召开台山县第一届各界人民代表大会，动员群众，在政治上大力开展反霸和减租退押，组织生产救灾的同时，在军事上集中兵力剿匪肃特，组织民兵配合解放军第十二团进山围剿。公安部门发动群众，分区包干，侦查匪情，实行驻剿。奋战一个月，歼灭土匪19股，缴获长枪789支、短枪50支、卡宾枪28支、冲锋枪26支、轻型机枪80挺、重机枪8挺、迫击炮1门、60炮12门、汤姆生枪17支、掷弹筒14个、炮弹24枚、各种子弹39 900余发、无线电台3部。破获潜伏匪特案件8宗，捕获匪特54人。

（二）镇压反革命

1950年2月23日，中共中央政务院、最高人民法院发布《关于镇压反革命活动的指示》。台山县随即成立"镇压反革命指挥部"，部署在全县范围内开展镇压反革命运动。运动分三个阶段进行：第一阶段从1950年3月至1951年10月，重点打击土匪、恶霸、特务、反动党团骨干分子。1951年11月至1952年10月，为镇压反革命运动的第二阶段，以打击反动会道门为重点，逮捕、惩治一批反革命分子。1952年11月至1953年5月，开展第三阶段镇压反革命运动，对残余反革命分子、现行反革命分子、坚持反动立场的地富分子继续深入开展斗争。在运动中，采取专门机关与群众运动相结合的方针，实行"镇压与宽大"相结合的政策，对罪大恶极又拒不交代的反革命分子实行坚决镇压，对一般的反革命分子给予应得的处理，对胁从者教育释放，对检举有功者给予奖励。

（三）取缔反动会道门

中华人民共和国成立前，台山县有一贯道、先天道和同善社等反动会道门，利用封建迷信欺骗群众，大肆发展组织，活动范围广，受骗群众多。20世纪40年代初，这些反动会道门的活动最为猖獗，在县境内各乡均设有佛堂，道徒达1 000余人。中华人民共和国成立初期，先天道头目继续四处进行活动，散布谣言，诈骗民财，积极筹集经费，发展道徒，妄图配合其他反动会道门进行反革命暴动，被及时破获。1953年3月，广东省人民政府发出布告，明令取缔反动会道门。台山县公安局设立专门工作机构，各区也相应建立专门队伍，在全县范围内开展一场大规模的取缔反动会道门运动，共查处道首31名、道徒917名。其中一贯道道首6名、道徒111名，同善社道首9名、道徒228名，先天道道首16名、道徒578名。对受蒙骗的道徒，通过教育后予以释放；对有现行破坏、罪大恶极的道首，则予以法律制裁。

（四）禁毒

1950年7月，台山县公安局遵照中央政务院和中南军政委员会关于禁烟禁毒工作的指示，结合剿匪肃特斗争，与民政、卫生和有关人民团体组成禁烟禁毒委员会。区、乡、村三级包干查禁工作。在大力宣传吸毒危害的基础上，查封毒窟，并对染有吸毒恶习者进行登记，集中教育，取得很大成效。是年底，全县共破获烟毒案368宗，查获吸、制、贩烟毒分子828人，登记自新烟民523人，收缴红丸制造机26副、烟枪烟灯1 300副，并从严惩处了少数屡教不改的制造、贩卖烟毒的犯罪分子。至1952年"三反"运动后期，全县贩烟吸毒的恶习彻底被清除。

（五）禁赌

民国时期台山赌博之风盛行，尤以台城、公益为甚，聚赌者多为地方权棍，而街头巷尾又常有好赌者拉人下注，牟取钱财。

国民政府曾几次下令禁赌，并派出警察下乡"冚赌"，但禁民不禁官，且"冚赌"的警察也是为了捞点油水行事，赌风禁而不止。中华人民共和国成立后，台山县人民政府命令禁赌，从严打击赌棍，没收赌具，赌徒要向政府登记悔过。经过一年多的禁赌工作，聚众赌博案件基本消除。

（六）禁娼

民国期间台山县城西荣街、北盛街一带有娼妓。娼妓中大多数是良家女子，她们因生活所逼或受骗而堕入青楼，也有少数深受腐蚀，甘愿为娼的。多数娼妓年纪较轻，一般为十六七岁，年幼者十三四岁。妓院鸨母对妓女管制严厉，不服从调遣，常遭打骂，所得收入大多数落入鸨母腰包。县警察局对妓院施以庇护，税务部门收纳"花捐"，卫生部门定期进行性病检查，以致成为专门行业。中华人民共和国成立后，台山县人民政府于1950年派出工作组对妓院进行清理，明令取缔，有家可归者，发给路费送回原籍参加生产劳动；无家可归者，由民政部门就地安排职业。

（七）改造"四类分子"

中华人民共和国成立之初，对地主分子、富农分子、反革命分子、坏分子实行戴"帽"管制，交当地治保组织和群众监督改造。1958年，按《全国农业发展纲要》规定，对地、富、反、坏分子进行评议，对改造好的可改变成分，成为人民公社正式社员。1978年后，贯彻中共中央《关于对地主、富农分子摘帽问题和地主、富农改造问题的决定》，组织专门班子对"四类分子"进行清理，除极少数犯罪判刑者外，全部摘帽，恢复公民权利。

（八）打击刑事犯罪

1957年以前，公安工作主要是打击现行反革命分子的破坏活动。1957年后，加强对刑事犯罪分子的打击，使犯罪活动减少，刑事大案、要案的发案率较低。1958年，台山全年发案13起，是台山解放后发案率最低的一年。"文化大革命"期间，由于国家法制遭到破坏，刑事案件的发案率上升。1973年，台山全年发案102起，破案率为89.3%，同时青少年犯罪率升高，严重影响了社会的治安。1979年以后，台山县公安部门与有关部门配合，依靠人民群众开展社会治安综合治理，成立综合治理社会治安领导小组，各乡镇及县属单位都成立了相应组织，并建立、健全防范措施，对基层组织进行整顿，及时打击刑事犯罪，加强对违法青少年的帮助教育，挽救一些失足青年。这些进一步巩固了社会治安，人民群众有了安全感。

四、边防保卫，围剿美蒋特务

台山县边防线长，横跨东南、西南各镇，上川岛、下川岛、广海湾、莆草湾，和镇海湾的犸㺅咀、小江南井，及北陡沙嘴、圆山头等均为海防前哨。1950年，台山县人民政府成立"台山沿海工作临时委员会"。1955年，台山县委成立了台山县委边防工作部，沿海各区乡成立边防领导小组，加强对港口、码头的管理，严防敌特偷出潜入以及打击走私贩毒、偷渡外逃活动，配合部队应付突变事件。

1954年1月18日至20日，边防军民在北陡黄花湾围剿偷偷登陆的美蒋特务，行动中毙敌6人，俘敌11人，无一漏网。

1月18日夜，天色很黑，伸手不见五指，寒冷的西北风掀起阵阵巨浪。一艘由香港开出的机帆船，载着国民党一批全副美国装备的特务，向黄花湾驶来。他们企图在紫萝山和葵田山建立所谓的游击走廊，为蒋介石反攻大陆做潜伏，以策内应。这条帆船穿过伶仃洋，转向西行，经过川山群岛海面，到达南鹏岛海域，趁着月黑风高，偷偷地在黄花湾的沙滩登陆。

广东解放初期，广东沿海都有民兵巡逻放哨，台山北陡沿海石头山又多又大，地形复杂，因而日夜都有民兵巡逻。下半夜，这艘船在黄花湾的石头间靠了岸。特务们上岸后害怕被发现，慌忙朝黄花湾山上摸爬过去，其中一名因晕船而身体不适的特务途中走散了，被沙嘴乡（今沙咀乡）的民兵发现并抓住。面对突发情况，台山县第十五区区委书记曹棠和土改队接到报告后，非常淡定，一面迅速向上级报告，一面组织民兵追捕。很快，一支由武装民兵、村民、海上渔民、解放军边防战士组成的队伍，把黄花湾周围的陆路、海面封锁起来，织成了一张天罗地网。天刚亮，守在黄花湾主峰——两耳西制高点的民兵首先发现了特务，并发出警告信号，但特务不但不投降，反而利用满山的大石头向民兵们还击。战斗一开始就非常激烈。枪声一响，大批的武装民兵和边防战士就向两耳西包围过来，但狡猾的特务利用复杂的地形负隅顽抗，并且转入了山洞。这里的山洞很多、很大、很深，又非常曲折，特务分散躲进了几个山洞里顽抗。民兵们凭着熟悉地形和洞内环境，和边防战士紧密配合，封住一个个山洞来打。经过一整天的激战，大部分特务落网，只有几个漏网，但因不熟悉环境，也不敢轻易逃跑。经过三天三夜的搜捕，全部特务都被抓获。这场战斗歼灭了 18 名美蒋特务，其中当场击毙 6 名，缴获枪支弹药等一批，而我方无一伤亡，大获全胜。

在战斗中立功的沙嘴乡民兵队队长司徒松和一位解放军边防战士上京开会，见到了毛泽东和周恩来。在省里开会的司徒松则多次坐在陶铸同志身边。电影制片厂把这一件事件拍成了纪录片，曹棠以及沙嘴乡部分民兵，被摄制组邀请到黄花湾现场讲述战斗情景。《南方日报》女记者陈婉雯还在沙嘴乡采访了一个星期，其后在《南方日报》发表了长篇报道，各类报纸也转载了这篇文章。黄花湾全歼美蒋特务的故事，轰动全国。这次战斗的意义还在于提醒了全国人民，敌人是不会甘心灭亡的，我们不能放松警惕。这场战斗也为后来在广东东南沿海歼灭 9 股美蒋武装特务提供了战斗经验。

从黄花湾往山上望去，有一块大石头屹立在半山，当年围剿美蒋特务就是在这石头旁边建起了临时指挥部。现在，这块大石头岿然不动，经过半个世纪的风风雨雨，仍然像哨兵一样，神情严肃地瞭望着宽阔的海洋，守望着美丽富饶、神圣不可侵犯的南国海疆。

1962 年 11 月 1 日至 3 日，斗山、都斛公社民兵配合中国人民解放军 432 团的两个连、台山民警七中队和海军部队，在赤溪半岛蛇鼻湾歼灭企图登陆的美蒋武装特务 33 人。同年 11 月 29 日，台山沿海边防军民在赤溪半岛前沿三杯酒的海面，全歼美蒋特务 35 人。

在军、警、民联合守卫下，台山县海岸线治安稳定，海防坚固。

五、中央领导视察台山

（一）周恩来视察台山

周恩来在 1958 年 7 月 1 日起一连十天到新会、台山、开平、江门、广州等县市同广大基层干部、农业社社员、工人、归侨、侨眷、下放干部、土专家、科学技术人员工作在一起，仔细地了解他们的生产、工作、生活和学习情况，并且同他们畅叙家常。周恩来说，同广大的群众经常接近，对负责领导工作的人有重要的意义。他希望大家共同创造一种风气，所有干部都要像普通劳动者一样生活在群众中。

7 月 5 日，是台山人民最难忘的一天。我们敬爱的领导人之一——周恩来来到台山。这对台山人民是一件极大的喜事。

周恩来参观了附城乡的凤山社，观看了社员们插秧、使用脚踏打禾机脱谷、双轮双铧犁和改造落后田，还参观了该社农具厂，并与社员们亲切交谈。他详细地询问了该社的生产情况和晚造生产指标，并问大家有什么困难没有。该社党支书李新壬代表大家回答说："有困难设法去克服，特别是总理来到给我们莫大的鼓舞，什么困难都可以克服了。"

周恩来还参加了正在召开的台山县三届人大一次会议。机关干部、学生和人民代表们听了周恩来的讲话，深受鼓舞，决心以实际行动报答周恩来同志的关怀。

周恩来还与归侨侨眷见面、座谈，观看了我县青年男女排球队的表演赛，给队员以莫大的鼓舞，队员决心苦练苦学，力争排球全国第一。

（二）董必武视察台山

1958 年 12 月 28 日，时任中共中央政治局委员、最高人民法院院长董必武在中共中央委员王维舟和广东政法委员会主任寇庆延的陪同下，视察台山。

董必武一行于 12 月 28 日下午抵达中共台山县委会驻地——台城中山路溯源堂大楼。该大楼于 1931 年由雷、方、邝三姓宗亲捐款 26 万元兴建的，建筑面积为 4 400 多平方米，1952 年被中共台山县委借用为办公楼。董必武入住该大楼，稍事休息后，就召集台山县党政领导同志去会议室，听取汇报。

中共台山县委第一书记张其昌首先介绍华侨捐建溯源堂大楼的历史，以及捐资办学校和医院的情况。

董必武听后说："海外华侨不但鼎力相助辛亥革命，推翻了几千年的封建王朝，又慷慨解囊，支持家乡建设，他们的爱国精神和行动无比伟大。任何时候，你们不能忘记华侨所做的无私贡献。"

接着，张其昌汇报台山基本情况。董必武不时对台山人口的变动情况、华侨状况、侨务工作等提问，并一一做了详细记录。董必武说："台山是侨属天下，天下有台山华侨。"又说："台山做好侨务工作，很感谢你们的努力。"

张其昌向董必武介绍在座的县委书记赵辉，说："这位书记夫妇都是华侨子女，他们有很多亲人旅居海外。"

董必武说："你们做得好，做得好。在人事任用上，能让华侨子女掌管侨乡，他们会努力当好这个家，可以令海外华侨对祖国、对故乡更加热爱和支持。"

第二天上午，董必武一行和台山党政负责人分乘三辆汽车去台山海边的广海视察渔业。在汽车途经那金、上泽、端芬时，一座座造型别致的洋楼、碉楼和侨房映入眼帘，董老赞不绝口。他说："台山不愧是全国第一侨乡，名副其实，毫不夸张。"接着，他口述一副对联："台山一水通四海，侨乡百年富万家。"

视察广海后，董老又去温泉视察。他对开发利用温泉做出指示并题词："台山温泉好"。

（三）朱德视察台山

1959 年 2 月，70 高龄的朱德到台山视察。时值冬季，天气寒冷，那时台山还没有招待所，朱德就住在县委第一书记张其昌的办公室。适逢张书记外出开会，由巩兰森主持县委日常工作。巩兰森陪同朱德及其夫人康克清，还有其他领导，在巩兰森的办公室吃了蒸饺子。后来巩兰森又陪同朱德到端芬公社了解群众生活，亲自指导群众积极生产，勉励群众努力建设侨乡。

第三节 农业社会主义改造

一、开展"三反""五反"运动

工商业经过调整后，私营工商业迅速发展，市场开始活跃。但是，一些不法资本家以为有机可乘，进行行贿、偷税漏税、盗窃国家财产、偷工减料、盗窃国家经济情报等违法活动（简称"五毒"）。在资产阶级糖衣炮弹的袭击下，少数干部贪污腐化，浪费国家资财，滋长官僚主义作风。1951 年 12 月，中共中央先后发出《关于精兵简政、增产节约，反对贪污、反对浪费和反对官僚主义的决定》和《关于反对贪污斗争必须大张旗鼓地去进行的指示》。毛泽东主席在 1952 年元旦团拜会上发出号召：全体人民和一切工作人员一致行动起来，大张旗鼓、雷厉风行地开展大规模的反对贪污浪费、反对官僚主义的斗争，把旧社会遗留下来的污毒冲洗干净！

1952 年，根据中共中央的决定，广东省、专署（市）、县的机关及企业开展了反对贪污、反对浪费、反对官僚主义的"三反"运动，以及在城镇开展反对行贿、反对偷税漏税、反对偷工减料、反对盗窃国家财产、反对盗窃国家经济情报的"五反"运动。

"三反"运动主要在县直机关和企事业单位展开。运动分为学习动员、发动群众，坦白交代、揭发检举，审查处理、组织建设三个阶段进行。经过初步发动群众，暴露出贪污、浪费和严重的官僚主义问题，使广大干部职工受到深刻的教育。但是，由于个别单位领导对运动认识不足，群众没有真正发动起来，在运动中边学边犯，出现了新的贪污问题。

台山县委对反贪污、反浪费、反官僚主义的运动，态度是坚决的，立场是坚定的，旗帜是鲜明的。台山县委要求全体党员干部在"三反"运动中经得起考验和锻炼，特别是要求党员领导干部必须起带头作用，保证运动健康开展，并宣布对个别阻碍运动的领导进行调整，予以处分，反省交代问题的决定。

"三反"运动的建设阶段，一是在思想上深入批判资产阶级腐朽思想，狠挖产生贪污、浪费和官僚主义的思想根源和危害，使广大党员、干部及职工群众划清了资产阶级思想与无产阶级思想的界限，提高了阶级觉悟，把反对资产阶级腐朽思想的认识，提高到巩固无产阶级政权的高度来认识。广大干部职工进一步增强了增产节约、爱护国家财产的观念，提高了工作和生产的积极性，形成了遵纪守法、互相关心、团结互助、大公无私的新风气。二是在制度建设上健全了机关党内的民主生活制度，制定机关工作制度、财务制度、人事制度、基本建设制度和物资管理使用制度等，使机关工作有条不紊、有章可循，逐步走向规范化、制度化。

经过"三反"运动，在组织建设上，清除了党内和政府机关内的贪污腐化分子和官僚主义分子及其他坏分子，纯洁了机关干部队伍。同时在运动中培养和锻炼了一批骨干力量，充实到各级领导岗位。

随着"三反"运动的深入发展，暴露出个别的国家机关工作人员的贪污行为，大多是和社会上的不法资本家勾结起来进行的。一些不法资本家置党纪国法于不顾，唯利是图，损人利己，投机取巧，采取各种阴险狡诈的手段大搞行贿、偷税漏税、盗骗国家资财、偷工减料、盗窃国家经济情报等"五毒"活动，猖狂地向党和新生的革命政权进攻。

1952年，根据中共中央《关于在城市中限期展开大规模的坚决彻底的"五反"斗争的指示》精神，中共台山县委、县人民政府经过宣传发动，"反五毒"运动很快在全县开展起来。县委及各系统先后召开多次坦白检举、宽严处理大会，充分体现了党的坦白从宽、抗拒从严的政策，有力地推动了运动向深度、广度的方向发展。

在"五反"运动的高潮中，个别单位出现了斗争的扩大化和逼、供、讯及变相体罚等违反党的方针政策的现象。县委发现问题后，及时采取措施，纠正了"左"的倾向，保证了运动的健康发展。

全县参加"五反"运动的私营企业共1 036户。为了团结中小工商户，争取中立户，并按照党中央关于处理违法工商户应本着"过去从宽、今后从严；多数从宽、少数从严；坦白从宽、抗拒从严；工业从宽、商业从严；普通商业从宽、投机商业从严"的五条基本原则，对在运动中查出问题较大，但能彻底坦白、立功赎罪者，采取工商业者自报公议，工人和店员集体审定，政府批准的方法予以审查定案。经过审查，严重违法的仅12户，除令其退出违法所得外，按情节轻重处以罚款。通过宽严处理，教育和改造了大多数，打击了少数，保证了"五反"斗争的胜利。同时，进一步提高了全县广大党员、干部和职工群众的政治觉悟，划清了是非界限，增强了抵制资产阶级腐蚀的免疫力，清除了党内和革命政权内部的腐败分子，更加密切了党群、干群关系，巩固了各级政权，推动了各项事业的发展。

二、人民公社的发展和整顿

1958 年 8 月，中共中央政治局召开扩大会议，发表了《中共中央关于在农村建立人民公社问题的决议》（简称"《决议》"）。《决议》指出："几十户几百户的单一的农业生产合作社已不能适应形势发展的要求，在目前的形势下，建立农林牧副渔全面发展、工农商学兵互相结合的人民公社，是指导农民加速社会主义建设，提前完成社会主义并逐步过渡到共产主义所必须采取的基本方针。"1958 年 9 月初，大江、水步两乡合并，改称红旗公社，并办起了公共食堂、托儿所、幼儿园、缝衣组、理发组等集体生活的组织。9 月 11 日，中共广东省委发布了《关于在农村建立人民公社的决定》。至 11 月 15 日，台山将全县 630 个农业合作社合并成 11 个人民公社。

公社化后，以公社为单位设立党委会、管理委员会，下辖生产大队、生产队，实行了半供给半工资的分配制度。台山县各公社于 12 月 1 日至 3 日，第一次给公社社员发放 11 月份工资。12 月 11 日，台山县委根据广东省委关于从 1958 年 12 月至 1959 年 4 月全党集中力量抓好整顿和巩固人民公社的指示，从机关单位抽调 180 人组成整社工作组，分头到各公社开展工作。

为巩固和加强公社的指导，1959 年 3 月 4 日，台山县委在台城人民电影院召开干部下放动员大会。会后，各机关、企业、事业等单位 30% 的行政干部，分两批下放到公社生产第一线去。5 月 28 日至 30 日，台山县委召开各公社党委工业书记会议，贯彻广东省委关于农工业生产工具改革会议精神，总结大搞牛车运输队的经验。6 月 19 日，台山县委根据广东省委的指示精神，调整人民公社的规模，即原则上以大乡为单位，将原有的 11 个人民公社划分为 18 个人民公社，下辖 675 个生产大队（包括 642 个农业大队和 33 个渔业大队）。1960 年，相继缩小了各人民公社的规模，全县增加到 24 个人民公社，基本完成了人民公社化的任务。人民公社化运动，是在合作化运动后期出现的，要求过急、变革过快、工作过粗，原有的遗留问题尚未解决，又冒出了新的更严重的问题。主要是：

（一）大刮"共产风"

台山和全省各地一样，大的"共产风"有大炼钢铁、大兵团深翻改土、大办社队企业、大搞水利等，小的"共产风"不断地刮。最突出的是"一平二调"，如大炼钢铁就乱砍林木；搞千斤亩、万斤亩高产就强拆民房（坭砖屋）做肥料；大办食堂就取消自留地和社员家庭副业，无偿征调炊具、饭桌；办工厂就调劳动力、原材料。总体叫作"所过一条河，无阻挡"。

"共产风"使基层的生产队失去自主权，取消经济核算制度，分配平均主义，动摇了等价交换和按劳分配的原则，助长了浮夸风、命令风，并给各种破坏分子"浑水摸鱼"的机会，致使 1960 年全面开展"三反"（反贪污、反浪费、反官僚主义）整社运动。"三反"整社公布结果：贪污 100 元以上的有 1 311 人，贪污 100 元以下的有 1 699 人；借支挪用的有 3 814 人，公私不分占小便宜的有 5 180 人；严重违法乱纪的有 336 人；瞒产私分的有 2 078 人；生活特殊化的有 2 664 人。在"三反"整社运动中还发现坏分子 274 人，蜕化变质分子 633 人，受处分干部 823 人。

（二）盲目互相攀比

1958 年底，中共广东省委召开全省中共县委书记会议，传达贯彻中南五省农业协作会议精神。会议分析兄弟省在农业生产高指标时，觉得广东"落后"了，提出 1958 年全省晚造要达到平均亩产 600 千克、粮食总产 300 亿千克的高指标。8 月 18 日至 21 日，台山县召开四级干部会议，到会干部共 2 095 人，会议传达了省委、地委的指示精神，分析台山县的农村形势，进行启发动员，通过查情况，"反右倾"，鼓干劲，掀起挑战竞赛，夺取晚造粮食大增产的高潮。1959 年 2 月，广东省召开第一届党员代表大会第三次会议，提出粮食总产要达到 400 亿千克至 500 亿千克的更高指标。各县委根据广东省委提出增产的指示精神，互相攀比，层层加码。为了实现高难度指标，不讲科学种田，盲目密植，搞什么"禾仔田"（把几亩的禾苗并插在一亩地里）"蚂蚁出洞""双龙出海""满天星斗"等。在"密植多收"的思想指导下，既削减了粮食种植面积，又造成禾苗倒伏，结穗率低而减产。

（三）浮夸风泛滥

高指标，放"卫星"，"反瞒产"，使各级干部虚报数字，影响了共产党在群众中的威信。虚报粮食生产量，就失误地号召农民"吃三餐干饭不要钱"，把本来并不丰厚的家底吃空了。加上大办工业，职工人数猛增，商品粮供应出现困难。上调贸易粮也随之增加。在这种情况下，向农民实行高征购。1959 年台山增加征购粮 22 092 吨。1960 年又比 1959 年增加征购粮 11 182 吨，超越了农民的承受能力，大量征购了农民的口粮。1959 年春，台山农村开展了"反打击埋伏"（后叫"反瞒产"，实际上是硬逼群众报大数）运动，对不报高产的干部，则采取"车轮战术"（轮流派人谈话），通宵达旦。这一做法，逼使干部讲假话，报大数，不仅助长了"浮夸风"，而且给农村粮食安排带来了很大的困难。

（四）强迫命令瞎指挥

1958 年，农业、工业、财贸、文教、卫生、气象、体育和民兵等，都搞"全民大办"，不管条件是否具备。当时，台山的农具改革最为突出。4 月 10 日，为实现农村改革"大跃进"，台山县在宴中乡召开会议，针对代表们提出实现车子化的"五无"（无时间、无材料、无路行、无车轮、无钱买）思想，展开大辩论，"批判了那种评头品足，重靓求全，华而不实，不相信群众的保守思想"。结果，乡与乡、社与社之间在形势所迫之下，挂钩挑战竞赛，表示在 4 月 15 日前消灭扁担，全面实行车子化。会后，不少农户为应付车子化，拆了木梯作"车臂"，用盖米缸的木盖做"车轮"，一夜之间，家家户户有了"车子"（公鸡车），不少车子推着出去，扛着回来。

此外，深翻改土、积制肥料、大炼钢铁、扫除文盲、插秧尺子化、滚珠轴承化、稻谷番薯放卫星等，都不同程度地搞瞎指挥。

人民公社化运动中出现的问题，中共中央很快就察觉到，先后召开了一系列重要会议，做出纠正意见。中共广东省委于 1958 年 12 月 20 日发出了《关于整顿、巩固人民公社问题的指示》。1959 年 3 月，毛泽东先后几次通过《党内通信》向党的各级干部发出指示，提出"干劲一定要有，假话一定不可讲"，强调要纠正"共产风"，提倡实事求是，讲真话，纠正"左"的错误。同年 3 月 25 日至 4 月 1 日，台山县委召开五级干部会议，到会人数 6 000 人。会议传达了贯彻中共中央郑州会议精神和省委六级干部会议精神，主要是贯彻人民公社新体制，把核算单位由公社级下放到生产大队一级，实行一级领导，队为基础，分级管理。随后，台山县委根据《关于整顿人民公社工作中几个政策问题的具体规定》和《关于迅速贯彻人民公社的几项经济政策的指示》调整公社规模，调整了大集体与小集体以及集体与家庭副业的关系，即解决公社与生产大队之间的所有制问题，把公社单一所有制转为生产队所有制，承认社员家庭部分所有制和恢复按劳分配制度。

通过整顿，人民公社逐步走向健康发展，人民生活水平有所提高。

三、土地改革的胜利

在中国共产党的领导下，土地改革取得了伟大的胜利：

（一）根本改变了台山农村封建剥削的生产关系

在土改中，台山全县共没收了地主80%的土地，征收了全部公偿田和富农的15%的土地（即出租的土地），共40多万亩，分配给无地、少地的农民；没收了地主阶级占有的房屋7 568间、耕牛1 909头、农具11万多件及一大批余粮，分配给农民和其他劳动人民，对地主也给予生活出路。这样就摧毁了封建统治的经济基础。地主阶级作为一个当权的剥削阶级被消灭了。农村中建立了新的生产关系，解放了生产力。农民有了土地，生产积极性大大提高，从而为发展农业生产创造了有利条件。1952年，全县粮食产量149 869.2吨，实现了粮食自给。1953年粮食产量达到198 423.4吨，比1952年增产48 554.2吨。

（二）使农民在政治上成为农村的主人，大大巩固了工农联盟和人民民主专政

台山解放前，台山的地主阶级不仅掌握土地的所有权，而且直接掌握乡村政权和反动的地方武装，与土匪互相勾结。通过土改，进一步肃清了土匪和反动的地方武装，破获了一大批特务组织；清理旧基层组织，锻炼、培养了一大批干部，并且真正把农民发动和组织起来了，各个乡村都建立了农民协会与基层政权。据统计，全县有土改干部2 882人；农协会117个，正副主席及委员5 709人；农协小组13 500个，组长25 488人；农会会员226 300人；民兵7 927人，民兵队230个。共产党、青年团组织也有很大发展。共产党和人民政府在农民中的威信进一步提高，在农村的阵地得到进一步巩固。

（三）封建思想受到冲击，农民的政治觉悟大大提高

台山农村历史上宗族矛盾较为严重，大姓欺压小姓，械斗时有发生，经过土改，认识到"天下民族一家亲"，形成团结互助的新风尚。妇女的地位也随着土改的胜利，彻底翻了身，积极参加政治运动与劳动生产。农民学文化的热潮空前高涨，各地办起了扫盲班和夜校。农村入学儿童数量显著增加。整个农村出现了欣欣向荣的景象。

老区基础建设上马

一、发展交通运输业

抗日战争期间，为了阻止日军的入侵，全县公路均遭破坏；直到 1945 年 9 月以后各行车公司又重新组织注资，到次年才陆续恢复汽车运行。到 1949 年 10 月，台山境内公路里程为 265 千米，有 16 家行车公司，共有客运汽车 65 辆、货运汽车 14 辆。但南部的沙栏、海宴、汶村，西南地区的深井、那扶、北陡，山区的大隆洞，及上川岛、下川岛等地还未通行汽车。

台山解放后，台山的公路交通得到了空前大发展。自 20 世纪 50 年代到 70 年代，台山逐步形成了台城至各中心圩镇的公路交通网络。1951 年建成了赤溪至田头的公路，使赤溪地区两个主要的居民点连通起来。同年，为适应蛮陂头水电站建设的需要，新建成由五十圩至蛮陂头水电站的专用公路。1956 年 9 月，兴工建设广海至海宴的公路，1957 年 5 月 1 日通车，全程 36 千米。之后又建成海宴至汶村横山的公路。1962 年 7 月 15 日，台城直达横山的公路通车，使海宴地区人民通行汽车的愿望得以实现。二十世纪五六十年代台山先后建成横山至犸猡咀、端芬至大隆洞、深井、浮石至烽火角、广海，那扶至深井，深井至箩谷迳、小江、南井，横塘至联安，上川岛三洲至沙堤、高冠、鲇沙，下川岛由略尾圩至川东、芙湾码头、獭窟、东湾等公路。1963 年，汽车由台城经斗山、镇口、广海烽火角到达广海；同年 11 月，新开台城至那扶、深井班车。1969 年 10 月深井至隆文圩公路竣工。1970年又建成由隆文圩至端芬墩寨路段，与 1963 年 5 月中旬通车的台城至大隆洞水库公路接通，使县西南边陲的那扶、深井同县城的交通连接起来，从而形成了全县境内镇镇相通的公路交通网络。

由于注重对公路的养护，做到路面平实整洁、晴雨通车，因此 1958 年至 1960 年连续三年获得广东省公路养护的第一。1961年 3 月中旬，全国公路养护现场会议在台山召开。

二、水利电力基础设施建设

（一）蛮陂头水电站建设

台山塘田水库蛮陂头水电站，是广东最早的发电工程，位于四九镇石笔潭风景区以南，距台城 18 千米。

1945 年 11 月，当时是抗日战争胜利后不久，台山百废待兴。为促使台山经济得到恢复和发展，县政府决定利用四九地区丰富的水力资源，选址在北峰山塘田蛮陂头兴建水力发电站。1947 年开始招股筹建蛮陂头水电站，由于人们对水电认识不足，加上战乱动荡，所集股金很少，后来当局变卖地方财产，才筹得 2.8 万美元的资金。1948 年由广东省农林厅水利科进行规划，台山县政府通过香港乡亲从美国购买 186.5 千瓦的水轮机及 175 千瓦的发电机一套，尚欠货款 22 万港元。当时社会动荡，地方政府无法再筹集到款项，以致机组停留在香港九龙仓，筹建工作被迫停止。

中华人民共和国成立后，1950 年 2 月，台山县人民政府重新成立蛮陂头水电站股份有限公司筹备委员会，恢复蛮陂头水电站的筹建工作，由时任县委书记、县长谢永宽任筹备委员会主任。委员会分地区指定专人负责招股集资，每股 4.8 万元（相当于现时 4.8 元）。经过一年的招股集资，共招募股份 132 980 股，其中私人股 14 361 股、行车公司 3 270 股、香港商会 400 股、永明公司 8 265 股、台山县政府 59 644 股、新宁铁路公司 47 040 股，筹得股金 63.83 亿元（相当于现时 63.83 万元）。但资金仍不足，再由县政府拨款 4 万港元，省工业厅投资 10 亿元（相当于今 10 万元），同时变卖地方资产，才补足资金缺口。

1950 年 3 月 17 日，发电站正式破土动工，基建工程由广东省水利厅派主任工程师和技术人员负责施工。工程动工后，台山县政府派人带足款项前往香港把原订机组运回台山，并向日本定制输水钢管。但由于朝鲜战争爆发，美国禁止日本向中国输出钢材，工程建设一时受阻。1952 年春，得到广州第一钢管厂的支持，将打捞沉船拆出的钢管加工成 250 米钢管，并由该厂派出技术人员指导安装。1952 年 4 月 21 日，电站全面竣工，正式向县城供电。该站引进美国制造的水轮发电机组 1 台，装机容量为 175 千瓦，年发电量为 60 万千瓦时，同时架设有 15 千伏输电线路共 15 千米至台城，主要供居民生活照明用电。

1958 年 7 月，台山县政府对电站进行扩建，修建了蛮陂头水库，于 1960 年 12 月竣工。该水库属小（1）型蓄水工程，主要功能是蓄水发电，水库集雨面积为 19.86 平方千米，总库容为 340 万立方米，正常库容为 245 万立方米。1962 年又购进西德制造的水轮发电机组 1 台，容量为 160 千瓦，年发电量为 55 万千瓦时，增加了县城用电量。

（二）大隆洞水库建设

1958 年 7 月台山县最大的水利工程——大隆洞水库动工兴建。1959 年 10 月该水库竣工，并于同年 11 月 26 日举行剪彩放水典礼。

大隆洞水库位于台山端芬大同河上游崩石桥，距台城 42 千米。大隆洞水库集雨面积为 148 平方千米，总库容为 2.92 亿立方米，正常库容为 1.68 亿立方米，是目前台山最大的蓄水工程。水库以灌溉、防洪为主，兼顾发电与养鱼等功能，设计灌溉面积 15 万亩，防洪捍卫端芬、广海、冲蒌、斗山等乡镇 20 多万人、19.73 万亩耕地。大隆洞水库既是端芬、广海、冲蒌、斗山的主要农业灌溉水源，也是台山重要的生活、工业供水的后备水源。大隆洞水库的建成对保障广大人民群众生命财产的安全，促进台山经济社会的可持续发展，发挥了重大的作用。

大隆洞水库主体工程完成后，蓄水到正常水位，水库成了一个大湖泊，众多露出水面的小山包仿如一个个小岛，倒映在湛蓝的湖水中，与水库周围群山相映成趣，风景如画，因而有"千岛湖"之美称，是人们旅游观光的好去处。

水库主副坝及涵管工程于 1958 年 9 月动工，由台山大隆洞水库工程指挥部负责项目建设，从全县各公社抽调精壮青年组成施工队伍，以人力抬、担和手推车装泥、沙石兴建主副坝。大坝属均匀土质坝，主坝顶高程 39.2 米，防浪墙顶高程 40.2 米，主坝长 444 米，坝顶宽 6 米。副坝一座，坝顶高程 27.2 米，坝长 175.6 米。输水涵管设于副坝，为直径 2 米的钢筋混凝土结构，内镶钢管 1.9 米，最大流量为每秒 34.4 立方米，设套管闸门，用涡轮蜗杆启闭。灌区渠道及附属工程于 1959 年冬修建，1960 年春耕前完成。总干渠长 3.5 千米，最大流量为每秒 22 立方米，在坪咀设总分闸一座，分南北干渠，南干渠长 21.65 千米，流量为每秒 10 立方米；北干渠长 21.45 千米，流量为每秒 12 立方米；支渠 6 条，共长 38.2 千米。总干支渠长 84.8 千米。附属建筑物有渡槽 13 条、节制闸 1 宗、分水闸 17 宗、十字闸 1 宗、过底涵 25 宗、放水涵 277 宗。1959 年 11 月，大隆洞水库库区工程竣工，在工地举行了放水剪彩典礼，由时任县委书记张其昌同志主持，县委、县人委领导，各公社党委书记、各部门负责人和归国华侨、侨眷共 150 人参加了盛典。因未建溢洪道，水库限制水位，控制运用。

1964 年，在主坝左侧开始修建溢洪道。溢洪道堰顶高程 28.3 米、净宽 24 米，分三孔开敞式不设胸墙泄洪闸，钢结构弧形闸门有 3 扇，每扇净宽 8 米、高 4.5 米，用陡坡连接，在陡坡末端设消力池，池后护坦设滚水陂第二级消能，最大下泄量为每秒 903 立方米。1967 年溢洪道竣工。

1964 年至 1973 年期间，主副坝出现多次渗漏，外坡湿润并起牛皮胀，经处理，效果不明显，虽已完成永久性溢洪道，仍限制水位，控制运用。1976 年 4 月，经佛山地区水电局及广东省水利电力厅批准，对大隆洞水库进行加高加固。工程由 6 个受益公社安排出 2 000 人进行施工，日夜奋战，于 1976 年 12 月竣工。主要加高主副坝 2 米，加砌石防浪墙 1 米，加高外坡脚棱柱体 4 米，内坡新做黏土斜合混凝土护面灌浆墙塞原山漏孔，修补原山崩口。1977 年上级批准大隆洞水库汛期可正常蓄水，正常库容为 16 861 万立方米，灌溉面积由原来的 10.5 万亩增加到 13.5 万亩。

（三）深井水库建设

深井水库位于台山市深井镇深井河上游，距深井圩 3 千米。1957 年水利规划分大东坑、小东坑、凤凰坑及西坑汇流谷口处，将四坑合一，形成深井水库。深井水库 1971 年 12 月建成使用，是一座以灌溉为主，结合防洪、发电等综合利用的中型水库。该水库集雨面积为 60 平方千米，总库容为 8 070 万立方米，正常库容为 6 235 万立方米，设计灌溉面积为 8 万亩，防洪捍卫深井 1.1 万人、5.2 万亩耕地。深井水库是继大隆洞水库之后台山第二大蓄水工程，主要解决海宴、汶村、深井等镇的农业生产用水，也是汶村、深井两镇生活和工业用水的重要后备水源。

深井水库建设经历了两起两落的曲折过程。1958 年 12 月，水库工程正式动工，由深井、汶村、海宴、沙栏 4 个受益公社联合兴建。1959 年春耕前已完成钢筋混凝土压力圆管，当主坝填筑至 20 米高程时，适逢春耕生产，工程指挥部同意各公社生产队的社员回乡参加生产劳动，因而延误了主坝土方加高预防汛期洪水的工期，无法按时开挖临时溢洪道。1959 年 5 月 14 日，深井地区遭遇大暴雨，至 15 日凌晨 5 时左右洪水漫顶造成主坝垮塌，缺口长达 100 多米，幸未造成人员伤亡。1963 年 11 月才动工复建，亦由 4 个受益公社组织社员施工，1965 年又停工，1966 年第二次复建，最终在 1971 年 12 月建成。1963 年复工以后进行水中填土筑坝，在施工过程中及水库投入使用后，曾发生 14 次坍坡。当时广东省和佛山地区水利部门的领导、工程技术人员以及本地主要领导亲临现场，实地了解坍坡情况，召开现场办公会分析原因，并取得共识。后来，采取加长加高内坡脚平台等多方面的措施对坍坡坝段进行整治。经过整治，水库至今未发生坍坡事故和渗漏现象。

深井水库大坝属均匀土质坝，坝顶高程 38.71 米，现坝顶高程 38.44 米，防浪墙顶高程 40 米；主坝顶长 548 米，最大坝高 39.49 米；长 42 米的副坝 1 条，最大坝高 13 米。新建涵管直径 2 米，为钢筋混凝土结构，管长 157 米，进口高程 8.2 米，最大流程量为每秒 42.3 立方米，钢板平面闸门卷扬开关；副坝涵管长 75 米，进口高程 10.95 米，最大流量为每秒 7.8 立方米，转动门开关。溢洪道位于主坝左侧原山，堰顶高程 27.85 米、净宽 16 米，分 2 孔，每孔 8 米，装钢结构弧形闸门 2 扇，每扇净宽 8 米、高 7 米，用陡坡连接，末端设鼻坎挑流消能，最大下泄量为每秒 730 立方米。灌区渠道长 64 千米，其中东干渠长 44 千米，西干渠长 20 千米。附属工程有渡槽 9 宗、隧洞 2 宗、排水闸 55 宗、过底涵 11 宗、放水涵 19 宗、十字闸 4 宗。

深井水库建设发电站，装机 3 台，容量为 2 110 千瓦，年发电量为 248 万千瓦时。

三、教育设施建设

1952 年，台山县的私立小学改为公办小学，各校成立校务委员会、家长委员会，民主管理校务工作，对教师队伍进行组织整顿和思想整顿。1955 年，台山县有小学 322 所，各年级累计学生 81 591 人，教师 3 017 人。

同年，台山县有一中、培英、居正、广海、端芬、任远、育英、侨中、都斛、文海和翠英等 11 所中学，在校学生共 3 566 人。1956 年，台山县有完全中学 10 所，初中学校 38 所，在校高中学生 2 673 人，初中学生 12 820 人。

台山县革命老区也在台山县老区建设委员会的大力支持下，并得到海外乡亲和群众的集资，纷纷建立起师资优良的学校。例如：

（一）园美小学

园美小学的前身是永安小学。永安小学创办于中华人民共和国成立初期。校址设在园美。学生遍及整个永安乡，包括古逻、园美、坦塘、金星农场。初时，该校以园美华安村的祠堂及永扬猪埠的房屋为校舍，并在南坑尾农场设立分校，派出一名教师前往教学。

1963 年，原永安乡地区掀起办学热潮。永安乡原是革命老区，在革命老区建设委员会的支持下，于永安小学校址附近扩建了新校舍。新校舍面积达 250 平方米，为平房、土木结构，设 4 个课室和 1 个办公室。

当时，永安小学是台山县的优秀学校，全县的优秀教师永安小学就占了 2 名——任英有与陈建芬。

20 世纪 60 年代初，原永安乡地区教育事业继续向前发展，各生产大队生源不断增加，永安小学无法容纳全部学生。于是，各生产大队陆续兴办分校。1963 年，坦塘设分校；1964 年，古逻设分校。"文化大革命"开始后，各校分开，坦塘为革命小学，古逻为向阳小学，园美为解放小学。"文化大革命"之后，解放小学又改回园美小学。

1967 年，园美小学有学生 246 人、教师 11 人。

1976 年，园美大队干部群众支持办学，把原来的旧祠堂拆除，利用其材料建成校舍，建筑面积共 200 平方米。此时，有学生 220 名、教师 12 名，设附中。到 2004 年，由于生源减少，遵照上级指示，园美小学与古逻小学合并。园美小学除留下 1～3 年级学生 60 名作为古逻小学分校继续就地教学之外，其余高年级学生一律前往古逻就读。

（二）古逻小学

古逻小学的前身是永安小学，校址设在园美村。1964 年 9 月开始设分校，后改名向阳小学。20 世纪 80 年代初又改名为古逻小学，校址设在古逻水坑村祠堂。后来，在政府的支持下，并发动海内外乡亲捐资和群众集资，建成几间平房课室，坐落在新村委会对面。1983 年 7 月，在海外华侨的热心支持下，捐资 3 万元扩建了 4 个课室，面积达 224 平方米，附设永安初中班。为促进古逻教育事业的发展，适应时代需要，古逻村村委会全体领导干部，决定建设一座新教学楼，建筑面积为 1 000 平方米，总造价为 53 万元。新教学楼于 1997 年 6 月 5 日动工。内外乡亲同心协力，各尽所能，解囊资助，使古逻小学新教学楼能如众人所愿，拔地而起。如今，古逻小学巍然屹立，熠熠生辉，硕果累累，桃李芬芳。

为促进永安革命老区教育事业的发展，1981 年由泥冲村老游击队队员梁如大发起,组织筹建永安中学。经发动华侨及乡亲捐资,于1983年9月在园美正式建立永安中学。

(三)任远中学

任远中学于1928年9月,由陈觉生、谭照青、陈康民、陈汉业等热心教育的人士倡办,商租台城环城南路邝公表祠为校舍,又得伍璧予资助4 000多元修缮旧祠。倡办者公推陈觉生为校长。同年9月开始招收新生,取名为"私立任远初级中学",以骆驼为标志,寓意"骆驼精神,任重道远"。

抗日战争爆发后,任远中学校长陈觉生大力支持抗日,任远中学成为当时"抗先队"活动中心。革命烈士林基路就是任远中学的首届学生。1945年,由于日寇入侵台城,任远中学被迫迁往斗山圩。现在的任远中学地处经济繁荣、文化发达和交通方便的斗山圩东北角。校园环境幽雅,绿树成荫,是求知学习的好地方。

中华人民共和国成立后,任远中学于1952年9月由国家接收,成为公立初级中学,1957年至1965年增办高中成为完全中学,"文化大革命"期间只办两年制高中,1979年以后又恢复完全中学,初中和高中修业期各为三年。

1979年至2000年是任远中学发展扩大的时期。1982年至1984年,由台山县教育局拨款兴建两幢新式教学楼和一幢教师办公楼,1988年斗山华侨宾馆捐资兴建一幢学生宿舍楼,1993年在社会各方力量的支持下兴建联谊楼。1996年至2000年的五年间,任远中学的建设发展到了最高峰期。1996年,旅港乡亲陈神佑捐资34万元兴建天赤教学楼,为任远中学建校以来个人捐资兴建教学楼的首例。1999年,校友陈卫平、陈娟娜捐资55万元兴建一幢教学楼和校门楼。2000年,旅美校友陈孝培、刘淑仪捐资230万元兴建两幢学生生活楼,为单元套间式结构,可容纳千人就寝,在江门地区属一流的学生宿舍楼;2001年,旅港富商李伯荣捐资

150万港元兴建一幢集体育、文娱、会议、教育教学科研和行政办公的综合性大礼堂——李星衢纪念堂，后又捐资20万港元建一幢师生膳堂。如今在任远中学的校园里，20世纪50年代建的砖瓦平房教室已无踪影，矗立着一幢幢具有新时代气息的教学、办公、生活大楼。在生机勃勃的花草树木的掩映下，任远中学显得更加辉煌、耀眼，令莘莘学子无比向往。

任远中学不仅校园环境有了翻天覆地的变化，而且教学设备日臻完善。校内建有电脑室2个、语音室1个、电化教学室1个、化学实验室2个、物理实验室2个、舞蹈训练室1个、安全教育展览室1个、图书阅览室1个和教学器材一大批，基本能适应现代教育教学的需要。

1993年至2000年，任远中学办学卓有成效，被评为"江门市文明学校""台山市精神文明先进单位""台山市普教系统先进单位""台山市社会治安综合治理先进单位""台山市德育先进学校"、台山市第三届和第五届教学改革百花奖先进学校、"江门市先进职工之家"。教学质量也显著提高，每年中考考入重点学校的初中毕业生比率，在全市四乡同类中学中名列前茅，年年获台山市中考成绩优秀奖或优良奖。高考也取得良好成绩，尽管经过中考台城几所中学已把拔尖的学生选去，只留下起点较低的学生，但每年高考仍能超额完成上级下达的指标任务，有的还考上全国重点大学，获得市里的表彰、奖励。任远中学的教风、学风、校风良好，深受社会各界的好评。

任远中学数十年来培育了数以万计的学生，当中不乏著名的专家、学者、教授、作家、工程师、企业家等，从事政治、军事的也不少。

第六章

改革开放　齐奔小康

（中共十一届三中全会后）

第一节 改革开放，振兴经济

一、拨乱反正

1978 年 12 月，中共十一届三中全会胜利召开，我们伟大的祖国进入了崭新的历史阶段。中国从此进入了改革开放和社会主义现代化建设的历史新时期，中国共产党从此开始了建设中国特色社会主义的新探索。中国实现了从"以阶级斗争为纲"到以经济建设为中心的深刻转变。

在台山，关于真理标准问题的讨论，由县直机关发展到基层单位，由城镇发展到农村，在台山县蓬勃开展起来。讨论中，各级领导以身作则，带头联系实际、由表及里、由浅入深，开展得生动活泼、有声有色，使真理越辩越明，人们的思想越来越解放。

按照"有错必纠"的原则，台山县于 1979 年先后成立落实干部政策办公室和改"右"办公室等机构，狠抓各项政策的落实工作，平反冤假错案。

台山县在"文化大革命"中被揪、错斗的干部、群众达万余人，严重地损害了党在群众中的威望。台山县委十分重视，在台城灯光球场召开大会，对所有受迫害的干部、群众公开平反，推翻了强加在他们身上的诬蔑不实之词，并将应销毁的材料全部销毁。

此外，还完成了对地富分子摘帽和为地富子女划定成分的工作，以及把小商、小贩、小手工业者从原工商业者中区别出来。同时，严肃处理了一批"文化大革命"中的严重违法分子，对乘机报复杀人、情节恶劣、后果严重、不处理不能平民愤的案犯，依法判刑。人们又一次感受到共产党的伟大、光荣和正确，更加坚定了在共产党的领导下建设"四化"的信心。

二、贯彻新"八字方针"

中共十一届三中全会后，为改变国民经济比例失调的局面，中共中央于 1979 年 4 月召开工作会议，正式通过对国民经济实行"调整、改革、整顿、提高"的八字方针。这是中共中央针对中国经济的实际情况提出的。实行这个方针的主要任务是：坚决地、逐步地把各方面严重失调的比例关系调整过来，把整个国民经济纳入有计划、按比例健康发展的轨道；积极而又稳妥地改革工业管理和经济管理的体制，充分发挥中央、地方、企业和职工的积极性；整顿好现有企业，建立健全良好的生产秩序和工作秩序；通过调整、改革、整顿、提高整个国民经济的管理水平、技术水平，更好地按客观经济规律办事。这四个方面的任务是互相联系的、互相促进的。调整是决定国民经济全局的关键，是新"八字方针"的中心环节。改革、整顿、提高则围绕这个中心环节进行，并直接为它服务。边调整边前进，在调整中改革，在调整中整顿，在调整中提高。因此新"八字方针"是一个积极的方针，它的提出表明共产党在经济建设的指导思想上，正在摆脱"左"倾错误的束缚，开始了根本性的转变。

三、家庭联产承包制

1979 年 2 月 4 日，中共广东省委批转了省委农村工作部《关于建立"五定一奖"生产责任制问题的意见》（简称"《意见》"）。

《意见》仍强调"生产责任制原则上到作业组，不要到个人，更不要到户"（粤发［1979］5号）。由于《意见》提出的"五定一奖"责任制在分配上仍然存在着平均主义，群众则在生产实践中创造了"大包干"，将经营的责、权、利包到家庭，即家庭联产承包制。1981年底，全县5 038个生产队中承包到组的有1 620个队，承包到户的有2 652个队，承包到劳的有448个队，小段包工的有318个队。1983年，台山县委根据中共中央［1982］1号文件精神，在坚持土地、大型农具等基本生产资料公有制长期不变的原则下，推广农业经济合同制，也就是包产到户，并增加山林、果基、滩涂、鱼塘等承包项目。农村出现了各种专业户，促进了农村商品经济的发展。

四、发展工业，树立品牌

（一）广东富华重工制造有限公司

广东富华重工制造有限公司（简称"富华重工"）隶属于广东富华机械集团，是全球最大的专用车底盘零部件生产商，覆盖挂车桥（也称车轴）、卡车桥、工程桥、机械悬挂、空气悬挂、刹车片等商用车专用零部件产品。其中挂车桥占国内市场70%以上份额，持有Fuwa车轴中国驰名商标，远销全球60多个国家。公司位于广东江门产业转移工业园台山园区，注册资金为5 800万美元，占地面积约1 500亩，厂房设计共12座，总生产面积45万平方米，生活区占地230亩。

目前，富华重工形成了全球顶尖的专用车底盘零部件技术系统和现代化制造线，是全亚洲唯一有能力同时生产挂车车轴、卡车前后桥、工程桥的专业车轴企业，是全球产品品种与系列最齐全的商用车车桥及零部件制造商，也是国内同行业智能化制造水平最高的企业，备受主流市场尊敬、推崇和信赖。

富华重工是国家高新技术企业、广东省创新型企业、广东省专用车及商用车底盘零部件（富华）工程技术研究中心、广东省博士后创新实践基地、江门市级研究院；与吉林大学共建"车辆关键零部件先进设计制造研发中心"，从吉林大学引进的专家团队通过了广东省扬帆计划"创新创业团队"的认定。

（二）台山冠荣金属制品有限公司

台山冠荣金属制品有限公司（简称"冠荣"）成立于2002年10月，总投资超过6 000万美元，厂房占地面积达20多万平方米，主要从事燃气烧烤炉、取暖炉等五金产品的开发设计、生产制造与出口销售。2017年产值达8.5亿元，税收为6 913万元。

冠荣与全球最大的烤炉经销商美国Char-Broil公司及北美、欧洲等地区极具影响力的烤炉采购商均建立了长期稳定的合作伙伴关系，成立后至今发展稳定、迅猛，订单充足，全年均衡生产，效益显著，每年产品出口总额超过1.5亿美元，年生产额超过2.5亿美元，年产量达200万台，成为江门市出口行业之最，在烧烤炉行业中居全球第一。在迅猛发展的同时，冠荣带动一批企业共同发展，包括台山市冠立金属制品有限、台山市冠鑫金属制品有限公司、台山市冠兴金属制品有限公司。

（三）特一药业集团股份有限公司

特一药业集团股份有限公司（简称"特一药业"）原名为"广东台城制药股份有限公司"，成立于2002年5月，2014年7月在深圳证券交易所挂牌上市，股票代码为002728。它是一家集医药研发、医药工业、医药商业为一体的综合型医药公司，下属企业分布于广东、海南、安徽等地区。

特一药业及全资子公司海南海力制药有限公司、台山市新宁制药有限公司均为国家高新技术企业。特一药业先后被评为"广东省医药行业杰出贡献企业""广东省民营科技企业""2015年度广东省医药工业企业综合实力十强""广东省民营企业创新产业化示范基地""广东省创新型企业""守合同重信用企业""A级纳税人""AAA级信用等级客户""纳税百强企业""2014年广东省制造业企业500强"等。特一药业全资子公司海南海力制药有限公司先后被评为"海南省制药行业十佳诚信单位""海南工业经济规范化管理十佳标杆企业""海南省工业行业龙头企业（中成药制造行业）""全国质量、服务、信誉AAA级企业"及"A级纳税人"等。

（四）广东鸿特精密技术（台山）有限公司

广东鸿特精密技术股份有限公司于2003年7月成立，是一家专门生产铝合金精密压铸件的中外合资企业，也是国家级高新技术企业。公司以生产销售汽车发动机、变速箱铝合金压铸件以及通讯产品中的铝合金压铸和重力压铸件为主，产品除内销外还直接出口到欧美等国家。

该公司资金雄厚，设备先进，凭着完善的质量保证生产体系，生产的各类高质量铝合金压铸件、汽车发动机及通讯零配件等得到广大客商的青睐，如福特、广州本田等著名汽车公司，近年又增加了美国康明斯、马自达的项目，目前是许多世界知名汽车厂家的一级供应商，并且是福特汽车公司的Q1供应商。

广东鸿特精密技术（台山）有限公司是广东鸿特精密技术股份有限公司的全资子公司，拥有江门市工程技术研发中心，主要生产发动机下缸体、差速器、变速箱、发动机前盖、发动机支架等，为奔驰、宝马、江铃福特、日立、康明斯、美国车桥、庞巴迪、广汽菲亚特、奇瑞捷豹路虎、宁德时代新能源等品牌汽车生产发动机铝合金零部件。项目总投资10亿元，规划总用地500亩，项目预计2020年底全部投产，最终实现年产6.8万吨压铸件的总生产规模，预测达产后年产值可超30亿元，实现税款超2亿元。

（五）广东海亮铜业有限公司

广东海亮铜业有限公司隶属于浙江海亮股份有限公司（简称"浙江海亮"）。浙江海亮致力于高档铜产品的研发、生产、销售和服务，企业拥有浙江、上海、安徽、广东台山、广东中山、越南、泰国、重庆、成都、美国等十大生产基地，在国内外积累了大批优质稳定的客户，与全球 117 个国家或地区上千家客户建立了长期业务合作关系，与多家行业品牌企业成为战略合作伙伴。该企业连续九年荣获浙江省信用 AAA 级企业，同时也是高新技术企业、全国企事业知识产权试点单位、国家级博士后科研工作站设站单位、省级创新型企业、标准创新型企业，拥有浙江省首批省级企业研究院、省级企业技术中心、省级高新技术研发中心、省级重点创新团队，是教育部重点实验室"海亮铜加工技术开发实验室"。

广东海亮铜业有限公司于 2015 年 3 月落户台山工业新城，总投资 15 亿元，规划建设用地 158 亩，达产后预计年产值超 100 亿元。主要从事铜及铜合金管材、管件及其他金属制品的生产、销售，产品广泛用于空调和冰箱制冷、建筑水管、海水淡化、装备制造、汽车工业、电子信息、交通运输、五金机械、电力等行业。公司落户以来，创造了"当年签约、当年开工、当年投产"的"海亮速度"。2017 年，浙江海亮决定在广东海亮铜业有限公司现有年产 5 万吨的制冷用铜管生产基础上，新增投资 10 亿元，规划用地 261 亩，建设广东海亮工业园项目（即新增二期项目）。

五、撤县设市，增强活力

1992 年 4 月 17 日，国家民政部民行批〔1992〕41 号发文《关于广东省成立台山市的批复》，文称："经国务院批准，同意撤销台山县，设立台山市（县级），由省直辖。以原台山县的行政区域为台山市的行政区域。"台山是广东省继顺德市后第二个撤县设市的县。同年 5 月 28 日，台山市正式挂牌成立。广东省人民政府行文，台山市由江门市代管。台山市总面积为 3 286.3 平方千米，包括上川、下川、漭州、大襟等大于 500 平方米的岛屿 126 个，海（岛）岸线长 697.4 千米。

踏上新征程，老区谱新篇

一、中央领导亲临台山指导

（一）温家宝视察台山

1996 年 11 月 27 日，时任中共中央政治局委员、中共中央书记处书记温家宝，在时任广东省委副书记黄华华、时任江门市委书记古日新、时任台山市委书记方庭旺、时任台山市市长陈卓俊等的陪同下，到达都斛、斗山视察访问。一行人先视察了都斛莘村万亩水稻高产示范片，再到台山劳模、莘村大耕户李滋英家中做客，与群众促膝交谈，问寒问暖。从都斛镇水稻高产示范片调研经过斗山镇时，温家宝突然提出探访就近村庄农户，在斗山大湾村路遇老农，并与老农亲切交谈，还到农户家中了解百姓生活，了解农户贮粮情况，实地考察斗山养殖场。

11 月 28 日上午，温家宝徒步登上三合镇温泉圩山丘，在外商投资兴办的速生丰产林场调研，察看林木生长，与林场主亲切交谈。

温家宝的亲民风范和细心务实的作风，鼓舞着台山人民团结一致，为发展台山经济共同努力！

（二）姜春云视察台山

1997 年 5 月 9 日，时任中共中央政治局委员、国务院副总理姜春云到台山市视察。姜春云肯定了台山市发展经济坚持抓好农业的经验，赞誉都斛万亩水稻高产示范片是农业现代化样板田。

（三）李长春视察台山

2001 年 6 月 19 日，时任中共中央政治局委员、广东省委书记李长春到台山农村基层参加了附城镇横湖村党日活动并视察工作。

二、国民经济实现有效增长

改革开放后，台山的国民经济保持了持续增长。特别是 1999 年，台山国内生产总值为 97.96 亿元，比 1998 年增长 10.3%，同时招商引资和固定资产投资创造了历史最好水平，全年投入经济建设的资金超 40 亿元。1999 年又是招商年，招商活动成效显著。实际利用外资 2 亿多美元，比 1998 年增长 81%；新上外资项目 56 宗，比 1998 年增加 19 宗。一批大型项目如西湖外商投资示范区、三合温泉度假中心、四九万盟公司等均已动工兴建。

三、各项重点工程建设进展顺利

1999 年，"两路"（新台高速公路、沿海高速公路）建设共投入 14.8 亿元，比 1998 年增长 1.1 倍，其中沿海高速公路投入 9.8 亿元，新台高速公路投入 5 亿元。同年，国家直接投入 5 000 万元兴建的台山中央粮库即将完工。1999 年，全年电信建设投入资金 7 400 万元，新增城乡电话 2 万台和移动电话 1.6 万台。电力部门投入 6 300 万元改造农村电网，提前实现农村电价达标。水利建设投入 5 857 万元，进一步完善了水利设施。

四、开拓国内市场，城乡贸易兴旺

1999 年，台山市先后组织参加了扬州、成都、沈阳、长春等大中城市举办的展销会，促进了台山工业产品在省外市场的销售。1999 年，台山市工业企业实现销售收入 211.9 亿元，比 1998 年增长10.2%；全市国有商业、供销国内商品总购进12.1亿元，总销售14亿元，分别比1998年增长27.1%和27.3%；社会消费品零售总额46.9亿元，扣除物价因素，比1998年增长13.1%；城乡集市贸易成交额13亿元，比1998年增长19.8%。

五、工业、农业增加值增长幅度大

工业生产持续发展。1999年台山实现工业增加值39.2亿元，比1998年增长10%；产销率达94.1%，比1998年提高了2.4%；工业用电量3.5亿千瓦时，比1998年增长13.5%。农业获得好收成。1999年实现农业增加值18.7亿元，比1998年增长3.7%；粮食总产量48.5万吨，比1998年有所增长；水产品总产量45.5万吨，比1998年增长2.1%；生猪饲养量、水果、蔬菜产量大增；农民人均收入4 567元，比1998年增长5.5%。

六、拥有"广东第一田"的都斛镇

都斛镇位于广东省珠江三角洲西南部台山的东南方，地理位置在东经112°53′~113°01′，北纬22°01′~22°10′之间，是南海之滨的一颗明珠。

都斛镇的地形地貌相当独特。它的中部是广袤辽阔的都斛平原；北边是莽莽苍苍、连绵起伏的北峰山、狮子山（海拔986米）、黑石排（海拔862.5米）、望风朔（海拔827.5米）及天堂顶等高山；而都斛平原的南边，也列队似的排列着郁郁葱葱的南峰山；西南有牛山，西北有蓝罗遮太子山，正西边矗立着沙湾山。整个地形地貌犹如一个"U"形的巨大筲箕，开口向东，朝着盛产鱼虾的南海，朝着在改革开放中捷足先登、奔向小康的深圳、珠海，朝着举世瞩目、繁华富足的澳门、香港。而这个巨大的"筲箕"，有人赞它年年月月金谷银鱼满筐！

都斛镇属沿海平原地区。平原为海积平原，地势平坦，土地肥沃。全镇总面积为 151 平方千米，平原面积为 69 平方千米。都斛属亚热带气候，长期受海洋季候风影响，海风频送，气候温和，特别是冬季，矗立于北边的狮子山、黑石排、望风朔、天堂顶等群山，形成了天然屏障，挡住南侵的寒流，令都斛镇冬季特别和暖。这里最高气温为 36℃，高温天数平均每年不超过一个星期；最低气温为 3.7℃，低温天数平均每年也少于一个星期。年平均降雨量为 2 343 毫米，雨水充沛；全年日照量达 1 900 小时，阳光充足。由于得天独厚，气候环境特别优越，都斛素有"粮食之都"的美誉。加上都斛有长达 12.7 千米的海岸线，盛产鱼、虾、蟹，都斛镇又是名副其实的"鱼米之乡"。

闻名全国的"广东第一田"，就位于都斛平原地区。原党和国家领导人温家宝、姜春云、陈俊生，原广东省委、省政府领导人朱森林、黄华华、欧广源、钟阳胜以及广东省委副秘书长陈开枝等曾视察"广东第一田"，为都斛平原的发展做过指示。气候环境特别优越，让都斛镇成了引人注目的蔬菜生产基地。都斛菜花，雪白如玉、鲜嫩甜美、清脆可口，饮誉海内外。园美村委会的坑坂垌蔬菜基地，产品丰富，蔬菜远销中国北方，畅销山东省，甚至越过渤海，销往辽宁省大连市。园美蔬菜生产基地由此名噪城乡，闻名遐迩，参观者、采购者如潮水般涌来。由此，也激发了都斛镇农民的蔬菜生产热情，种植蔬菜的面积大增。2000 年全镇蔬菜面积达 15 000 亩，总产量达 83 496 吨，成为珠海、中山、深圳、澳门、香港、广州、江门等大中城市的蔬菜生产基地。

同时，由于都斛镇山地面积大，有 82 平方千米，为都斛镇发展林业、水果种植业和畜牧养殖业创造了优越的条件。都斛镇水资源非常充足。1953 年以来，都斛镇先后建成了南坑、都下、小金、南村塘、鲤鱼坑、江竹、象山、米隆、龟山、老陈龙等 23 座中小型水库；还建有电力排灌站 88 个，装机总容量达 1 900 千瓦。1974年，都斛人民又兴建响水潭水库引水工程，开挖干渠33千米，修筑渡槽9座、排洪闸21个，把远在斗山镇与冲蒌镇交界的响水潭水库的水，源源不断地引进都斛平原。从此，都斛平原全部耕地实现了自流灌溉。流水欢歌，都斛平原连年丰收，真正成了台山的"粮仓"。

历史是人民群众创造出来的。但人类社会历史的发展，从来离不开天时、地利、人和。

早在南宋末期，都斛镇东部崖门海一带就是古战场。南宋军民于此抵抗外族入侵，浴血奋战。"崖门失玺"，成了千百年来的话题。宋丞相陆秀夫背负少帝昺蹈海身亡。陆秀夫的尸骸随海浪漂到都斛海边。都斛人民把他安葬在都斛镇义城村的山坡上。义城，好一个"义"字，彪炳千秋！

都斛人有勇于革命的精神。1926年，都斛大宁村李万苍从毛泽东主办的广州农民运动讲习所毕业后，回故乡大宁村创办了台山第一个农民协会。后来又先后于凤冈、龙溪等村组织农民协会，开展革命斗争活动。

1938年，都斛莘村率先建立了党小组。1939年春，在中共台山党组织的领导下，广东青年抗日先锋队台山县队部于当时都斛所属的台山第三区成立。以李小峰为支队长的都斛第一支队随后成立，支队部设在"七堡公所"；莘村、南村大队也陆续成立，开展了如火如荼的抗日活动。1945年3月，以莘村东潘村人李安明为政治委员、陈侠彬为大队长的"滨海大队"（后称"东海队"）在都斛以及台南一带开展游击战争，为台山人民政权的建立、为中国的解放立下了汗马功劳。

在长期的革命斗争中，都斛人民前赴后继，英勇善战，为革命做出了贡献。全国闻名的革命烈士林基路是都斛镇大纲村人。都斛镇钟灵毓秀，人杰地灵，是个人才辈出的地方。

都斛镇的地理环境也非常优越。它是台山最靠近澳门、香港、珠海、深圳的地方。这些经济发达地区，对都斛镇的经济发展有着非常深刻的影响。

都斛镇水陆交通都非常方便。早在抗日战争时期，台山的经济大动脉——新宁铁路，由于日本人的侵略而被毁，台山交通陷入瘫痪状态。此时，都斛潭溪河东滘海口，便成了侨乡台山的前门。粤港澳的货物，就是从这里进入台山，缓解了国难期间侨乡的困难。

如今，都斛是广东省西部沿海高速公路进入台山侨乡的第一站，因而成了侨乡台山市的门户。更有省道麻阳线公路，贯通都斛镇全境。通往都斛镇辖下各村委会的村道，也都铺上了水泥。大道康庄，可谓四通八达。往珠海、深圳、阳江、广州等城市，可全程高速。往珠海只需 60 分钟车程；往深圳只需 120 分钟车程；往广州只需 90 分钟车程；往阳江只需 60 分钟车程；前往国家万吨级码头——鱼塘港，仅需 20 分钟车程。

俗话说，"路通财通"。交通的发达，让都斛人的财路畅达三江四海。在改革开放的阳光沐浴下，都斛乡村，日益富裕起来了，到处生机勃勃。

2000 年，都斛全镇辖 23 个村民委员会和都斛圩居民委员会，分别管理 119 个自然村，总户数 12 804 户，总人口 50 526 人，其中非农业人口 12 892 人，劳动力 26 548 人。境内汉族人占绝大部分，少数民族人口极少，主要是因婚姻关系迁入，来自广西的壮族妇女较多。她们勤劳、俭朴而贤淑，成为建设都斛的一支新生力量。

另一方面，都斛镇旅外华侨、港澳台同胞众多，总数达 6.8 万人，比在乡人口多出 1.7 万人，故有"两个都斛"之称。这些旅外乡亲，遍布美国、加拿大、墨西哥、古巴、秘鲁、巴西、圭亚那、马来西亚、菲律宾、缅甸、印度尼西亚、泰国、越南、日本、沙巴州（旧称北婆罗洲）、荷兰、英国、德国、澳大利亚等

22 个国家和地区，是名副其实的华侨之乡。

都斛华侨旅居海外谋生已有 200 年历史。如今吉宁村民委员会东南方向仍有一条石板路，这就是历史上的华侨出洋路。在石板路的尽头，仍有潭溪河码头的遗址。初时，出国华侨就是在此登船，漂洋过海，浪迹天涯。都斛华侨早期旅居南洋者较多。鸦片战争以后，清政府解除海禁，都斛旅美洲者日益增多。改革开放后，赴美国团聚定居者不少。都斛镇居住在港澳台的乡亲也相当多。

都斛镇旅外乡亲热爱祖国，热爱家乡，热心公益福利事业，为家乡的发展做出了卓越的贡献。如刘炳光投资数亿兴建台山商业城，为都斛大增光辉。刘炳光、余佰利、卫华民、王美等为振兴家乡慷慨解囊。都斛镇旅外乡亲还纷纷回乡投资兴办企业，为家乡的经济发展及社会进步做出不少贡献。

都斛人民，勇敢而淳朴，具有光荣的革命传统与爱国主义精神。

随着经济建设的发展，都斛镇的教育、科技、文化、卫生、体育事业也有了很大的发展。

都斛中学是江门市一级学校，在台山境内很有影响，为国家培养了大批人才。都斛镇已普及九年义务教育，全镇每一个村民委员会都设有学校。全镇有完全中学 1 所、初中 5 所、小学 23 所、圩镇中心幼儿园 1 所、农村幼儿园 6 所。1979 年至 2000 年，全镇考上市级重点学校和市级以上的中等专业学校的学生共 562 人。

中华人民共和国成立后，都斛镇的科学技术不断发展进步，特别是应用科学耕田，取得了可喜的成果。都斛镇的文化事业不断发展。1995 年该镇文化站被评为广东省特级文化站，其业余文化创作队伍有"台山文坛四小虎"（台城、斗山、都斛、白沙）之称，创作了大量文艺作品，有的在全国、省、市获奖。他们中有的是省级作家、戏剧家、艺术家，备受人们尊敬。都斛镇的卫生事业也在发展。旅港乡亲王美捐建的都斛王美医院，设备完善，是台山市改革开放后新建的镇级医院。都斛还建立了较为健全的卫生保健网络系统，有15间卫生站遍布全镇各乡村。都斛镇普遍实行计划生育，人口素质在不断提高。都斛镇还是全国体育工作先进镇。

改革开放以来，都斛镇不仅在社会主义精神文明建设上成效显著，在物质文明建设上也硕果累累。

中共十一届三中全会以来，都斛镇人民创造了巨大的成就，工农业总产值登上一个又一个新台阶。都斛镇是广东省珠江三角洲经济开发区第二批重点工业卫星镇。在改革开放的春风沐浴下，都斛镇的干部群众更新观念、振奋精神，致力于改善投资环境，分别在磐石山下和都斛新河河畔开辟了两个共12万平方米的集工业、商业、地产、文化、教育等于一体的综合新区，建设一个崭新的城镇，并敞开镇门，招商引资，坚定不移地走"工业兴镇"的道路。20世纪90年代初，都斛镇便引进外资办起了飞业电子厂、飞鹏塑料厂、创运美容器材厂，投资总额达2 400万元。振兴、永兴、麒轩、宏发等制衣厂及雅威印花厂生意兴隆。镇办企业辖马潭水电站、都斛饮料厂、纸箱厂、农械厂、自来水厂、建筑公司、矿产公司、石场等焕发了生机。过去只靠手工作坊铸造犁耙、镰刀服务农家的乡镇企业，于20世纪90年代初已改为流水线生产。全镇工业规模不断扩展，趋向高新科技化，镭射音响、塑胶电话、美容器材等产品进入了国际竞争市场。1993年都斛镇的工业产值已达1.6亿元。

到20世纪后期，都斛镇的工业更有了长足发展。1997年，都斛镇工业总产值达2.1亿元；2000年达4.5亿元。都斛镇是江门招商引资先进镇，1998年以来，先后完成招商引资项目17个，其中工业项目有7个，实际利用外资1 460万美元、内资5 200

万元。

农业方面,都斛镇有耕地面积 68 000 亩,有"广东第一田"之称的万亩水稻高产示范片。都斛干部群众上下同心,认真调整农业生产结构,极力发展"三高"农业,并推进基地商品化建设。从 20 世纪 90 年代初开始,都斛镇进一步推广水稻低产变高产的经验,同时开展鱼、畜、禽、果综合经营。调整耕地,退耕还渔。并充分利用海滨滩涂及山塘水库多的优势,开展科学种养探索。到 20 世纪 90 年代末期,都斛镇农业"四大支柱"——水稻种植、水产养殖、蔬菜种植、水果种植的农业生产结构基本形成,农业产值不断增长,1997 年达 2.75 亿元,2000 年达 3.71 亿元。工农业生产的快速发展,带动了村级集体经济。都斛镇 24 个村(居)委会,1997 年村级集体经济总收入为 157 万元,2000 年达 223.4 万元。年纯收入超过 20 万元的村委会有 3 个,年纯收入 10 万元以上的有 9 个,占村委会总数的 37.5%。村民的收入水平也有了显著的提高,1997 年人均收入为 3 139 元,2000 年为 4 500 元。

2016 年都斛镇农业总产值为 62 600 万元,比上年增长 3.97%。水稻、蔬菜、水产继续增产增收,其中早晚两造水稻播种面积为 5 609 公顷,总产量为 3.21 万吨,总产值为 9 631 万元;蔬菜种植面积为 1 602 公顷,总产量为 2.88 万吨,总产值为 7 433 万元;水产品养殖面积为 3 550 公顷,总产量为 3.33 万吨,总产值为 31 600 万元。都斛镇落实各项惠农政策,发放耕地地力保护补贴,补贴农户 6 634 户,补贴水稻面积 5 597.76 公顷,补贴金额 686.01 万元。办理农机补贴申请 504 台,发放补贴 82.80 万元。全年水稻投保 5 266.67 公顷,参保率达 94.03%。当年农村人均纯收入达 7 183 元。完成"三资"交易 76 宗,交易总金额达 7 992 万元,实现农村集体资产保值增值。

改革开放的春风劲吹,经济建设步伐不断加快,都斛镇处处展新容。都斛镇城区楼宇林立，商业新街一片繁华，新建的住宅新区幽雅别致，马路街道宽阔整洁，市场、商场、酒店、银行、邮电、医院、学校、幼儿园配套齐全，旅外乡亲还捐建了宽广而壮观的文化广场。都斛镇的政治、经济、文化中心都斛圩日夜行人如织，车水马龙，一派繁荣的都市风光。24个村（居）委会的119个自然村里，崭新而富有时代气息的民房、别墅小筑如雨后春笋般涌现；规模壮观的校舍黉宇、文化楼、敬老院随处可见；琉璃飞檐的牌楼、风雨亭星罗棋布，点缀着绮丽的滨海风光；小市场、小商场、食肆、娱乐设施也遍布其间；电视、录像、音响、电话、摩托、汽车越来越多地进入农家。都斛镇到处显示出文明富裕侨乡的风采。

都斛人民艰苦创业，勇敢拼搏，爱国爱乡，积极奉献，共同创造了美好的家园。展望未来，勤劳、勇敢、淳朴而富有革命传统的都斛人民，在振兴都斛、繁荣都斛的奋斗中，一定能创造更美好、更辉煌的未来！

七、工业重镇水步镇

水步镇位于台山市北部，东与新会区相交，南与四九镇、台城街道、白沙镇接壤，西与开平市相邻，北与大江镇相连。镇政府驻地水步圩，距离台城10千米。全镇总面积为111平方千米，下辖密冲、芦霞、独冈、联兴、荔枝塘、下洞、甘边、灌田、大岭、横塘、步溪、长塘、乔庆、天师坡、新塘、井岗、长坑、罗边等20个行政村和水步圩1个居民社区，共297个村民小组。户籍人口为4.7万人，其中农业人口4.2万人，外来人口6 095人，有旅外华侨、港澳台同胞7.7万人，分布在世界40个国家和地区。

水步镇是台山市工业重镇，也是珠江三角洲重点工业卫星镇和广东省乡镇企业百强镇。

2016 年，水步镇荣获"市安全生产考核特别突出单位""江门市科普示范镇（2016—2020 年）""2016 年度综治工作（平安建设）先进单位""台山市创建广东省文明城市工作先进单位"。

2016 年，水步镇实现公共财政预算收入 6 173.1 万元，同比增长 13.05%，其中，地税收入 4 578 万元，国税收入 1 595.1 万元，固定资产投资 64 300 万元，完成全年任务 101.36%。

2016 年，水步镇实现规模以上工业增加值 134 000 万元，同比增长 28.3%。全年共引进项目 21 个，项目总投资额 260 000 万元，涵盖了先进装备制造、汽车及零部件、新材料、电子电器和大健康等重点和新兴产业，其中天丞汽配、中虎新能源动力、腾达塑料制品、康达电器、德宝金属、松田电工等项目投资额均超亿元。力促福肯科研设备、创奥普塑料机械设备制造等 6 个项目上马建设。总投资额 240 000 万元的海亮铜业、诚泰精工、泰奇克光电科技等 10 个项目建成投产，其中首期投资 3 亿元的海亮铜业第一条生产线已投产。

水步镇的工业发展永无止境。富于开拓创新、与时俱进精神的水步人民，昂首迈向经济繁荣、人民幸福的现代化的灿烂前程。

八、"全国绿色村庄"大步头村

大步头村位于北陡镇北端，距离北陡圩约 5 千米。该村主要姓氏为伍姓，总人口约 1 400 人，总户数约 480 户。辖区面积为 2.05 平方千米，山地面积为 1 032 亩，耕地面积为 871 亩，水稻种植面积为 790 亩。该村的传统经济以农业生产为主，农作物主要有水稻、蔬菜等，同时兼养猪、养鱼、养三鸟以及咸围养殖等。

近年来，大步头村不断完善基础设施建设，开展美化、绿化工程，创建绿色村庄。该村的文化体育设施比较齐全，北村村尾设有全民健身设施和凉亭，南村建有 2 个篮球场、1 个排球场和 1 个小舞台。村委会办公楼还设有村民活动中心，供村民休闲娱乐之用。

2013 年，在村民的共同努力和有关单位的支持下，大步头村全村村道实现水泥硬底化。2015 年，村中的生活垃圾实现无害化处理，村中多处设置垃圾桶，农村卫生改善取得实效，大大提升村民的生活起居水平。

在各方的努力和支持下，大步头村的村容村貌得到了很大的改善，村民的文明程度也越来越高。该村于 1993 年被授予"解放战争游击根据地"称号，2005 年被评为"台山市文明村"，2007 年被评为"台山市卫生村"，2013 年被评为"广东省宜居村庄"，2016 年获得"全国首批绿色村庄"称号，2017 年被评为"广东省卫生村庄"。

大步头村干部群众将继续完善村中基础设施建设，全面提升村民素质，把大步头村打造成一个更加美丽舒适、文明和谐的家园。

九、墩寨农民依靠科技发展特色农业

端芬镇墩寨村委会地处台山西南部，是革命老区之一，有 41 条自然村，共 1 600 户，人口为 6 788 人，耕地面积为 8 000 多亩。近年来，在各级领导和有关部门的关怀帮助下，大种特色农作物——黑皮冬瓜、良种尖椒，取得了可喜的成绩，村民富起来了。端芬镇委、镇政府根据墩寨村委会人多地广的实际，帮助班子创新思路，调整农业生产结构，发动群众大规模种植以黑皮冬瓜、良种尖椒为主的农作物。与此同时，台山市老促会在资金上给予支持，拨出专门款项，扶持农户种植黑皮冬瓜、良种尖椒。台山市老促会领导还多次深入农田察看种植情况。在生产中，端芬镇引导农民学科技，用科技。端芬镇农办每年的 3、4 月间，都开办科技培训班，邀请广东省农业科学院作物研究所李智军博士、广东省农业科学院李艳红教授授课，向农民传授种植冬瓜、尖椒的栽培与管理技术。这期间还印发技术资料 500 份供专业户学习。农民通过培训班的学习，掌握了种植冬瓜、尖椒的新技术，使冬瓜、尖椒作物大获丰收。

在发展中，墩寨村委会通过信息覆盖面广、速度快的网络平台，拓宽了冬瓜、尖椒的销售渠道。他们做到定期收集全国各地冬瓜、尖椒的种植面积和销售价格等信息，寻找信誉好、专业性强的销售商或代理商。村委会还成立冬瓜、尖椒专业协会，帮助农民发展冬瓜、尖椒生产。

思路、科技、信息，惠及墩寨老区。据统计，墩寨村 2010 年上半年种植黑皮冬瓜达 2 100 亩，亩产 9 000 多斤，总产量超过 9 400 多吨。尖椒种植面积达 1 400 亩，亩产 5 000 多斤，总产量约 3 500 多吨。按照冬瓜 0.8 元/斤、尖椒 1.1 元/斤的市价计算，2010 年上半年全村的冬瓜、尖椒收入达 2 200 多万元。冬瓜、尖椒增产了，村民收入也增加了。2006 年全村人均收入为 2 800 元，2009 年提高到 3 660 元，增收 860 元，增加 30%。该村委会黎秋林种植新希望号新品种尖椒 2.5 亩，收入达 37 500 元，每亩收入达 15 000 元。

十、旅游胜地上川岛、下川岛

上川岛地处台山市西南部上川镇，东邻港澳地区和珠海市，呈哑铃形，南北走向，长 22.54 千米，最宽处为 9.8 千米，最窄处为 1.2 千米，面积为 137.1652 平方千米，海岸线长 139.874 千米。岛内有猕猴省级自然保护区，有很多迷人的海滩，其中东海岸的金沙滩（长 5 200 米）、飞沙滩（长 4 800 米）、银沙滩（长 800 米）风姿各异，素负"南海第一滩"的盛名。被誉为"东方夏威夷"的飞沙滩旅游区长 4 800 米、宽 420 米，沙质洁白、坡度平缓、海水清澈，可进行骑马、空中降落伞、沙滩排球、沙滩足球、游泳、冲浪、滑板等娱乐活动。夜晚可在沙滩烟火区燃放烟花，也可办篝火晚会；清晨 5 点可在海边观日出。

下川岛位于珠江口西侧，地处台山市西南部下川镇，地形两头小中间大，东西宽约 12 千米，南北长约 23 千米，总面积约 98.6 平方千米。距上川岛 6 海里（1 海里 = 1.852 千米），距山嘴港 15 千米，四周海面有茫洲、坪洲、水壳洲、山猪洲、王府洲、黄獐洲、鹰洲、花洲、扫杆洲、琵琶洲、黄埕洲、观鱼洲、笔架洲、牛特洲等 14 个小岛洲，海岸线长 187 海里。年平均气温达 23℃，属亚热带海洋性季风气候，自然生态资源丰富，风光迷人，被誉为"南海明珠"。2015 年 3 月，启用利用海岛公路、村道、林道、登山道路而打造的徒步径——潮人径。此潮人径深受游客热捧，是下川岛旅游的一大亮点。

第三节 "精准扶贫"成果显现

一、新一轮扶贫"双到"亮点

台山市扶贫开发"双到"工作，注重输血与造血、近期效益与长远效益、扶智与扶志、扶贫与党建等方面相结合，扶贫开发"双到"工作收到了显著的成效。表现出五大亮点：

一是组织领导到位。台山市成立了以市委书记任组长，市委、市府其他领导为副组长的领导小组。实行市领导定点挂扶落后村和贫困户的"双到"责任制，每位定点挂 1~2 条落后村、2 户贫困户。全市落实挂村扶户的领导 16 人、帮扶责任单位 91 个、责任人 320 人。市委书记和市长分别挂扶全市最贫穷的深井镇那中村委会和那南村委会。

挂扶工作中，领导亲自下点调研，及时掌握工作进展动态，制定帮扶工作计划，落实帮扶措施，将任务逐季、逐月、逐周分解，以周保月、以月保季、以季保全年，确保了工作如期完成。

二是保障资金到位。台山市政府精心组织，想方设法将挂扶资金落实到村到户。据了解，投入的 2 939 万元帮扶资金已全部落实到村到户，保证了挂扶村、挂扶户的生产资金，为落后村、贫困户顺利脱贫提供"双保险"。

三是挂扶村实现了脱贫。2011 年台山市投入落后村脱贫项目资金共 923 万元、扶持项目 51 个，26 个落后村集体经济 2011 年

平均收入为 5.3 万元，100% 实现脱贫。如台山市政府统筹在台山
清洁能源（核电）装备产业园建设 3 幢致富楼，实行物业出租按
股分红办法，扶持落后村。2011 年致富楼股份分红 32.2 万元，
每个扶贫村分得 1.3 万元。全市 26 个扶贫村（其中老区村 23 个）
集体经济年收入达到 3 万元。又如冲蒌镇朝中村共投入 65 万元在
台城购买商铺出租，每年租金收入为 2.76 万元；海宴镇望头村发
包石场，村集体每年增收 6 万元。这些举措保障了村集体的脱贫
致富。

四是一户一帮扶效果明显。利用冲蒌黑皮冬瓜生产基地，海
宴镇富贵竹、剑兰、玉豆生产基地，深井镇花生生产基地，农民
专业合作社，实行一户一帮扶，重点帮扶贫困户发展种养业。
2010 年全市被帮扶的 160 户贫困户人均收入为 5 109 元，100% 实
现脱贫。冲蒌镇朝中村帮扶工作组发动贫困户加入冲蒌镇光兴蔬
菜专业合作社，帮扶单位对每户农村支持生产启动资金 1.1 万元，
2011 年人均年收入 2 500 元以上。

五是加大资金投入，解决民生工程。2011 年投入 464 万元，
为落后村修筑硬底化道路 34.6 千米；投入 1 127 万元，完成落后
村农田水利工程 59 宗，受益面积达 36 500 亩；解决了落后村
1 664 户饮水安全问题，贫困户饮水安全率达 100%；解决了 103
户贫困户住房难问题；符合低保条件家庭 100% 被纳入最低生活
保障；帮扶有意愿的贫困户劳动力转移就业 63 人。

二、台山市老促会获评"全国社会扶贫先进集体"

台山市老促会当好党和政府的参谋助手，促进老区贫困村脱贫
致富，深受老区干部群众的赞扬。2014 年，国务院扶贫开发领
导小组评选出"全国社会扶贫先进集体、全国社会扶贫先进个
人"名单，台山市老区建设促进会名列其中，获评"全国社会扶

贫先进集体"。台山市老促会是全国老促系统获此殊荣的五个老促会之一。此外，1996年4月，台山市老促会被评为"江门市支持老区建设先进单位"；2005年1月，被广东省民政厅评为"全省先进民间组织"；2014年，荣获"广东省老区宣传工作先进集体三等奖"；2015年10月，邝锦镛会长荣获"全国革命老区减贫贡献奖"。台山市老促会坚持调查研究，深入老区村，围绕政府扶贫部署进行研究，写出《关于台山老区村级经济状况的调查》《寻皇老区村农民生活状况调查》等。2014年，台山市老促会配合台山市委、市政府开展扶贫"双到"工作，写出《关于加强对老区扶贫"双到"工作的一些建议》，上报台山市委、市政府，市主要领导做出批示，有力地促进全市扶贫工作的深入开展。近三年来，台山市老促会共筹集330多万元老区扶贫基金，运用基金增值部分和政府部门支持的近200万元，帮扶建设老区村道硬底化57.5千米；补助17万多元，改造饮水工程3宗，受益1 017户、4 027人。台山市老促会还筹集40万元，补助老区贫困子弟读高中、大学。几年来，台山市老促会筹集50万元，扶持730户老区困难户发展生产，种下青皮冬瓜、尖椒等1 750多亩，实现了当年脱贫目标。2013年，又扶贫三合镇联安村5条自然村，其127户受扶户共种475亩尖椒和青皮冬瓜，平均每亩收入8 000多元。该会扶持老区村以物业型路子为主发展集体经济。三年多来，拨款21.3万元，汇集各种渠道筹集的资金修建市场4个（1 800平方米）、铺位2间（100平方米）、厂房一座（500平方米），为发展集体经济的长效机制打下良好基础。

三、"精准扶贫"典型

2015年初，台山市老促会争取江门市扶贫办10万元扶贫资金，扶持端芬镇寻皇、隆文、三洞、墩寨老区困难农户种植青皮冬瓜，获得了丰收，老区农户人人眉开眼笑，盛赞党和政府支持老区政策好。

为了扶持老区端芬镇农户种植青皮冬瓜，台山市老促会、扶贫办指导该镇做好调查摸底，选准帮扶对象，将资金落实到户；又不辞劳苦，带上技术员，多次亲临种植现场，察看冬瓜生产情况，指导田间管理。端芬镇农办还做好跟踪服务，邀请仲恺农校教授讲授冬瓜种植管理技术知识。

2015年4月，青皮冬瓜正结瓜时，突遭冰雹袭击，损毁惨重。台山市老促会与端芬镇领导及时到寻皇实地察看，分析农时，提出抗灾补种的意见，并争取到上级和有关部门的支持。瓜农恢复了信心，迅速开展补种。通过瓜农的精心管理，青皮冬瓜延至8月初收获，产量不减，加上收购单价高，当年瓜农收益可观。全镇158户老区贫困户种植了390亩青皮冬瓜，总产量达1 633吨，总收入达1 622 679元，纯收入达1 246 179元，户均纯收入为8 000元。墩寨廖均南户种植3.8亩，收获25 100千克青皮冬瓜，总收入达29 240元，除去生产成本4 200元，纯收入为25 000多元。

（一）帮扶增收奔小康的竹洛村

冲蒌镇竹洛村委会是革命老区，下辖福新、大元、坭涌、竹洛和黄墩5个村民小组，户籍人口为1 633人，耕地面积为2 200亩。全村帮扶贫困户12户、贫困人口55人，低保户15户、46人，五保户3户。经过帮扶，2013年底，村集体经济收入达49 727元，比2012年增加16 814元，增长51.1%；贫困户家庭人均年纯收入为6 402元，比2012年增加3 635元，增长31.4%。

"以前村道凹凸不平，走起来很不舒服，如今村道、桥梁、路灯、公厕等焕然一新，村民看在眼里，喜在心头。"冲蒌镇竹洛村的村容村貌发生了根本性变化，群众从身边的明显变化充分感受到了扶贫带来的好处。

2013 年至 2015 年，驻竹洛村帮扶工作组由台山市委组织部、台山市编办、台山市委老干部局、台山市委党校、台山市人力资源社会保障局和中国电信公司江门分公司共同组成。驻村帮扶工作组共筹集资金 270 多万元，累计投入约 227 万元。通过帮扶，竹洛村基础设施不断完善，村民致富步伐稳步迈出。

一是帮扶困难家庭读书子女。帮扶工作组开展"一对一"帮扶，要求各单位每季度至少要上门慰问一次。对非贫困户患病家庭，力所能及地给予慰问和帮助，进一步凝聚全村民心。开展助学活动，成立了教育互助会，坚持春秋两季对困难家庭读书子女给予帮助。及时与台山市委老干部局沟通，联系相关社会团体到村开展助学活动，共为 18 名正在读书的困难群众子女送上助学金。

二是产业扶贫促农民增收。台山市冲蒌镇的传统产业是种植蔬菜，帮扶工作组围绕种植蔬菜做文章，通过多种植方式帮助村民，尤其是贫困户脱贫致富。

帮扶工作组结合实际，一方面动员贫困户通过种植蔬菜致富，另一方面积极通过村干部做好其他村民的思想工作，力争扩大蔬菜种植面积，形成效应。贫困户种植蔬菜面积近 40 亩，平均每户 3 亩多，比 2013 年增加了近一倍；全村种植面积近 200 亩。为增加贫困户种植蔬菜的积极性，工作组积极争取各帮扶单位的支持，对坚持冬种、春种的贫困户进行蔬菜种植补贴，对种植蔬菜面积较大的再给予 100 元的奖励，冬春两季共发放两次蔬菜补贴合计 1.5 万多元。同时，工作组还积极向台山、江门两级老促会争取相应资金，对全村种植蔬菜的农户给予实物补贴（价值 10 万元）。2014 年 6 月冬瓜成熟季节，帮扶工作组积极联系收购商到村进行收购，全村 100 多亩冬瓜一次性被收购商预订，解决了瓜农的后顾之忧。

2014 年 "5·9" 强降雨天气后，竹洛村水稻、蔬菜损失严重。为做好灾后复产工作，帮扶工作组积极向帮扶单位争取资金，对种植蔬菜的农户给予补偿。在各帮扶单位的重视下，驻村工作组筹集资金 2.5 万元，并按照每亩 300 元的标准，对全村蔬菜受灾农户给予补偿，共补偿 74 亩 2.2 万多元，将农户的损失降到最低。同时，帮扶工作组亲自上门动员受灾群众抢种新的蔬菜，力争把受灾的损失补回来。

三是优化村民生产生活环境。帮扶工作组积极推进村内基础设施建设，优化生产生活环境，重点投入 70 多万元，改造了 "两桥一路"，成为村内三项最大的民心工程。重建革命烈士纪念碑，并建了一个优美的烈士纪念公园；重建了竹洛村牌楼和鱼塘护栏，进一步美化了村容；对村内一座公厕进行重修，一座进行重建；对大元村路口进行改造升级等。上述基础设施工程，投资额超过 200 万元。经过一系列改建，竹洛村已成为环境优美、民生安康的宜居村庄。

（二）李惠文率队调研，实施乡村振兴

2018 年 5 月 28 日，台山市委书记李惠文率队调研老区村社会主义新农村示范创建和乡村振兴工作。

调研组先后实地考察了斗山镇横江老区村、汶村镇横山、小担老区村。据了解，横江村在积极展开村道硬底化和花树小道工程，提升村庄环境的同时，深挖碉楼与红色文化元素，完善文体旅游配套设施，全面推进美丽宜居乡村建设。横山村投入 680 万元完善村内公共设施，其中包括修建滨海旅游驿站和 4A 级旅游厕所、重修千里公园、安装太阳能路灯以及改造村道硬底化，同时还规划建设渔家文化传播、群众文化娱乐等 "一站式" 服务室。小担村主动发动乡亲筹资建设美丽宜居乡村，以打造让城里人向往的乡村生活为目标，投资 700 万元完善村内基础设施建设。目前，小担村已开展环村道路建设，加建村前路护栏，安装路灯，建设休闲公园、梅主书屋、村级卫生站等。

李惠文充分肯定了 3 个老区村在模范村创建工作和乡村振兴工作中取得的成绩，希望各地继续以改善农村基础设施和村容村貌为突破口，加快开展美丽宜居乡村建设，统筹城乡经济社会发展。他说，计划投入资金超 16 亿元，经四年努力，在全市 277 个行政村包括老区村全面实施"六有七改八提高"项目（六有：即有垃圾收集设施和保洁员、有路灯、有公园或旅游驿站、有综合性文化服务中心、有村级卫生站、有微型消防站。七改：即改房、改水、改电、改路、改桥、改厕、改塘。八提高：即逐年提高城乡居保政府补贴标准和养老保险待遇、逐步提高城乡居民医疗保险待遇、提高农村特困人员供养标准、提高农村最低生活保障标准、提高高龄老人津贴、提高优抚对象抚恤标准、提高农村干部待遇、提高农村困难家庭学生助学标准），全面改善农村面貌，全面提升老区农民生活和保障水平，让农村群众安居乐业。

（三）广海老区镇帮扶项目显成效

广海镇艺信农业科技有限公司（简称"艺信公司"）种植规模连片的蔬菜，是广海镇帮扶老区的产业扶贫项目。该公司开办几年来取得了良好成效，得到台山市委书记李惠文的充分肯定，认为其实施"产业＋企业＋贫困户"的扶贫新模式打造优质范例和先行样板的做法，打开了产业帮扶新思路，其他镇街可借鉴推广。

2017 年，在广海镇政府以及有关部门的发动下，艺信公司主动将自身的发展与地方产业扶贫帮扶规划有机结合，吸纳 50 多户当地老区贫困户以农田土地入股并参与分红。艺信公司总投资 1 500 万元，种植 2 350 亩（年产蔬菜 4 500 吨），年产值达 3 500

万元，入股家庭每户年均土地收益可达 1 000 元/亩，低保户、贫困户分红创收 91 000 元。同时，艺信公司吸收 25 名低保人员（其中有 3 名贫困人员）参与到公司的生产管理，每人每月可获得3 000元左右的劳务报酬。每年八个月的蔬菜生产期劳动，则人均年收入可达到 24 000 元。

（四）下川白沙老区村全体村民喜迁新居

2016 年 6 月 30 日上午，川岛镇下川川西村委会白沙老区村 47 户近 200 位村民集体搬入由台山、川岛两级政府为他们建设的靓丽新居。至此，他们终于结束了每逢暴雨就要到避险中心躲避的惊恐岁月，而当地政府也解决了辖区内困扰多年的一个地质灾害大隐患。

近年来，由于雨水多，下川白沙村后山出现一条长 50 米、宽 5~10 厘米、延深 1~3 米的裂缝。一旦发生滑坡，将威胁到山脚下白沙村全部村民的生命财产安全，是整个江门市威胁 100 人以上的两处地质灾害隐患点之一。2011 年，该山体滑坡隐患点被列为江门市地质灾害治理倒逼项目。为保证群众生命安全，川岛镇在 2011 年曾采取灌浆应急治理方式进行简易治理，遇台风、暴雨等天气提前将村民撤离到附近的小学避险。但此举治标不治本。2013 年，台山市政府常务会议研究决定，将白沙村整村搬迁。2013 年和2014 年，下川白沙村灾害治理项目连续两年列入台山市倒逼项目、重大项目和重点民生工程。

白沙村整体搬迁项目耗资近 3 000 万元，其中政府支持 2 000多万元，搬迁村民自筹部分资金。新村庄选址位于下川白沙龙，占地面积约1.8 万平方米，共安置47 户近 200 位村民。规划建设6 幢 5 层居民住宅楼，建筑总面积为 6 222 平方米。考虑农村农具杂物堆放需求和部分老人行动便利实际，首层为面积21 平方米的小套间房；二层以上为住宅，每户套内面积85 平方米。新村还建有一栋两层共 280 多平方米的文化楼，以及供水、供电、消防、道路硬底化、晒谷场、垃圾收集点等居民生活配套工程。

搬迁项目从 2015 年 3 月 2 日正式动土，历时一年多的建设顺利完工，并于 2016 年 6 月 30 日迎来了全体村民的正式搬迁庆典。

当天一大早，迁居现场锣鼓喧天，村民们脸上洋溢着灿烂的笑容，迎接全村的大喜事。65 岁的村民钟应时长期住在佛山，偶尔回白沙村住，29 日他特意回来参加活动，见到记者喜不自禁，直言"125 平方米的新屋好靓、好爽、好满意，我感谢共产党，感谢台山的领导干部，以后和老伴会更多留在乡下"。

（五）汶村老区村民借力"光伏"踏上绿色脱贫路

汶村镇渔业光伏产业园二期续建工程是台山市 2018 年重点建设项目之一，同时被列为江门市重点项目，也是汶村镇光伏扶贫项目。"光伏"发电后，汶村老区村民踏上了绿色脱贫之路。

1. 光伏产业园二期续建工程如期推进

台山市具有较好的光资源条件，其中，汶村镇的滩涂地条件十分适合建设渔业光伏项目。2016 年，汶村镇引进江门广发渔业光伏有限公司，在九岗村委会打造水产经济光伏一体化基地，利用滩涂地规划建设渔业光伏产业园。其中，50 兆瓦项目是该产业园的第一期工程，已于 2017 年 6 月投产并网发电。

汶村镇渔业光伏产业园二期续建工程占地 400 亩，全部使用咸围滩涂养殖地域，水面以上架设光伏发电板，水下用于水产养殖。项目建设单位广州发展新能源有限公司汶村光伏电站电气工程师夏伟林表示，按照设计，将安装光伏发电板 8 万块，设计年发电 2 000 万度。

完成前期工程后，开始安装光伏发电板，到 2018 年 6 月底前，整个光伏发电区的光伏发电板要完成铺设，并与位于九岗村委会的汶村光伏电站并网。各种材料准备完毕，进场道路在平整，施工机械、材料、人员将逐步进场，按照建设工期和进度计划，稳步推进项目，全部基建工程2018年9月底前建成。在完成相关备案程序后，两期工程发出的电力由汶村光伏电站接入江门供电局电网。

2. 利用光伏发电助贫困户脱贫

光伏扶贫项目是加快脱贫步伐、拓宽脱贫致富的一项创新举措，发展光伏扶贫项目不仅能让老百姓快速脱贫，还能享受国家带来的政策优惠。

为进一步落实国家光伏产业扶贫政策，有效带动贫困群众增收脱贫，打赢脱贫攻坚战，汶村镇计划在具备光伏建设条件的九岗村委会实施光伏扶贫项目。作为台山市实施光伏扶贫项目的试点镇，汶村镇计划通过台山市支持、镇自筹、帮扶单位资助三方面筹集资金，分两年投入120万元，每年以固定收益率返还给扶贫户，预计有十二年收益期，合219万元。

汶村镇提出，通过光伏产业，争取在2020年使该镇建档立卡的55户重点扶贫对象实现稳定脱贫，并建立长效扶贫、脱贫机制，长期稳定实现该镇城乡贫困人口不愁吃、不愁穿，义务教育、基本医疗和住房安全有保障。

全市建设发展

一、城乡建设展新貌

（一）基础设施进一步夯实

2015 年，台山市交通建设完成投资 13 亿元。深茂铁路（台山段）全面动工，新台高速公路南延线建成通车，省道改造 10.79 千米，县道改造 16.63 千米，农村公路硬底化 67.92 千米，危桥改造 7 座。水利建设投入 1.5 亿元，完成 8 条中小河道清障清淤、7 宗小（2）型病险水库和 8 宗山塘除险加固、2 宗水库灌区节水配套改造等水利工程，启动村村通自来水建设；又投入 6.85 亿元，完成总长 667.9 千米的 189 条中小河道清淤清障，16 宗水库、20 宗山塘除险加固，以及 4 宗海堤、6 宗河堤加固等水利工程；完成水利加固安全工程"十二五"计划任务。

（二）城市现代化水平进一步提升

2015 年，台山市完成城市总体概念规划等 20 项市级规划编制。台城旧城区通过公园绿化升级、街头绿地和小公园建设等改造提质更加宜居宜业，台城南、北新区道路整洁、绿树成荫，新区开发稳步推进，新行政服务中心、金星湖湿地公园、台城新宁小学一期等项目扎实推进，中环广场等一批城市综合体加快建设。宜居镇村建设进一步推进，完成 17 个行政村"村庄整治"和 50 个宜居村庄建设，成功创建江门宜居城镇 1 个、宜居村庄 2 个，还有 6 个村入选"广东名村"。全面实现"一镇一压缩转运站、一村一收集点"镇村生活垃圾处理模式，市区生活垃圾无害化处理率达到 100%，农村生活垃圾有效处理率达到 72%。2015 年台山市顺利通过广东省卫生城市复审，城乡卫生环境进一步改善。

二、政法文明建设

（一）依法治市

2015 年，台山市以"法治广东建设年"活动为抓手，贯彻落实《法治广东建设五年规划（2011—2015 年）》，开展法治建设工作，以普法教育为先导，依法执政、依法行政为重点，公正司法为保障，基层依法治理为基础，全面深化依法治市，为加快科学发展和建设幸福台山提供有力的法治保障。

2015 年 4 月 27 日，台山市召开依法治市工作领导小组第十六次（扩大）会议，市人大常委会常务副主任、市依法治市工作领导小组常务副组长黄伟红主持会议，时任市委书记、市人大常委会主任、市依法治市领导小组组长谢伯欣做了讲话，市依法治市工作领导小组全体成员、各镇（街、场）党（工）委书记和依法治镇（街、场）办公室负责人参加了会议。会议审核并通过《台山市 2014 年依法治市工作总结（草案）》《台山市 2015 年依法治市工作要点（草案）》。会上，市政府做了《2014 年度依法行政工作报告》，川岛镇对创建法治镇工作经验做了介绍，市依法治市领导小组成员单位做了履职报告。

（二）依法执政

台山市把法治工作列入党委的议事日程，纳入全市经济社会发展总体规划，与改革发展稳定任务同部署、同落实、同考核。建立健全决策前合法性、合规性审查制度，依法科学民主决策。完善党内相关规章制度，注重党内法规和法律法规的衔接和协调。

提高党员干部法治思维和推进依法办事能力建设,加强法治能力考核,把法治建设成效作为衡量各级领导班子和领导干部工作实绩的重要内容,把遵守法规法律、依法办事作为考核干部的重要内容。

(三) 司法公信力提升

稳步推进司法体制改革,司法人员分类管理和员额制改革进展顺利。开展涉民生专项执行行动和清理执行积案活动,综合运用财产申报、失信被执行人黑名单、限制高消费以及刑罚手段震慑和制裁"老赖",有效破解执行难题。推行阳光司法,全年开展"法院开放日""检察开放日"活动8次。运用"互联网+司法"新思维,依托案件信息公开平台实现司法全流程公开,符合公开条件的裁判文书上网率达100%,司法工作的社会认知度和公信力得以提升。

(四) 全民普法教育取得实效

加强国家工作人员法治教育,将法治学习纳入全市干部培训轮训教学和全市各级党委(党组)中心组的学习内容;组织相关部门参加江门市《法治在线》节目开展的普法宣传;举办"建设法治台山,巾帼在行动""12.4国家宪法日暨法治台山宣传教育周"等大型法律咨询活动8场,印发普法宣传资料2万多份;深入全市17个镇(街),面向村干部开展涉农领域职务犯罪专项预防巡回宣讲活动30场次;组织开展"2015年中学生在线学法考试",强化以考促学、以学促用;依托预防未成年人犯罪法制教育基地,分批次举办全市中小学法治培训班,受教育人数达3万人;开展"青春与法治台山同行"法治演讲比赛,培育广大青年的法治思想;充分利用广播、电视、网络、报刊、短信和微信等新媒体进行法治宣传。2015年,台山市"六五"普法规划圆满收官,并通过终期检查验收。水步、四九、川岛、深井、大江等镇开展法治镇创建工作，被评为"江门市首批法治镇（街）创建工作先进单位"。

（五）法治惠民工程普惠于民

台山市依法治市办印发《2015年法治惠民实事工程工作方案》，开展法治惠民实事项目31项，其中19项列为法治惠民实事工程重点项目，涵盖法律援助、普法宣传、环境保护、药品安全、基层民主法治建设等群众关心和社会关注的热点、难点问题。深入基层为民办实事，组织"三官一师"团队分赴全市313个村（社区）、35所中小学校和34间厂企，为群众释法解疑，参与化解矛盾纠纷；深化法律援助工作，推进村（居）和行业法律援助工作站建设，不断降低法律援助门槛，扩大法律援助覆盖面，全年受理法律援助案件共316件。各镇（街）、各部门围绕"阳光法治"主题，落实惠民举措，让人民群众有更多的"获得感"。

（六）政府信息公开

2015年，台山市政府办公室印发《台山市2015年政府信息公开工作要点分工方案》，明确牵头部门、工作任务和完成时限。12月在台山政府网公布了2015年政府信息公开成绩单。首先开展全国第一次政府网站普查。台山市成立普查工作领导小组，牵头组织对全市65个政府网站的信息发布、互动交流、便民服务等情况进行全面普查，并以此为契机，落实网站长效管理机制，提高政府网站的时效性、便民性。其次，完善政府信息目录系统，依法申请公开系统建设，全面启动政务微博、政务微信，拓宽信息发布渠道。至2015年底，全市各镇（街、场）、政府部门共开通政务微博83个、政务微信71个。再次，做好市人大建议和市政协提案办理工作。台山市第十四届人大五次会议及闭会期间收到人大代表提出建议意见51件，已全部办理完毕，办复率达100%，满意率达98%，创历年最高。台山市政协第十二届五次会议提出提案 89 件，审查立案 84 件，并案处理后 77 件，立案率达 94.4%；群众来信 5 件，已全部办结，反馈意见全部为满意。第四，公开政府信息。2015 年台山市目录系统主动公开公文类信息 528 条，政务动态类信息 3 537 条，财政预决算信息 148 条，行政执法类信息 151 条，政府信息工作报告信息 62 条，其他信息 678 条；政府网站公开政府信息 8 758 条，政府微博公开政府信息 4 346 条，政务微信公开政府信息 2 564 条；收到政府信息公开申请 3 宗，其中当面申请 2 宗，信函申请 1 宗，全部按时答复，其中同意公开 2 宗，不同意公开 1 宗；受理政府信息咨询 193 宗，主要涉及信息公开申请渠道、规范性文件发布、办事服务公开等内容。

三、电力设施建设

（一）国华台电

国华台电（最初称"台山电厂"）全称是广东国华粤电台山发电有限公司。1992 年 9 月，由广东省电力工业局开始筹建台山电厂，经上级有关部门批准于 9 月 23 日成立了台山电厂筹建组，并于 10 月 8 日举行了隆重的挂牌仪式。1992 年 12 月，台山电厂平整基础工程举行开工典礼，揭开了该项目工程施工的序幕。

广东国华粤电台山发电有限公司是国家计划委员会于 1993 年 1 月 14 日批准（计能源〔1993〕56 号）上马的大型煤电项目，位于台山市赤溪镇铜鼓湾，厂区占用土地 300 多公顷，三面环山，南面临海，与以"铜鼓涛声"闻名的黑沙湾相傍。原规划装机容量 504 万千瓦，后调整为 700 万千瓦。该项目计划分两期建设，一期为 5 台 60 万千瓦燃煤机组，二期工程扩建 4 台 100 万千瓦燃煤机组，预留 2 台 100 万千瓦机组，最终容量可达 900 万千瓦，是目前亚洲规划建设的规模最大的火力发电厂。

台山市委、市政府非常重视台山发电厂的建设，从电厂正式定址在铜鼓湾时起，即在1992年9月就专门成立台山电厂协调办公室，协调厂区用地、用水以及交通等方面，给予了大力支持。台山电厂码头可以停泊10万吨级货轮，是台山沿海最优质的深水良港。为保证电厂使用燃料用煤正常运输，台山市将这一最佳港口资源无偿提供给台山电厂。

作为台山电厂最早的建设者，台山电厂筹建组负责人胡庆余带队进驻铜鼓湾，平场地、建码头、修隧道，经过坚持不懈的苦战，完成了厂区约300万立方米的厂平工程、电厂专用煤港5 000吨级重件码头等大量基础工作，并实现"四通一平"。长1 543米、宽9.50米、拱顶高8.22米的台山电厂进厂公路隧道工程于1993年8月8日动工，1995年4月18日建成通车，使偏僻的铜鼓山村变成了"路通、水通、电通、通信通"的繁荣小镇，为后来的台山电厂建设打下了坚实的基础。

台山电厂是广东结转"十五"计划投产的唯一大型发电项目。根据国家计委的要求，广东省计委、广东省电力局先后于1996年4月和1997年10月在北京举行咨询座谈会，国家有关部门同意该项目采取有限追索权贷款的方式进行。2001年初，广东省政府决定由广东粤电集团有限公司和北京国华电力公司（国家能源集团的全资子公司）强强联合，加快台山电厂的建设步伐。2001年3月28日，广东省粤电集团有限公司与北京国华电力有限公司签约，分别出资20%和80%组建广东国华粤电台山发电有限公司。

广东国华粤电台山发电有限公司坚持"创国际一流电厂"的建设方针，致力成为广东省最可靠的电源支撑点，为广东省经济发展提供强有力的能源支持。公司先后获得"全国五一劳动奖状""广东省重点项目建设先进单位""中国电力行业优质工程"

等多种荣誉称号。

（二）台山核电站

2008 年 8 月，台山核电站一期工程核岛负挖开工。

台山核电站是列入国家《核电发展中长期规划（2005—2020)》和《广东省国民经济和社会发展第十一个五年规划纲要》重大能源保障工程项目，是中国广东核电集团公司（简称"中广核电集团公司"）在广东省内开工建设的第四座核电站。该项目选址在台山市赤溪镇，位于黄茅海西岸进出海口处的腰鼓湾海滨，规划建设用地 800 公顷、用海 200 公顷。厂址经专家长期考察和科学论证选定，地形开阔，三面环山，东临南海，中部为堆积平原，可规划建设 6～8 台百万千瓦核电机组或更大容量先进核电机组。

2009 年 12 月 21 日上午，广东台山核电站开工暨台山核电合营有限公司成立仪式在人民大会堂举行，时任中共中央政治局常委、国务院副总理李克强与法国总理弗朗索瓦·菲永共同出席，并为台山核电合营有限公司揭幕。李克强指出：积极发展核电，有利于构筑稳定经济清洁安全的能源供应体系，有利于节能增效和生态环保，也是中国应对气候变化、调整能源结构的重要举措。他表示，中法和平利用核能合作基础良好，为台山核电站建设提供了有利条件。李克强希望双方企业密切合作，攻坚克难，确保工程质量和安全，努力把台山核电站建成先进、安全、经济的国际一流核电站。台山核电合营有限公司将由中国广东核电集团和法国电力公司按 70% 和 30% 的比例投资设立，由中国广东核电集团控股，注册资本金 167.4 亿元，是中法最大的清洁能源合资企业，也是目前国内电力领域投资规模最大的中外合资企业。经国家批准，作为台山核电站一期工程项目法人单位，台山核电合营有限公司负责台山核电站一期工程的资金筹措、建设、运营和管理。据了解，台山核电站一期工程总投资 502 亿元，采用欧洲先进压水堆技术（EPR）建设 2 台机组，单机容量为 175 万千瓦，是目前世界上单机容量最大的核电机组。

2010 年以来，时任中共中央政治局委员、广东省委书记汪洋，时任广东省人大常委会主任欧广源，时任广东省委常委、秘书长徐少华，时任广东省副省长雷于蓝，时任江门市委书记陈继兴，以及时任台山市委书记吴晓谋、市长谢伯欣先后到台山核电站调研视察。汪洋强调，发展核电和核电设备产业链具有重要的战略意义，是广东既定的带有长期性的政策，台山核电要在与法国的合作过程中，使核电第三代技术能在中国打造成功的范本。

2018 年 6 月 29 日 17 时 59 分，中广核集团公司台山核电 1 号机组首次并网发电成功，成为全球首台并网发电的 EPR3 代核电机组。

台山核电项目的建设，必将加快实现台山大能源基地的发展目标。

（三）川岛风电场

台山市川山群岛属于亚热带海洋性季风气候，全年气候温暖潮湿，风能资源丰富，具有良好的风电建设条件。我国风资源区域图显示，上川岛、下川岛是广东省风能资源最丰富的岛屿之一。中广核集团公司捷足先登，选定上川岛、下川岛作为该公司在华南地区开发的第一个风电项目。台山川岛风电项目场址内以山地为主，海拔高度在 258～322 米之间，这是中广核集团公司第一个海岛山地风电项目。

川岛风电场建成后发出的电量全部输入南方电网，除满足上川岛建设和居民生活用电外，多余的电量通过川岛联网供电工程送出岛外。川岛联网供电工程线路采用架空线路及海底电缆相结合的方式建设，由 110 千伏海宴变电站架空出线，在海宴浪鸡角沿 7.47 千米的海底电缆至下川变电站，架空大跨越至黄麖洲变电站，经 4.75 千米的海底电缆拉至上川变电站，再经架空线路接驳上川岛风电场。该工程总投资 5.5 亿元，是台山市一次性投资额最大的电力工程项目。经过三年的艰苦努力，2010 年 7 月 27 日，110 千伏川岛联网工程送电仪式在 110 千伏下川变电站隆重举行。该工程竣工投运，结束了川岛电网孤网运行的历史，川岛电网实现了真正意义的同网同价。

川岛联网供电工程的竣工投运，为川岛风电场并网创造了条件。2010 年 8 月，上川岛风电项目克服施工条件恶劣、海上运输困难及台风影响等不利因素，经项目质检、基建验收、投运验收，项目开始带电调试。2010 年 9 月 9 日上午，上川岛风电场建成投产庆典仪式在上川岛风电场内隆重举行。时任江门市副市长易中强、时任台山市委书记吴晓谋、时任中广核风力发电公司副总经理牛智平等领导出席了仪式，并共同为上川岛风电场启动了第一台风机。

下川岛风电场与上川岛风电场同步进行建设。2008 年 12 月 3 日，广东省发展和改革委员会核准台山下川岛风电场工程项目装机容量为 4.93 万千瓦，项目总投资近 5 亿元。2009 年 11 月 4 日，台山市政府与中广核台山川岛风力发电有限公司签订了《台山下川岛风电场项目征地、合作修建场区道路协议书》。2009 年 12 月 3 日，下川岛风电场开工仪式在下川岛施工现场举行，标志着项目进入施工阶段。下川岛风电场是中广核风力发电公司开发建设的第二个海岛风电项目，选用 57 台单机容量 750 千瓦国产机，总装机容量为 4.275 万千瓦，总投资约 4.5 亿元。工程建设期为一年，2010 年投产发电。项目建成投产后，年上网电量为 7 689 万千瓦时。

川岛风电项目的建成投产，对改善台山市能源结构，促进节能减排，提高电力保障水平，保护生态环境和推动经济可持续发展具有重大意义。

四、广海湾区发展

（一）经济区

广东江门大广海湾经济区是 2013 年 12 月 31 日获广东省政府批准设立的省级经济新区，总规划面积约 3 240 平方千米，包括台山市（规划面积 2 240 平方千米，约占 70%）、新会区和恩平市的 20 个镇（经济开发区、工业园区、华侨农场），是目前广东省面积最大的省级经济新区。大广海湾经济区的核心区主要位于台山广海湾工业园区和新会银湖湾，面积约 520 平方千米，起步区位于台山广海湾工业园区填海区、下川岛和新会银湖湾围垦区，总面积约 27.5 平方千米。

（二）工业园区

台山广海湾工业园区（原名台山市广海湾华侨投资开发试验区）是广东省人民政府于 1992 年批准设立、2006 年经国家发改委核准的省级开发区，是省级经济新区——广东江门大广海湾经济区的核心区和起步区，是广东省规划精细化工基地，被纳入《珠江三角洲产业布局一体化规划（2009—2020 年）》中的先进制造业重大项目和基地范围。园区重点发展海洋生物、循环经济、精细化工、海洋工程装备制造和临港能源及物流等产业。

（三）发展规划

发展定位：国家科技兴海产业示范基地，国家级先进制造业基地，辐射粤西、服务大西南的区域物流基地，大广海湾经济区生产服务中心。产业布局："一心一带五区"。"一心"是指核心岛，重点发展生产生活服务业。"一带"是指环岛服务带，发展科技研发、教育培训、社区服务等生产生活服务业。"五区"是指海洋生物产业区、循环经济产业区、精细化工产业区、海洋工程装备制造产业区和临港能源及物流区。

（四）区位优势明显

广海湾工业园区位于台山东南部、珠江口西侧，东靠珠海经济特区，南濒南海，毗邻港澳，距香港 87 海里，距澳门 48 海里，进入国际航道 12 海里。新台高速公路、西部沿海高速公路、深茂铁路、新兴—广海铁路交会于此，港珠澳大桥建成，园区进一步融入珠三角核心圈层，并成为港澳、深圳、珠海通往大西南的"桥头堡"。

（五）港口资源优越

园区拥有国家一类口岸——广海湾港区广海湾作业区和可建设 5 万～30 万吨级泊位深水港的得天独厚的资源条件，已建成 10 万吨级国华台电专用煤运码头及万吨级广海湾港区广海湾作业区码头。

（六）电力资源充足

台山是中国南方唯一直购电试点地区、中国电能源产业基地，规划总装机容量超 2 000 万千瓦，拥有中法能源领域最大合作项目——台山核电站（1 050 万千瓦）、亚洲最大火力发电厂——国华台电（900 万千瓦），还有太阳能光伏发电和陆地、海上风电等项目，电力供应稳定充足。

（七）生态资源优良

园区属亚热带海洋性季风气候，雨量充沛，周边有众多水库（大隆洞水库库容超 2 亿立方米）和河流，淡水资源充足。广海湾区域大气环境、海水水质等整体环境质量良好。

（八）产业配套完善

华电台山 LNG 综合利用产业基地落户园区，将为区内企业提供充足的冷、热、电和天然气能源，满足企业各种生产需要，降低企业生产成本。

五、高速公路建设

（一）广东西部沿海高速公路（编号 S32）台山段

广东西部沿海高速公路台山段东起珠海，向东连广珠高速公路，向西经新会、台山至阳江与广湛高速公路相接，全长 157.47 千米。分新会、台山、阳江三段，按独立项目实施建设。其中，台山段东起金星农场（与新会分界），向西经都斛、斗山、广海、海宴、汶村至北陡老里山（与阳江分界），全长 86.85 千米，占全线的 55%。台山段因路线较长，工程规模较大，为便于实施分两段编制工程可行性研究报告和报批：第一段，东起金星农场，西至汶村大担，全长 74.58 千米，广东省计委于 1993 年 10 月批准立项；第二段由汶村大担至北陡老里山，全长 12.27 千米，广东省计委于 1995 年 3 月批准立项。

台山段全线按双向 4 车道设计，路基宽 24.5 米，设计行车速度 110 千米/小时，全线实行全封闭、全立交、完全控制出入口和收费管理，按 6 车道控制预留用地。

台山段沿海而行，路基工程地质复杂，软土地基深达 25 米，软土路段累计总长达 35 千米。全线有特大桥 2 座、双洞隧道 1 孔、互通式立交 7 处等大型设施，投资额近 30 亿元。

台山段的建设由 1994 年 9 月开工至 2002 年 3 月全线建成通车，前后历时近八年，期间台山段曾停工近四年，全线实际建设期为四年。

1994 年，由台山市交通建设发展总公司与香港德祥（集团）有限公司合作成立台山沿海高速公路有限公司，共同建设台山一段。工程于同年 9 月 8 日在广海路段举行开工仪式，后因种种原因于 1995 年 5 月停工。1996 年 8 月，在广东省交通厅的大力支持下，由台山市交通建设发展公司与广东恒建高速公路发展有限公司合作成立台山镇海路桥有限公司，共同投资建设台山二段的镇海湾大桥。1996年1月18日，全长2 896米的镇海湾大桥开工。

1998年，适逢国家实行扩大内需、加快基础设施建设政策，省交通厅同意将已经广东省计委批准立项的广东西部沿海高速公路和新台高速公路列入实施建设的项目，向国家开发银行争取贷款支持。1998年4月，广东省交通厅指定广东交通实业投资有限公司与台山市交通建设发展总公司合作组建广东台山沿海高速公路有限公司，接管台山段的建设经营管理，全线遂于同年7月复工。

台山段工程由广东省公路勘察规划设计院设计，由广东虎门咨询公司负责施工质量监理。全线分9个标段，以招标的方式决定施工单位。台山段于1998年7月全线开工，2002年4月18日建成通车。

（二）广东新台高速公路（编号S49）

新台高速公路北起佛开高速司前立交，向南经新会司前，跨潭江过新会牛湾，经台山大江、水步、台城、四九、冲蒌，终点在斗山浮石。再由终点向南建2.6千米一级公路接上浮石至铜鼓（国华台电）的一级公路，使高速公路与浮石至铜鼓公路连成一线，并通过一级公路在斗山唐美与西部沿海高速公路南北立交相连，从而使新台高速公路成为佛开高速公路和西部沿海高速公路的连接线。该公路全长52.92千米，其中新会境内8.65千米，台山境内44.27千米。

新台高速公路于1994年9月经广东省计划委员会批准立项。1996年11月开始，台山市交通部门开始在新会司前、牛湾路段进行征地。1998年4月，广东省交通厅指定广东省高速公路有限公司与台山交通建设发展总公司合作组成新台高速公路有限公司，负责建设、经营和管理新台高速公路，由广东长大公路有限公司以总承包的形式负责工程施工。

新台高速公路由广东省公路勘察规划设计院负责设计，由广东虎门咨询公司负责工程质量监理。全线按照平原微丘高速公路标准设计。路基宽 24.5 米，双向 4 车道，设计行车速度为 110 千米/小时，实行全立交、全封闭、完全控制出入口和收费管理。全线设有互通立交 5 处、特大桥 2 座、大桥 5 座等大型设施。工程总造价 14.3 亿元。

新台高速公路于 1998 年 9 月开工，2001 年 1 月建成通车。2004 年 3 月，新台高速公路与佛开高速公路连接线 1.28 千米开始动工，投资 1.2 亿元，工程于 2005 年底竣工。新台高速公路正式纳入广东西部高速公路联网收费。

台山市两条高速公路建成通车后，市境内有高速公路 131.12 千米，东、西、北三面分别与广珠、开阳、佛开高速公路相连，形成高速公路网络，彻底改变台山交通闭塞的状态。目前，台山市已成为全国拥有高速公路里程最长的县级市之一。

六、深茂铁路台山段建设

2014 年 11 月，深茂铁路江门段全线开工。该项目的建成，从根本上改变粤西地区交通不发达的现状。广州与茂名之间由 5 小时以上缩短至 2.5 小时左右，深圳至茂名由原来的 7 小时缩短至 3 小时以内。

深茂铁路起自广深港客专线深圳北站，经东莞、广州、中山、江门、阳江，终至茂名东站，是连接珠三角与粤西阳江、茂名乃至湛江的第一条快速铁路。

深茂铁路长约 387 千米，总投资约 593 亿元。江门至茂名段按双线、时速 200 千米规划设计，正线全长 265 千米，工程总投资约290亿元。项目建成通车后，成为连接珠三角与粤西地区最快捷的陆上通道。广州与茂名之间的铁路运行时间将由5小时以上缩短至2.5小时左右，茂名到江门只需1个小时，跨过珠江口到深圳也不超过3小时。

深茂铁路江门至茂名段建成通车后，结束了沿线台山、开平、恩平、阳江、阳东、阳西6个县市区不通快速铁路的历史。

深茂铁路的建设，对完善珠三角与粤西的综合运输体系、推动区域间人员物资等生产要素交流、实现优势资源和产业互补、推动区域均衡发展具有重要作用和意义。

深茂铁路台山段于2018年7月1日建成通车，经过水步、台城、白沙3个镇，全长33千米，是深茂铁路各段中路程较长的一段。新火车站位于台城南坑永隆村，即从台城东门城区陈宜禧路靠近北坑工业区工业大道路口。从台城前往火车站不过3千米，市民前往非常方便。台山火车站选址于此，既方便客运，也方便货运。

台山人挎上背包，坐上轻铁，转乘高铁，来一场说走就走的旅行终于实现了。

第五节 今后发展前景

一、开创科学发展新局面

(一) 大力建设制造强市

紧抓"珠西战略"机遇，深入实施台山发展先进装备制造业工作纲要及行动方案，打造先进制造业集聚高地。集中力量抓平台，加快工业新城提质，按照城市建设的标准加强园区路网、水电、绿化等基础设施建设，完善学校、医院、文化娱乐等配套服务，增强园区承载能力，实现城市功能和产业功能的有机融合，打造产城融合的现代新城。以汽车及零部件制造为主导，以清洁能源装备、节能环保装备、智能制造装备、五金机械制造为重点，着力打造广东省重型商用车生产基地和广东省新材料新能源（装备）产业基地。优化工业新城产业集聚区布局，推动产业增量沿台开快速路拓展。积极打造一批小微企业创业创新基地，培育中小微企业，配合推进中欧（江门）中小企业国际合作区建设。

(二) 大力建设农业强市

实施台山加快建设农业强市工作纲要。着力强基础，抓好高标准基本农田、水利等基础设施建设，推进沙堤、横山、广海三大渔港升级改造，进一步优化农（渔）业发展条件。引进和培育农（渔）业龙头企业，搞活农产品流通，推进农产品精深加工，重点加快广东省农产品加工示范园区的申报和建设。强化品牌建设，提升台山名优特农（渔）产品的知名度和市场竞争力。加强农村集体"三资"规范管理，确保农村和谐稳定。

（三）大力建设旅游强市

坚定不移把发展全域旅游摆在台山发展大局的重要位置，举全市之力把旅游业打造成实现战略转型的支柱产业，把台山建设成广东旅游名城。推进岛岸联动工程，带动滨海旅游升级；打造海上丝绸之路文化走廊；对侨圩、侨村、洋楼进行深度开发，大力发展乡村旅游和农业生态休闲旅游，扩大台山的旅游知名度和影响力。

（四）大力建设效率台山

进一步转变政府职能，推进简政放权，分期分批取消和下放行政审批事项，全面清理非行政许可审批事项，完善行政审批目录管理制度，实现简政提效。进一步推进行政审批制度改革，完善三级公共服务平台，推广"邑门式"服务，加快推进台山市网上办事大厅与广东省、江门市网上办事大厅对接，全面推动行政审批和服务事项网上办理，优化、简化审批流程，压减审批时间，实现服务提速。

二、绿色发展，谱写美丽台山新篇章

（一）发展绿色经济

大力发展循环经济，推动资源再生利用产业化，促进工业园区循环化改造。加大力度淘汰落后产能，支持鼓励绿色清洁生产，推动传统制造业绿色改造。推进交通运输低碳发展，推广应用新能源汽车，实行公共交通优先计划。积极倡导绿色低碳、文明健康的生活方式和消费模式。

（二）筑牢生态屏障

以创新中国成立家森林城市为抓手，推进生态强市建设。持续深化"森林围城、树林进城"系列活动，加快城区道路绿化升级和社区小公园建设；推动城市绿化向乡镇延伸，加快美丽乡村建设步伐；抓好生态景观林带建设、森林碳汇工程、饮用水源水库临水面第一重山商品林调整、生态公益林扩面和示范区建设等一批重点生态林业工程，初步建成完善的森林生态体系，打造山水相依、绿满全城的公园城市。

（三）加强环境保护和治理

推进多污染物综合防治和环境治理，深入实施大气、水、土壤防治行动计划，扎实推进农业面源污染治理，注重做好重金属污染防治。强化饮用水源保护，做好应急备用水源建设，推进城乡用水保障工程。加快城乡污水、垃圾处理设施建设，提高污水集中处理率和生活垃圾无害化处理率。持续开展农村环境卫生综合整治和宜居城乡创建工作，努力营造整洁有序、文明和谐的环境。

三、主动对接，构建开放新格局

坚持开放发展，抢抓国家"一带一路"等战略机遇，强化内外联动，着力构建全方位开放新格局，争创对外开放新优势。

（一）大力建设侨务强市

挖掘侨乡文化底蕴，尊重和珍视侨乡历史文化，加强对台山侨圩、洋楼、碉楼、侨校等华侨特色建筑的保护，加快华侨文化广场建设，留住"城市记忆"；发挥华侨资源优势，加强与海外华侨华人的联谊交流，吸引侨资企业、海外华商参与台山教育、医疗、交通以及产业项目建设。引导侨团创新发展，建设寻根谒祖等综合服务平台，增进新华侨华人和华裔新生代对家乡的感情。打响"五邑第一侨城、岭南第一侨乡"城市品牌，争当江门建设"中国侨都"的排头兵。

（二）深化与粤港澳合作

立足大广海湾经济区台山片区，主动对接港澳，深度拓展台山与粤港澳在经济社会特别是规划建设、技术对接、社会服务、贸易、旅游等领域的合作空间，着力打造粤港澳重要合作平台。探索与粤港澳合作发展以养生、养老、保健医疗为重点的健康产业，积极打造涉外港澳的养老服务基地。

（三）增强对外贸易优势

加强口岸建设，推动外贸"单一窗口"大通关建设。优化贸易结构，推动一般贸易稳步发展，促进进出口贸易平衡。大力推动装备制造出口，提高出口产品技术含量和附加值，培育外贸品牌，推动外贸向优质优价、优进优出转变。加快贸易方式转型升级，创新发展和提升加工贸易。支持和鼓励外贸综合服务发展，加快推进跨境电子商务等新型贸易发展。

四、增进福祉，共享发展新成果

按照人人参与、人人尽力、人人享有的要求，注重保障和改善民生。

（一）增加公共服务供给

坚持普惠性、保基本、均等化、可持续方向，从解决人民最关心、最直接、最现实的利益问题入手，提高公共服务能力、共建能力和共享水平。健全覆盖城乡、延伸基层的基本公共服务体系，逐步扩大基本公共服务范围，提升便民服务水平。

（二）打好脱贫攻坚战

认真落实中央关于打赢脱贫攻坚战的决定，全力推进精准扶贫、精准脱贫，确保如期完成脱贫任务。扩大贫困地区基础设施覆盖面，提高基本公共服务水平。建立健全的扶贫开发长效机制，因地制宜，分类实施发展生产、就业扶持、医疗救助、教育、低保兜底等精准扶贫工程。创新机制，构建专项扶贫、行业扶贫、社会扶贫、科技扶贫等有机结合、互为支撑的大扶贫格局。实行低保政策和扶贫政策衔接，对贫困人口应保尽保。

（三）提高就业创业和居民收入水平

实施更加积极的就业政策，落实小微双创优惠政策，加强职业培训和创业培训，以创业带动就业。健全工资正常增长机制，多渠道增加居民财产性收入，稳步增加农民收入。

（四）办好人民满意的教育

坚持教育优先发展，深化教育领域综合改革，促进教育公平，强化素质教育，提升办学质量。加强教师队伍建设，推进城乡教师交流，进一步提高教师特别是农村教师的待遇。积极鼓励和引导社会力量兴办国际化学校和民营名校。

（五）抓好基本民生

实施全民参保计划，加快建成覆盖城乡居民的社会保障体系，实现应保尽保，稳步提高社保待遇标准。加快完善社会保险关系转移接续政策。全面实施城乡居民大病保险制度，加快改革医保支付方式，实现省内异地就医联网即时结算。深化"大民政"工作，提高低保五保等底线民生保障水平，切实开展"救急难"工作；推进多元化养老体系建设，做好优抚安置工作，完善残疾人保障机制。完善农村留守儿童和妇女、老人关爱服务体系。加强保障性住房建设和管理发展职业年金、企业年金和商业养老保险。

（六）提升民众健康水平

全面深化医药卫生体制改革，完善新型公共医疗卫生服务体系，推进卫生城市建设，增强人民体质，建设健康台山。优化城乡医疗卫生机构布局，推动市妇幼保健院搬迁，推动优质医疗资源向基层、农村下移，提高基层卫生服务水平。完善药品供应保障体系和基本药物制度，建立科学合理的医药价格形成机制。加强重大疾病防控。全面提升食品药品安全保障水平。加快完善文体活动场所，广泛开展全民健身活动。促进人口长期均衡发展。

（七）维护社会和谐稳定

坚持依法治市，加强普法教育，构成覆盖城乡的公共法律服务体系，建设法治台山。强化立体化治安防控建设，提升社会治安防控能力，严厉打击严重危害社会安全的各种违法犯罪活动。完善公共突发事件应急处置体系，提高应急管理能力。激发社会组织活力，支持和鼓励社会组织参与社会管理。

五、强化党建，提供坚实保障

加强和改进党的领导，是顺利实施"十三五"规划，全面建成小康社会的根本保证，必须不断加强党的执政能力和先进性建设，全面提高党的建设科学化水平。

（一）加强领导社会经济发展能力建设

充分发挥党委总揽全局、协调各方的领导核心作用，提高决策科学化水平，完善党委研究经济社会发展战略、定期分析经济社会形势、研究重大方针政策的工作机制，健全决策咨询机制。增强各级党委带头践行"创新、协调、绿色、开放、共享"发展理念的自觉性，提高领导经济社会发展的专业化能力和法治化水平。进一步加强农村基层服务型党组织的建设，把基层党组织建设成为有效推动科学发展的坚强战斗堡垒，更好带领群众全面建成小康社会。

（二）加强人才队伍建设

进一步优化领导班子知识结构、年龄结构和专业结构，着力培养选拔政治强、懂专业、善治理、敢担当、作风正的领导干部。树立正确用人导向，构建科学合理的选人用人机制，推动干部能上能下。加强党外知识分子队伍建设。培养和引进科技领军人才、企业家人才、高技能人才队伍，支持企事业单位建立名师、名医、名家工作室，发挥拔尖人才的带动和引领作用。

（三）加强党风廉政建设和反腐败斗争

坚持全面从严治党，坚决落实党风廉政建设主体责任和监督责任。落实"三严三实"要求，严明党的纪律和规矩，严格权力运行制约和监督。建立健全的督促检查、绩效考核和监督问责制度，完善廉政风险防控体系。严肃整治行政"不作为、慢作为、乱作为"现象，确保党的路线方针政策和各项决策部署落实到位。深入贯彻落实中央八项规定，加强监督执纪，从严监督管理干部，健全改进作风长效机制，持之以恒推进作风建设常态化。始终保持反腐败高压态势，以零容忍态度惩治腐败，着力形成不敢腐、不能腐、不想腐的有效机制。

台山市各级党组织和干部群众要更加紧密地团结在以习近平同志为核心的党中央周围，认真贯彻落实中共中央和省委、江门市委、台山市委的重大决策部署，坚定信心、锐意进取、奋发有为，为实现"十三五"规划宏伟发展蓝图、夺取全面建成小康社会伟大胜利而努力奋斗！

附录

红色资源与革命人物

附录一 重要革命人物

中国革命的历程是艰辛的、曲折的、悲壮的，我们的胜利是烈士抛头颅、洒热血，是革命前辈的艰苦卓绝与奋斗换来的。在台山革命发展史上，一大批重要的革命人物，他们忠于党、忠于人民，一心为革命，不怕牺牲，勇于献身的精神，永远值得后人敬仰。我们要向革命前辈学习，为振兴中华而努力工作，为实现中华民族的中国梦而奋斗。

革命历史时期台山的重要人物有：

一、李万苍（1901—1944）

李万苍，台山市都斛镇大宁村人，华侨子弟。中学毕业后他进入广州农民运动讲习所学习，是农讲所第五届学员。1926 年从农讲所结业后，他回到台山从事农民运动，吸收了一些积极分子组成工作组开展工作，以台城西普寺为办公处，点燃了农民运动的火种。先后在台山建立了由共产党领导的第一批农民协会，即沙步、龙村、种积、荔枝塘、凤岗、龙溪、大宁等 7 个农民协会，共有会员 700 多人。他担任大宁农民协会会长；领导农民向地主开展减租减息运动，与封建势力做英勇的斗争；开办农民夜校，组织会员和农民学文化、学政治，给青壮年农民讲军事知识，进行军事训练，组织农军维持地方治安，开展剿匪等，成为台山农民运动的领袖。为配合广州起义，他曾准备于都斛地区掀起斗争地主当权派的行动。当广州起义失败和国民党要逮捕他的消息传来时，他只得罢手，分散隐蔽。后来，他分别到香港、暹罗谋生，1937 年回本村教学，1940 年去贵阳做汽车运输工作，1944 年的旧历十一月十六日病逝于贵阳，时年 43 岁。

二、温梦熊（1903—1929）

漫梦熊，台山市附城镇沙步村人，华侨子弟。小学毕业后他先后到五十圩药材铺和广州华盛顿酒楼当工人，后进入广州农民运动讲习所学习，是农讲所第五届学员。1926 年从农讲所结业后，他回到台山从事农民运动，吸收了一些积极分子组成工作组开展工作，并担任工作组组长。工作组以台城西普寺作为办公处。先后在台山建立了由共产党领导的第一批农民协会，即沙步、龙村、种积、荔枝塘、凤岗、龙溪、大宁等 7 个农民协会，共有会员 700 多人；领导农民向地主开展减租减息运动，与封建势力做英勇的斗争；开办农民夜校，组织会员和农民学文化、学政治，成为台山农民运动的领袖。1927 年 12 月 11 日参加中国共产党领导的广州起义，可惜起义失败，他在西关被敌人逮捕，入狱年余，后遭到敌人的杀害，时年约 26 岁，成为革命烈士。

三、陈铁军（1904—1928）

陈铁军，革命烈士，原名陈燮君，生于佛山，祖籍台山市三合镇黎洞汇洞里，1924 年秋考入广东大学文学院预科。求学期间，为追求进步，她决心跟中国共产党走，将名字"燮君"改为"铁军"。1925 年参加五卅运动和省港大罢工的宣传工作。1926 年 4 月加入中国共产党。此后，她负担了共产党所交给的许多艰巨的任务：任中共中大支部委员、中共两广区委妇委委员、广东妇女解放协会副主任、省港罢工委员会劳工学校教员等。大革命失败后的 1927 年 10 月，受党的派遣，她装扮成周文雍（开平人）的妻子，同年 12 月 11 日参加了广州起义。1928 年 1 月 27 日，在组织广州春季骚动期间，她被叛徒出卖，与周文雍同时被捕。在狱中，两人受尽酷刑，仍坚贞不屈。敌人无计可施，决定判处他们死刑。在共同的革命斗争中，陈铁军和周文雍产生了爱

周文雍、陈铁军铜像

情。但为了革命事业，两人将爱情一直埋藏在心底。在生命的最后时刻，陈铁军提出要和恋人周文雍合影，敌人同意了。他们并肩站在牢房窗前照了相，以作为他们的结婚照。1928 年 2 月 6 日，在生命的最后时刻，在广州红花岗刑场上，两位气吞山河的年轻共产党员，面对敌人的枪口，把刑场作为结婚的礼堂，把反动派的枪声作为结婚的礼炮，从容不迫地举行了古今中外绝无仅有的、悲壮动人的刑场婚礼，表现了大无畏的革命精神和英雄气概。陈铁军牺牲时年仅 24 岁。她和周文雍是全国闻名的革命先烈，2009 年被评选为全国"100 位为新中国成立做出突出贡献的英雄模范人物"。

四、何干之（1906—1969）

何干之，又名谭秀峰，台山市筋坑乡塘口村人。何干之是著名的中共党史学家，他的著作《中国现代革命史》等著作是重要的中共党史文献之一。1930 年，他留学日本时利用暑假回国探亲，在台中举办青年暑假学术研究班，参加研究班的主要对象是小学教员和进步中学生，何干之讲授《现代世界观》（辩证唯物论和历史唯物论）。1927 年大革命失败后至 1937 年的十年内战期间，台山开展了新文化运动。何干之就是其中一个传播者。1927

年，他因思想进步被中山大学开除学籍。1928 年，他回乡后常在谭族主办的日报发表反帝反封建的言论，不久，即被迫出境去日本留学。1930 年，谭秀峰从日本留学回来，又举办台山青年暑期学术研究所，传播革命思想。1931 年，他在台山中学任教，又因传播革命真理而遭解聘。1932 年，他创办《台山日报》，不久，也被国民党查封。后来，他出走广州、上海，终于在 1937 年"七七事变"之后，进入革命圣地延安，并在那里参加了共产党。

五、林基路（1916—1943）

林基路，原名林为梁，台山市都斛镇大纲村人。他自小聪敏好学，思想进步，在广州、上海求学期间，便投身于学生运动。1933 年春，他在上海加入共青团和中国左翼作家联盟。1934 年春，赴日本留学。1935 年秋，加入中国共产党，担任中共东京中国文化支部书记，积极组织留日学生开展革命文艺活动和各种社会活动，并向国民党右派展开争取留日学生领导权

林基路烈士遗像

的斗争。1937 年"七七事变"前夕，他回到上海，任中华青年抗敌救亡团组织部长。1937 年 10 月赴延安，进入中共中央党校学习，任十二班班长。1938 年春，被党中央派赴新疆工作，先后任新疆学院教务长、阿克苏专区教育局局长、库车县和乌什县县长。这期间改名为林基路。在艰苦的环境中，林基路坚定地执行党的抗日民族统一战线政策，团结各族，惩恶治奸，兴办教育，发展农业，深得新疆人民爱戴。

1942 年春，反动头子盛世才对共产党人从合作抗日变为公开逮捕屠杀，把党中央派赴新疆工作的陈潭秋、毛泽民、林基路等150 多名共产党员及其家属调集迪化（乌鲁木齐）软禁起来，继

而投进监狱。林基路在狱中经受严刑拷打，坚贞不屈，写下了气壮山河的《囚徒歌》："……砍头枪毙，告老还乡；严刑拷打，便饭家常。"表现出革命者的坚贞不屈和崇高气节。1943 年 9 月 27 日，他与陈潭秋、毛泽民一起遭敌人秘密杀害，年仅 27 岁。

陈潭秋、毛泽民、林基路的陵墓立于新疆乌鲁木齐市革命烈士陵园，原党和国家领导人邓小平、陈云、王震亲笔题词，以纪念他们的钢铁意志和崇高气节。当地群众为了纪念林基路，把龙口大坝称为林基路

光荣纪念证

坝。在烈士的家乡都斛大纲村旁，建有林基路纪念公园，公园内，矗立着林基路烈士纪念碑。

六、黄毓全（1905—1932）

黄毓全，号莫峙，台山市四九镇石坂潭人。1904 年出生于美国加利福尼亚州。5 岁丧父。曾就读于胜垒中学，毕业后进入航空学校学习。1924 年赴芝加哥入其兄黄毓沛创办的三民飞机练习所任机械教师。1926 年随兄回国，任广东航空处中教飞行员。次年受命赴苏联学习军事航空。1928 年回国，历任广东航空第六队分队长等职。1932 年初，黄毓全新婚蜜月后自广州返南京，途经上海时，值日本侵略者制造了"一·二八事变"，目击侵华日军罪行，请命参战歼敌获准。2 月 5 日（农历除夕），中国空军首次投入对日作战，黄毓全在激战中英勇牺牲，为中国空军抗日捐躯第一人。

七、陈瑞钿（1913—1997）

祖籍台山市大江镇的"混血儿"陈瑞钿，1913 年 10 月 23 日出生于美国俄勒冈州波特兰市（其父早年赴美，母亲是秘鲁人）。还在读高中时，他就加入了波特兰华人飞行俱乐部，靠打工赚钱学习飞行课程。后来，他被选派前往美国阿尔－格林纳达飞行训练学校受训，醉心飞行的他勤奋好学，以优异的成绩从学校毕业。

1937 年 2 月，陈瑞钿在杭州笕桥中央航空学校任战斗机飞行教官。1937 年"八一三淞沪抗战"爆发，陈瑞钿和战友驾驶战机保卫上海和南京。8 月 16 日早晨，日军 6 架轰炸机又从台湾松山机场起飞，向句容机场发动突然袭击。第 28 驱逐中队副队长陈瑞钿与战友们迅速驾机迎敌，陈瑞钿也在此战中开创了他击落敌机的个人纪录。

1937 年 9 月 10 日的太原空战中，他一人驾机与敌搏斗，击落有"驱逐之王"之称的日军航空大队长，自己则坠落于学校房顶，满脸鲜血，左臂中弹，处于昏迷状态。伤愈后，陈瑞钿又参加了粤北空战，曾与战友一同迫降敌机，俘虏日军飞行员。

1938 年的武汉空战是陈瑞钿和战友参加的一场惊心动魄的战斗。战斗中，陈瑞钿一人对战 3 架敌机。在与敌机的较量中，陈瑞钿的战机被击中，弹药耗尽，敌机射来的子弹在座椅后的防弹板上迸飞。陈瑞钿临危不惧，决心驾驶破损战机与敌机同归于尽，舍身报国。

陈瑞钿骁勇善战，屡立战功，被誉为"中国战鹰"。其英勇事迹得到飞虎队飞行员肯恩·杰恩斯特的颂扬，他也被美国空军博物馆评选为"美国第一位二次大战的空战英雄"，其故事在美国广为流传，事迹被载入美国教科书，编成美国英语课外读物《中国战鹰》发行。美国俄勒冈州航空博物馆至今珍藏着他的作战记录。1997 年 9 月 3 日，84 岁的陈瑞钿在美国病逝，他的名字刻在了美国空军英雄馆的英雄榜上，他成为美国第二次世界大战中的第一位华裔空战英雄和首位空战王牌。

八、黄光锐（1898—1985）

黄光锐，台山市白沙镇田心村人，年少便赴美谋生。1916年，他自费到美洲飞行学校学习，取得美国飞行执照。1917年，他与同学杨官宇在美国各市做飞行表演，号召华侨捐款购机，支持国民革命。

1922年，黄光锐等12人随杨仙逸携带飞机机件和制机器材至广州，在大沙头设厂制造飞机。1923年6月，该厂研制出第一架飞机，并由黄光锐成功试飞。同年10月，广东航空学校成立，黄光锐任飞行教练。其后，接任航空学校校长。1928年，随陈济棠赴苏联购买飞机，并进入苏联高级航空学校深造。归国后，被任命为广东第一飞机队队长。1929年任广东航空处处长。

1931年至1936年，他先后担任广东空军参谋长、空军司令。在此期间，他和丁纪徐等赴美宣传航空救国，募款购得新型飞机30架和制造飞机的设备一批，使广东空军发展到拥有140多架飞机。

1936年任杭州笕桥中央航空学校校长，获授少将衔。1937年7月7日抗日战争全面爆发，他调任中央委员会副主任。1939年秋，任空军总指挥部军政厅厅长，并倡建航空研究院于成都，自任院长。

1946年春，中央航委改组，成立空军总司令部，委任黄光锐为中将副司令，然而他坚决辞职，回到广州后创办广东信托公司和万国建筑工程公司。1949年迁居香港，后移居美国。1985年8月病逝于洛杉矶，终年87岁。

九、李德光（1918—1947）

李德光，小名文逸，台山市三八镇密冲乡凤仪村人，毕业于上海体育专科学校。1938 年在台山参加中国共产党。1939 年任密冲乡党支部书记、四区区委委员。1940 年任三埠区委书记。1941 年夏，遵照党的指示，进入新会县，策动国民党军赵仕浓部抗日。1944 年冬，调回台山游击队工作，先后任台山人民抗日游击队第一连指导员、四团政治处主任。

1947 年 3 月 15 日，李德光被中共华南分局任命为台山游击队政委。16 日，他从香港回来，途径汶村大泾口与敌人遭遇时，不幸被捕。在狱中，他受尽严刑拷打，威迫利诱，始终坚贞不屈。他乐观地告诉亲人说："人死去了非悲伤所能挽回。……春天已到，最后的寒流已过了。今天太阳已出，我想，春暖的日子快到了。"同年 4 月 6 日晚上，敌人用床板将他夹起来，把他的肩胛骨和两条肋骨压断，他两次昏厥。敌人又用冷水把他喷醒迫供，仍一无所获。在经受敌人多次酷刑后，是夜，李德光在台城狱中牺牲。

十、李龙英（1923—1947）

李龙英，台山市三合镇温泉乡东安村人。原就读于广州广雅中学，1938 年冬广州沦陷前夕被疏散回乡，继续就读于台山县立中学。回乡后，他积极参加广东青年抗日先锋队台山县队部的活动。1939 年夏，参加台山游击干部训练班学习，加入中国共产党。1942 年，参加东江纵队。1944 年，参加高鹤人民游击队，任连指导员。1944 年 12 月 8 日，在鹤山交椅山战斗中，他身先士卒，带领一个连击退敌人一个团的进攻。1945 年他转战开平、恩平、台山、阳江、阳春等地，任四团副团长。日军投降后，他秘密活动于台山各地。

1947年3月16日，他与保卫员杨云奉命接应从香港归来的新任台山游击队政委李德光，路过汶村大迳口时与国民党遭遇，陷入敌手。在狱中，他遭受酷刑，宁死不屈。同年9月28日，李龙英被解至广州，牺牲于流花桥，年仅24岁。

十一、何仲儒（1919—1994）

何仲儒，台山市赤溪镇中心大巷村人。少时以聪明强记闻名，1941年就读于广东省立长沙师范学校，当时思想倾向革命，同年10月加入中国共产党，任中共广东省立长沙师范学校直属党支部书记，在校期间发展党员2名，显示出他的组织能力。

1944年，何仲儒从广东省立长沙师范学校毕业后，根据中共的指示回到家乡教学。他以教师身份为掩护，与在校师生、学生家长及农村青年广交朋友，向他们宣传革命真理。解放战争时期，他先后引导赤溪、田头等地的200多名男女青年参加了游击队和民兵组织，为壮大革命力量做出了贡献。

1945年10月，何仲儒第二次组织成立赤溪党支部，任党支部书记。1948年，赤溪党支部党员由7人发展到33人。1948年夏，何仲儒任台新赤独立大队县工委委员、赤溪特别党支部书记兼武工队队长，领导赤溪武工队进行武装斗争。他采取利用山鹿（赤溪人对占山为寨的反动武装集团的称谓）、孤立打击土鹿（赤溪人对横行乡里、鱼肉人民的反动武装集团的称谓）、中立中间派的斗争策略，解决了赤溪封建武装集团十多年来武装械斗和派系之间的矛盾，使山鹿站到人民一边，配合武工队击退到田头的国民党保二师，使田头人民避免了一场大灾难。

1949年10月9日，何仲儒率军解放了赤溪城。1949年11月，何仲儒任赤溪县人民政府县长、县武装大队大队长，后调任台山县文化科科长、教育局副局长，1981年1月起任台山县人大常委会副主任。1984年离休。

十二、李嘉人（1914—1979）

李嘉人，台山三八马冈村人。青少年时代在广州读书。1933年参加中国社会科学家联盟。次年毕业于中国新闻学院。1938年加入中国共产党。曾任中共台山县委书记、中共中央香港分局政治秘书，协助香港分局书记方方工作。解放战争后期，李嘉人任中共粤港工委群众工作委员会副书记。

中华人民共和国成立后，李嘉人历任中共中央华南分局秘书长、华南农垦局局长、中山大学校长、中共广东省委党校副校长和党委第一书记、广东省委常委、广东省副省长，还当选为第一、二、三、五届广东省人民代表大会代表。

李嘉人参加革命几十年来，忠于党，忠于人民，忠于无产阶级革命事业，直至逝世前夕，还坚持工作，战斗到生命的最后一息，为中国人民的解放事业和建设事业贡献了一生。

十三、曹兴宁（1925—1996）

曹兴宁，台山市广海镇那章村人。少年时期就读于台山一中。1942年参加中国共产党。从1942年起，他先后任台山人民抗日游击队第四大队政治服务员、广东人民抗日游击队粤中纵队政治服务员、滨海总队台南独立大队大队长兼政委。后由组织派往香港达德学院学习。回部队以后，他先后任台山九区武工队队长、区委书记、学工委书记、大队长、政委等职。1949年，他任台山县九区区委书记兼区长，后升任台山县副县长。1954年后，他调任佛山地委统战部部长、佛山地委委员、佛山行署副专员、广东省侨务办公室主任、广东省人大常委会委员、广东省人大常委会华侨民族宗教工作委员会副主任。1993年11月离休。1996年因病逝世。

附录二 革命遗址、文物、纪念场馆

台山市共有 52 处革命遗址。以下资料来源于台山市党史办。

一、革命活动遗址（共 22 处）

序号	名称	地址
1	中共海宴特别支部遗址	台山市海宴镇联和村委会那马村
2	台南交通总站遗址	台山市海宴镇洞安村委会梧洞村
3	台山游击训练班遗址	台山市台山一中第一宿舍
4	广东青年抗日先锋队台山县队部遗址	台山市台城环城西路 9 号二楼
5	台山县委机关遗址	台山市台城平岗村委会坪岗圩村
6	中共八区特别支部遗址	台山市广海镇城北村委会克中学校
7	都斛莘村协进会遗址	台山市都斛镇莘村村委会莘村圩
8	莘村大槐山田厂遗址	台山市都斛镇莘村村委会
9	都斛赵家围战斗遗址	台山市都斛镇金星村委会
10	开仓济贫那扶粮仓遗址	台山市深井镇那扶居委会
11	台山人民解放军成立遗址	台山市深井镇联和村委会泗门村
12	汶村九岗跳尾围战斗遗址	台山市汶村镇九岗村委会
13	三夹海口抗日战斗遗址	台山市斗山镇六福村委会
14	解放军渡潭江堤遗址	台山市大江镇公益居委会
15	大隆洞革命根据地遗址	台山市端芬镇大隆洞

（续上表）

序号	名称	地址
16	广海岔路口战斗遗址	台山市广海镇城北村委会
17	三合山潮耕田会遗址	台山市三合镇联安村委会田潮村
18	㳽洲海上战斗遗址	台山市川岛镇㳽洲海面
19	台山四九上南村抗日碉楼	台山市四九镇上南源兴村
20	台山县委机关遗址	台山市海宴镇横岗
21	江会日军受降地址	台山市公益胥山中学（现越华中学）
22	赤溪县委始兴旧址	台山市赤溪镇

二、革命故居（共 9 处）

序号	名称	地址
1	林基路革命烈士故居	台山市都斛镇大纲村委会大纲村
2	李万仓革命烈士故居	台山市都斛镇大纲村委会大宁村
3	李嘉人故居	台山市水步镇密冲村委马岗村
4	黄美英革命烈士故居	台山市白沙镇西村村委会大岭村
5	陈铁军革命烈士故居	台山市三合镇北联村委会汇洞村
6	何干之故居	台山市台城镇筋坑村委会塘口村
7	温梦熊故居	台山市台城安步村委会
8	雷洁琼故居	台山市大江镇锦龙村
9	黄新波故居	台山市斗山镇横江村

三、纪念碑、亭（共 15 处）

序号	名称	地址
1	台山革命烈士纪念碑	台山市台城城西塔山（烈士陵园内）
2	西村人民英雄纪念碑	台山市白沙镇西村
3	苏排长立辉殉国纪念碑	台山市斗山镇圩人民路斗山公园前

（续上表）

序号	名称	地址
4	李烈士荣熙纪念碑	台山市台城城西塔山（烈士陵园左）
5	黄烈士毓全纪念碑	台山市台城石花山风景区西岩寺左
6	许洪羡烈士纪念亭	台山市水步镇圩文化广场内
7	邝华烈士纪念亭	台山市台城岭背村（岭背中学对面）
8	李立烈士纪念亭	台山市台城人工湖畔圣元里东侧
9	飞虎队纪念亭、纪念亭牌楼	台山市台城石花山风景区内
10	台山县人民政府成立纪念碑	台山市深井镇深井圩
11	联安革命烈士纪念碑	台山市三合联安圩边的公路旁
12	南湾人民革命烈士墓碑	台山市广海镇南湾紫花岗上
13	林基路烈士纪念碑	台山市都斛林基路纪念公园内
14	赤溪革命烈士纪念碑	台山市赤溪镇田头卫生院侧
15	林基路革命烈士纪念亭	台山市斗山镇任远中学内

四、纪念公园（共4处）

序号	名称	地址
1	台山滨海松苑	台山市端芬镇隆文圩
2	台山革命烈士陵园	台山市台城城西塔山
3	林基路革命烈士纪念公园	台山市都斛镇大纲村
4	冲蒌竹洛烈士纪念公园	台冲路竹洛村公路旁

五、纪念馆（共2处）

序号	名称	地址
1	李德光烈士纪念馆	台山市白沙镇密冲小学
2	中国人民解放军粤中纵队滨海总队革命历史纪念馆	台山市端芬镇隆文圩

历史文献

一、《台山县志》

《台山县志》（1998 年编）内容丰富，资料翔实，为人们提供了历史借鉴和较为全面、系统、科学的地情、民情资料，是人们了解台山地情、民情的"窗口"，是向台山人民进行爱国主义和革命传统教育的乡土教材，让台山人民更好地了解过去，认识当代，开拓未来，其意义十分重大。

这部著作由黄剑云主编，黄尔周、陈添浓等人编写，主要分地理、政治、经济、文化、社会等五大部分。它以马列主义、毛泽东思想、邓小平理论为指导，运用辩证唯物主义和历史唯物主义观点，以详今略古、实事求是的原则，全面记录了台山的自然与社会历史和现状，真实地反映在中国共产党的领导下，台山人民进行社会主义建设所取得的光辉业绩，尤其是中共十一届三中全会以来取得的巨大成就。

《台山县志》的出版，将有助于全市人民和国内外朋友了解台山，建设台山，加快台山发展做出贡献。

二、《台山市志》

《台山市志》（1979—2000 年）记载的是中共十一届三中全会以来，台山人民在毛泽东思想、邓小平理论、"三个代表"重要思想指引下，坚持改革开放，充分发挥台山毗邻港澳、海外乡亲众多等优势，求真务实，开拓进取，全市面貌发生深刻变化，经济实力明显增强，交通、通讯、能源等基础设施建设成绩显著，人民生活水平进一步提高，精神文明建设卓有成效。《台山市志》全面、系统地记载了台山改革开放二十多年的发展历程和取得的辉煌成就，认真总结台山改革开放的基本经验和教训，图文并茂地展示了中国第一侨乡的特色和亮点。《台山市志》的出版，为我们更好地了解台山、认识台山提供了重要的地情资料，有助于我们以史为鉴，扬长避短，开创未来，促进台山各项事业全面协调发展。

三、《台山年鉴》

《台山年鉴》出版于 1986 年，以其翔实的资料，承前启后，鉴往知今。这是台山有史以来第一部年鉴。后于 1988 年、1993 年、1994 年、1998 年、1999 年各出版一部。从 2012 年始，每年出版一部。

历史是一面镜子，《台山年鉴》把台山一年或多年来的经济、社会发展情况如实地记录下来，帮助我们以史为鉴，汲取经验与教训，更好地研究、制定当前的政策与措施，也有助于我们从宏观上考虑台山经济社会发展战略，避免盲目性，增强自觉性和计划性。

台山是华侨之乡，又是新时期大广海湾经济开发区的核心地。中共十一届三中全会以来，台山在经济建设和社会发展的各个方面取得了可喜成绩，在社会主义精神文明建设等方面也有了显著进步。《台山年鉴》把台山人民前进的步伐，逐一记录下来，当人们翻阅它时，会有"前车之鉴，后者之师"的启示，意义深远。

四、《台山抗战纪念文集》

《台山抗战纪念文集》(简称"《文集》")由中共台山市委党史研究室编印,记述在抗日战争时期,台山人民用自己的顽强奋战和巨大牺牲,万众一心,共御外侮,抗击日本侵略者,为抗战胜利做出了突出的贡献。

《文集》以翔实丰富的史实,深刻揭露了日本帝国主义的侵略罪行,客观地还原了抗日战争时期台山军民同仇敌忾、奋起抗争的真实情况。《文集》既有抗战时期参与者写的回忆录,也有现代人的调查报告;既有抗战时期的重要文献,也有今人的研究成果;既有当年的历史图片,也有亲历者今日的口述资料。史实内容翔实丰富,研究深入细致,可见编者的求真、严谨和尊重历史的科学态度。《文集》很好地展现了中共台山党组织和共产党人在那段艰苦岁月里的英勇壮举。《文集》中《旧文新读》一章与刘述之的文章《日本侵略者祸害台山纪实》让人深有印象,让历史那一幕幕重现在我们面前,仿佛让我们回到抗战的峥嵘岁月,触摸到抗日壮士的澎湃脉动,凝视着奋勇向前的英雄身影,心中激情涌动,敬佩之情油然而生。

牢记历史,不忘过去,珍爱和平,开创未来。今天,我们纪念中国人民抗日战争暨世界反法西斯战争的胜利,就是要更好地珍惜和维护来之不易的和平,就是要从那段可歌可泣的历史中汲取伟大的精神力量,不忘初心,牢记使命,抓住机遇,加快发展,推进台山经济社会的全面进步,为建设富裕、文明、和谐、幸福的新台山而努力奋斗。

五、《中共台山历史大事记》

《中共台山历史大事记》记录了 1949 年 10 月至 1999 年 12 月

中共台山市（县）委在中共中央和上级党委的领导下，领导全市（县）人民进行社会主义革命、建设和改革开放的大事，为研究台山党史和历史提供了清晰、可信、全面的索引，具有重要的史料价值，也填补了台山党史研究的一项空白。

《中共台山历史大事记》记录范围包括：行政区域的变动；重要机构的设置和体制改革；党的路线、方针、政策的贯彻落实；地方重要措施的制定和实施；重大的政治运动；重大的经济改革措施；重要的组织人事变动；市委、市政府主要领导的重要活动；国家、省、市领导和专家学者以及外国政要在本市的视察活动等。

《中共台山历史大事记》的编写采取编年体与记事本末体相结合，以编年体为主的体例。编写时依据的资料主要是台山市档案馆保存的历史档案、文献资料、史志书籍等。全书内容翔实、可靠，具有重大的意义。

红色歌谣、歌曲

附录四

一、《保卫台山》

台山人创作的第一首抗战歌曲——《保卫台山》。这首歌曲由李凌作曲、雷石榆作词，载于 1938 年 1 月台山抗敌同志会出版的《救亡新歌》一书。

李凌，台山市四九镇东方村人，著名的作曲家、音乐家。中华人民共和国成立后任中央乐团首位团长兼党委书记、中国音乐学院院长、中国音乐家协会副主席、中国文联书记处书记，是新中国音乐事业的奠基人之一。

雷石榆，台山市水步镇茅莲村人，1933 年至 1936 年留学日本，是我国著名的现代左翼进步诗人。中华人民共和国成立后任河北大学教授。

《保卫台山》曲谱

1937 年 9、10 月间，雷石榆、李凌、甄伯蔚、朱伯濂等进步青年发起成立台山县抗日救亡工作团，12 月改名为台山青年抗敌同志会。该会利用抗战歌曲在教育群众、动员群众开展抗日救亡工作中的重要作用，常走上街头、深入农村教群众唱抗战歌曲。

《保卫台山》这首歌词句通俗易懂，李凌的曲谱以台山民歌为基调，特别适合台山人演唱，因而深受民众欢迎。今天，这首歌已成为台山抗战史的重要文献。

滨海总队军需主任林忠革命歌谣述录集

二、《忆苦坚持》

生长珠江畔，战斗南海边。
辛酸忆往事，仇恨胸中燃。
广州起义后，血泪何斑斑。
父死逃他乡，鞭下度童年。
强掳寇边日，失业沟边眠。
毛主席带领我，抗日上前线。
木枪缴钢枪，风传敌胆寒。
血战南海滨，何惧三光残。
挥刀开血路，身伤未暇看。
敌后逐强梁，珠海除巨奸。
泥板渡崖门，挺进古兜山。
三光何凶残，血仇何可恨。
母尸无人葬，弟头悬乡门。
抚摸创伤痕，挥剑斩敌顽。
歌声送长夜，壮士摘星还。

一九四六年·春

三、《反抢粮斗争》

匪车日隆隆，把粮米运空。

蒋匪诡计毒，地主暗串通。

封锁根据地，饿死我群众。

保命先保粮，破桥断交通。

匪车运粮走，大家齐去拥。^注

匪船想运粮，大家拦河涌。

人多势就雄，唔怕官府凶。

心齐力量大，吼声山河动。

一九四八年

【注】拥：抢的意思。

四、《记反抢粮斗争》

（一）

飓风卷狂涛，人流如山洪。

粮堆高如山，转眼就搬空。

（二）

归途天欲曙，霞光耀长空。

欢声震田野，晨风送巨龙。

（三）

青壮担且托，妇孺挽又抬。

老妪力气衰，呼孙快快来。

（四）

斗争求生存，团结战荒灾。

老粮回老家，万家欢颜开。

五、《农会的战斗》

（一）

枪杆枪杆，不要小看。

有它无它，命运变化。

蒋匪枪杆，镇压拷打。

地主枪杆，剥削敲诈。

渔霸枪杆，抢鱼抢虾。

工农枪杆，打碎锁枷。

解放翻身，掌权当家。

（二）

枪杆握在地主手，人民苦难无时休。

枪杆握在工农手，解放翻身得自由。

一九四七年

六、《滨海渔歌》

（一）

朗仔树，懵又懵^注，北风水，冻又冻，

三更半夜来下涌，冇米落肚分外冻。

米缸向海潮望潮，地主逼债凶又凶。

鳝叉鱼篓代传代，教仔读书唔使梦。

捉到鱼虾兵匪抢，捉到蟹螖地主餸。

一年到头打海工，麻线冇条补裤窿。

难道生来命运苦？皆因地主压迫重。

【注】懵：台山方言，茂盛的意思。

（二）

风吹朗，心潮涌，问何故，代代穷。

古来田海天地有，何曾地主爹娘生？

农民辛勤种五谷，五谷迫送地主屋。

渔民浪里捕鱼虾，鱼虾迫送渔霸家。

世界不平根何在？根在人民不当家。

官僚恶霸掌大权，穷人有口难讲话。

（三）

春风朗，新芽涌，黑夜尽，东方红。

人民有了共产党，人民有了毛泽东。

革命道理醒迷梦，一声春雷天下动。

千年苦水今朝吐，万代冤仇逆心涌。

处处风暴卷狂涛，燎原星火正大风。

革命主力是工农，领袖挥手我冲锋。

（四）

朗仔笔，落地根，工与农，一家亲。

亿万工农亿万军，高举红旗闹翻身。

打倒地主分田地，工农群众掌大印。

七、《囚徒歌》

林基路在狱中写下了气壮山河的《囚徒歌》：

我噙泪低吟民族的史册，

一朝朝，一代代，

但见忧国伤时之士，

赍志含怨赴刑场。

血口獠牙的豺狼，

总是跋扈嚣张。

哦！民族，苦难的亲娘！

为你那五千年的高龄，

已屈死了无数的英烈。

为你那亿万年的伟业，

还要捐弃多少忠良！

铜墙，困死了报国的壮志，

黑暗，吞噬着有为的躯体，

镣链，锁折了自由的双翅，

这森严的铁门，囚禁着多少国士！

豆萁相煎，便宜了民族仇敌。

无穷的罪恶，终要叫种恶果者自食，

难闻的血腥，用噬血者的血去洗。

囚徒，新的囚徒，坚定信念，贞守立场！

砍头枪毙，告老还乡；

严刑拷打，便饭家常。

囚徒，新的囚徒，坚定信念，贞守立场！

掷我们的头颅，奠筑自由的金字塔，

洒我们的鲜血，染成红旗，万载飘扬！

附录五

大事记

1937

8 月，梅重清和一些从广州回乡的青年，在家乡端芬举办了 5 个妇女学习班，组织妇女学习共产党的抗日主张，发动她们参加抗日救亡工作。

9 月 30 日，日本军用飞机首次入侵台山，在台城上空侦探，市民惊惶，纷纷走避。

10 月 15 日，21 架日军飞机分三次袭击新宁铁路、公益车站及斗山、冲蒌、都斛等地。日机狂轰滥炸，造成百余群众死伤。

11 月 9 日，5 艘日军舰运载陆战队 80 余人驶向下川南澳湾，后用 5 只木船转运陆战队，两次企图登陆，经当地防军还击，均不得逞。

11 月，浮石乡的浮山日报社部分进步爱国青年，自发组成抗日大刀队，各人自制大刀一柄，学习杀敌本领，为抗敌保家做准备。

12 月，台山青年抗日救亡工作团改名为"台山青年抗敌同志会"，吸收一批积极参加抗日救国运动的社会知识青年、小学教师、中学生、店员、工人和其他爱国人士参加。

1938

2 月 8 日，从陕北回来的李维林、李三英倡议，召开了莘村青年座谈会，成立莘村青年社。

3 月，广海的克中、东山、礼文组织三校青年抗敌同志会，进行抗日救亡宣传活动。

6 月初，共产党员梅重清和朱剑虹分别从延安和广州回到台山，成立了中共台山党小组。

11 月，中共广东省委、广东青年抗日先锋队总队派陈兴能来台山，协助台山党组织组建青年抗日先锋队。

11 月下旬，台山妇女抗敌同志会成立。

1939

2 月，广东青年抗日先锋队台山县队部成立，队长为叶繁，副队长为李穆堂、余勉群。

3 月，西村乡和斗山沙坦崇礼学校分别成立少年抗日先锋队，与青年抗日先锋队一起进行抗日宣传活动。

5 月，中共台山县委成立，书记为李钊，副书记为李启。

1940

年初，在中共西村党支部的领导下，成立了西村乡抗日自卫大队，原自卫后备队改编为第四中队。

春，中共山背党支部经上级党组织批准和支持，建立了山背村自治会。

4 月，中共台山县委根据中共广东省委关于"隐蔽自己，积蓄力量，等待时机"的指示，决定将已暴露的同志撤离台山，调往前线或敌后开展武装斗争。

8 月 15 日，日军入侵下川岛。

1941

3月3日，日军从新会乘舰分两路向台山广海和开平三埠进犯，台山、开平同时陷入敌手。中共台山县委通知各区组织群众以武装抗击日军。同日下午4时，台城沦陷。

9月20日，日军再度进犯台山。中共台山县委书记郑锦波通过各级党组织动员全县党员和人民起来进行自卫反侵略战争。

9月25日，日军从赤坎派兵100多人分乘3只橡皮艇，分水陆两路进犯西村，遭到西村自卫队的顽强反击。

9月26日，日军分别进犯水步的陈边乡与横水乡。横水乡自卫队奋勇截击，毙敌3人，伤敌7人。

9月28日，日军撤离台城。

10月23日，日军头目岩木川男率日伪军占据上川岛、下川岛，并在上川岛设立了"南支海防军挺进队上川基地指挥所"。

1943

3月29日，一艘客货船由上川岛开往广海途中，被日军舰艇撞沉，船上30余人均溺毙。

1944

年初，台山县第三区抗日联防大队，改编为台山人民抗日游击队第四大队。

春夏间，刘田夫在新会礼乐检查布置工作时，向斗门、新会等地部队干部传达上级关于"准备建立粤中抗日游击根据地"的指示，并指示赵彬做好准备，率领泰山大队开进古兜山区，建立抗日游击根据地。

6月7日，日伪军和国民党顽军围攻驻在黄杨山的泰山大队。

6月24日，日伪军从新会分三路向台山、开平等县进攻，6

月29日台城第三次陷落敌手。

7月4日，日本侵略军火烧三社。

7月上旬，日军数百人多次进犯四九，锦朗、上坪、下坪、南村等乡的自卫队奋勇抗击。10日，日伪军1 200多人分四路大举进犯四九，十三乡壮丁联合抗击，上南村壮丁据守碉楼，英勇抗日。此役，毙伤日军二三百人，创台山抗日战争最大战果，台山当地自卫敢死队死守向贤楼，壮烈牺牲。

9月6日，盘踞在台城两个多月的日军撤退，留下伪军600多人守城。当天下午，附城、四九等地自卫队600多人乘虚攻克台城，俘日军2人、伪军10人。

10月11日，台山第三区抗日联防大队会同新会赵其休所属的赵仕浓、钟炎如部和台山地方团队攻打驻台城的日伪军，收复台城。12日部队乘胜进军，开赴三埠前线。

11月底至12月中旬，台山第三区抗日联防大队在古兜山整训。

1945

1月2日，台山人民抗日游击队第四大队在联安击溃了国民党开平县联防大队与台山武装的进攻。

1月4日，台山人民抗日游击队第四大队在联安阻击了来犯的国民党台山县自卫大队。7日，又击溃了国民党恩平县联防大队冯裕沃部100多人的袭击。之后，第四大队主动撤回大隆洞。

1月29日，台山人民抗日游击队第四大队与恩平陈光远部队袭击了朗底圩警察所、乡公所，打开了国民党朗底圩粮仓，搬出稻谷2 000多担，救济饥民。

2月下旬，台山人民抗日游击队第四大队改编为广东人民抗日解放军第四团。

4月上旬，陈中雁率部配合四团夜袭深井，开仓济贫。

4月21日，日军1 000多人乘小木船百余只由牛湾向公益方向驶进，登陆后沿新宁铁路进攻。翌日，驻台城的国民党军队弃城而逃，台城第五次陷入日寇之手。

4月底，广东人民抗日解放军第四团、第五团分开活动，四团转移回台山、恩平边界大隆洞地区活动。

5月2日晨，日军由崖西入侵都斛，留30人驻守，余70人向赤溪进犯。3日夜，日军侵入赤溪。

6月25日，驻台城日军40多人到仓下、东坑等地大肆抢掠。

6月26日，驻园山仔日军30多人向水西进犯，遭到乡勇伏击，狼狈逃回园山仔。

7月，李德光、李安明、梁文华、周芳、刘南带领第四团七八十人，组成台山人民抗日游击队，伺机打击日伪军。8月上旬末，部队乘夜袭击驻在渡头圩的日伪军及国民党新编十一师陈雨农部。

7月23日，驻台山日军逃走，强抢民船数十艘集中于赤溪，并在附近乡村抢劫、拉夫。

7月30日，日军撤出台城。

8月15日，日本政府宣布无条件投降。17日，日军撤出三埠；19日，日军撤出公益；23日，日军撤离上川岛、下川岛。至此，台山全境无日军。

1946

2月，广东人民抗日解放军第四团改编为滨海大队。

这一年，台山县政府成立自卫总队，又称"民众自卫总队"，下设三个常备自卫队、一个特务班。

1947

10 月 10 日，台山人民解放军在十区（那扶区）泗门村宣告成立。

12 月，中共台山地下党组织在台南地区领导农民开展"开仓分粮"斗争。

1948

1 月，三民主义青年团台山县分部并入国民党台山县党部。

1949

5 月 25 日，台山县人民政府在深井圩宣告成立。

6 月 17 日至 20 日，滨海总队连续解放了台山九区的汶村、海宴、那马、沙栏，和平接收了汶村和海宴的联防队。

9 月下旬，滨海总队总部直属队在那扶联和圩宣布成立五星营。

10 月 10 日，中国人民解放军粤中纵队滨海总队政治处发表《告保二师保总暨各联防队官兵书》，敦促他们放下武器，阵前起义，合力活捉匪首李江，争取立功。

10 月 14 日，台山保安四连连长林广济率全连官兵和保七连的一个排，在新安乡宣布起义，编入滨海总队。

10 月 22 日，中国人民解放军第二野战军第四兵团第十五军四十三师一二八团范金标部从开平水口渡过潭江，解放台城。

10 月 24 日，滨海总队指战员 1 500 多人，在总队长林兴华、政委谢永宽的率领下，雄赳赳地进入台城。

10 月 24 日，台山县人民政府从海宴横岗迁入台城。

10 月 28 日，台山（除上川岛、下川岛）全境解放。

10 月 31 日至 11 月 1 日，台山县军管会财经科派员接管原国民党在台山县的所有银行。

11月4日，赤溪县人民政府宣告成立。

11月6日，上川岛、下川岛正式解放。

11月12日，虎门要塞国民党残军200余人乘木船一艘逃到上川，接受当地人民政府教育后携重机枪、高射机关枪、战防炮、六五步枪等到台城自新。

11月，台山县人民武装大队委员会成立。

12月5日，下午4时半，台山县在台城塔山公园举行庆祝台山解放大会。

12月初，林兴华带领一营战士到赤溪解放了铜鼓。

1950

1月上旬，台山、恩平、阳江三县联合在紫罗山围歼黄国普、胡维亮、胡思林三股国民党残敌。

9月12日，中国共产党台山县委员会在台山县第二届各界人民代表会议上举行了隆重的公开典礼，向全县人民宣布成立中国共产党台山县委员会。

10月23日，台山县委会、县政府、粤中军分区发出《关于建立沿海工作临时委员会的指示》。

主要参考书目

1. 中共台山市委党史研究室编著：《台山抗战纪念文集》，广州出版社 2015 年 8 月版。

2. 政协台山市委员会、台山市博物馆编著：《"飞虎"精神永驻侨乡》，中国华侨出版社 2016 年 12 月版。

3. 中国国民党革命委员会江门委员会编著：《四邑兵灾分乡踏查记》，团结出版社 2016 年 3 月版。

4. 中共台山市委党史研究室编印：《台山革命英烈》，1994 年 10 月。

5. 台山市地方志编纂委员会编著：《台山市志》，方志出版社 2011 年 12 月版。

6. 台山县地方志编纂委员会编著：《台山县志》，广东人民出版社 1998 年 12 月版。

7. 台山市人民政府地方志办公室编著：《台山年鉴》，广东人民出版社 2017 年 12 月版。

8. 台山县民政局编印：《台山县民政志》，1988 年 10 月。

9. 台山民政志编纂委员编印：《台山民政志》，2004 年 11 月。

10. 台山市老区建设促进会编印：《台山市老区建设促进会成立 25 周年纪念册》，2016 年 5 月。

11. 林基路纪念公园筹建委员会编印：《林基路纪念公园揭幕典礼》，2008 年 1 月。

12. 台山市政府办公室编印：《关于台山市评划抗日战争和解放战争游击根据地案卷》，1992 年 7 月。

13. 黄剑云编著：《简明台山通史》，中国县镇年鉴出版社 1999 年 12 月版。

14. 政协台山委员会编印：《台山名建设博览》，2011 年 1 月。

15. 台山市档案馆编印：《台山百年》，2006 年 11 月。

16. 台山市老区建设促进会编印：《台山老区建设》，2016 年 12 月。

17. 中共台山市委党史研究室编印：《中共台山历史大事记》，2014 年 12 月。

18. 台山市档案馆、原台山县志编写组编印：《台山县志》，1963 年。

19. 中国国民党革命委员会江门市委会编著：《抗战八年的台山》，团结出版社 2016 年 3 月版。

20. 黄仁夫编著：《台山古今五百年》，澳门出版社 2000 年 5 月版。

21. 梅伟强、关泽锋著：《广东台山侨务志》，广东人民出版社 2012 年 11 月版。

22. 广东省民政厅编印：《广东省革命老区村庄名册》，1997 年 9 月。

23. 台山百科全书编辑委员会编著：《台山百科全书》，中国县镇年鉴出版社 2008 年 8 月版。

24. 中共台山市委党史研究室编印：《中共台山党史——新民主主义革命时期》，1993 年。

25. 中共台山市委党史研究室编印：《抗战烽火中的台山青年》，1987 年。

26. 中共台山市委党史研究室编印：《台山革命回忆录》，1988 年。

后记

　　《台山市革命老区发展史》的编纂出版，是坚持以习近平总书记关于革命老区的系列讲话精神为指导，坚持以党史、军史、中国革命史为依据，坚持以革命老区和老区人民的奋斗史为重点，坚持以中共十八大以来革命老区取得的巨大成就和发展变化为亮点，真实反映台山老区人民革命斗争史，弘扬老区革命精神和光荣传统，为台山老区脱贫攻坚、乡村振兴与经济发展提供有实用价值的参考资料。

　　《台山市革命老区发展史》是《全国革命老区县发展史丛书·广东卷》的分册，包括序言、县域概况、县域老区发展史、本市的资源优势及今后一个时期经济社会发展远景展望等部分。着重突出四个方面的内容：一是老区人民在中国共产党的领导下，在创建和发展革命根据地斗争中的历史贡献和地位作用；二是老区人民在创建和发展根据地过程中的重大历史事件、著名英模英烈事迹，以及展现出来的崇高革命精神和光荣传统；三是挖掘整理当地著名革命历史遗址、文物、纪念场馆等红色文化资源；四是中华人民共和国成立以来，特别是中共十八大以来，老区人民在以习近平为核心的党中央的领导下，发扬自力更生、艰苦奋斗的光荣传统，脱贫攻坚，改变贫困落后面貌发生的巨大变化及涌现出来的先进典型。

全书分为六章：第一章历史沿革　老区评划；第二章初期建党　迎来曙光；第三章奋起抗日　保护家园；第四章峥嵘岁月　捷报频传；第五章建设老区　发展华章；第六章改革开放　齐奔小康。除此之外，本书还编写了附录，包括附录一重要革命人物；附录二革命遗址、文物、纪念场馆；附录三历史文献；附录四红色歌谣、歌曲；附录五大事记等。本书篇章内容总体按类别编排，各章的节段内容基本上按时间顺序编写。

在编纂过程中，台山市老促会会长黄新伟，副会长谭广平、秦景雅，秘书长陈麟育对此项工作十分重视，组织编纂工作人员学习上级指示精神，学习编纂的有关业务知识，提高编纂水平。谭广平副会长率领编纂工作人员前往鹤山市老促会学习编纂经验。陈麟育秘书长和编纂工作人员一起分别到川岛镇、大江镇、水步镇、白沙镇、三合镇、四九镇、冲蒌镇、端芬镇、斗山镇、都斛镇、赤溪镇、广海镇、海宴镇、汶村镇、深井镇、北陡镇等地调研，搜集资料，拍摄取证，并上门访问有关老人，了解史实。秦景雅副会长积极为编纂组提供有编写价值的书籍史料。编纂组由教育部门退休校长方炳龙和伍国胜、信用社办公室退休干部魏台平、《台山文评报》原编委吴小惠等组成，方炳龙任组长。工作人员不辞劳苦，辛勤笔耕，对历史具有高度认真负责的精神，虚心听取意见，几易其稿。

编纂工作得到台山市委书记李惠文，市长谢少谋，副市长李超华、亓光勇、方健康的高度重视，得到台山市农业局原局长周坚校、现局长郑品辉、副局长李健扬及台山市扶贫办主任黄春珊的大力支持，得到台山市档案局局长余焕权、副局长马岭南和党史办主任容光卫及各镇街和基层单位领导的积极协助，台山市老促会原会长邝锦镛、副会长李国传和江门市老促会会长伍国占、

秘书长巫俊平等领导对本书提出了宝贵意见，省专家和广东人民
出版社编辑对该书编写给予指导，在此一并表示衷心感谢！

由于水平有限，该书错误难免，挂一漏万，望赐教修正。

《台山市革命老区发展史》编辑部

2019 年 10 月